H-I-S-T-O-R-Y

历史岂有底稿Ⅳ

侯兴国 ——————————————— 著

ZHEJIANG UNIVERSITY PRESS
浙江大学出版社

历史是什么？

历史是什么？是史诗巨篇？是柴米油盐？是黄钟大吕？是葱姜蒜韭？

历史是一块酵母，可以变酸，也可以变甜。

历史是你的父亲，你的母亲，你的爷爷，你的奶奶，你的太爷爷，你的太奶奶，是你之所以为你的基因。

历史是功名利禄，是喜怒哀乐，是七情六欲，是悲欢离合，是没完没了的穿越剧。

历史是李白的一壶酒，是杜甫的一掬泪，是苏轼的月下吟，是柳永的青楼歌。

历史是范仲淹的塞下曲，是辛弃疾的离人泪，是岳武穆的满江红，是李清照的如梦令。

历史是大雪覆压弓刀的单于入关。

历史是一步一回头的昭君出塞。

历史是金戈铁马的气吞万里。

历史是大江东去的一去不返。

……

骂一个历史人物很容易，古往今来，何曾出现过完人？即使骂错了，他们也不会从地底下站出来为自己辩护。

夸一个历史人物很难,原因依旧如此简单——古往今来,你见过无懈可击的完人吗?

我们只能确定的是,很多时候,骂他人其实也是在骂我们自己,肯定别人却并不一定是在肯定自己。

……

历史复杂吗?不复杂,只需要一个小小的 U 盘就可以装下。

历史又不简单,有那么多犹抱琵琶半遮面,有那么多帘幕重重无穷数,有那么多泥牛入海,有那么多往事如烟。

历史是一个深宅大院,我们都是偶尔透过门缝看了那么一点点。

……

该遗忘什么?该记忆什么?人们都喜欢追问历史。

"七八个星天外,两三点雨山前。旧时茅店社林边,路转溪头忽见。"

不用追问,她就在你身边。

目 录
Contents

三十功名

旧时王谢

乱　弹

三十功名

"安史之乱"可以避免吗？

望岳

岱宗夫如何？齐鲁青未了。造化钟神秀，阴阳割昏晓。

荡胸生层云，决眦入归鸟。会当凌绝顶，一览众山小。

这是杜甫现存作品中最早的一首。大约作于开元二十四年(736年)，当时的杜甫年仅二十五岁，第一次游历齐赵大地，兴致勃发，欣然命笔。"会当凌绝顶，一览众山小"，真是开元盛世的绝好写照啊！如果一直都这样该有多好！可惜开元很快变成了天宝。

唐玄宗天宝元年，公元742年。后来的司马光在《资治通鉴》里这样写道："春，正月，丁未朔，上御勤政楼受朝贺，赦天下，改元。壬子，分平卢别为节度，以安禄山为节度使。"[1]

这是安禄山正式踏入唐王朝政治中枢的标志。

当时天下分为十个节度使[2]。安西节度治龟兹城，镇守今新疆和中亚地区，兵力24000人。北庭节度治北庭都护府，镇守今内蒙古及以北的地区，兵力20000人。河西节度治凉州，镇守河西走廊，兵力73000人。朔方节度治灵州，镇守今宁夏河套地区，兵力64700人。河东节度治太原府，镇守今山西，兵力55000人。范阳节度治幽州，镇守今北京和河北,兵力 91400 人。平卢节度治营州,镇守今东北,兵力 37500 人。陇右节度治鄯州,镇守今青海,兵力 75000 人。剑南节度治益州,镇守今四川,兵力 30900 人。岭南五府治广州,镇守两广,兵力 15400 人。十个节度使总兵力约 486900 人,再加上其他的边镇守军,共 49 万人,马 8 万余匹。其中平卢节度使兵力只占不到十分之一。要说安禄山此时有野心估计没人相信,他的理想至多是坐稳他的"封疆大吏"罢了,所以即使有开元时期的名相张九龄提醒:"乱幽州者,此胡雏也。"[3]唐玄宗也并未在意。

天宝三年(744 年),唐玄宗任命安禄山兼任范阳节度使[4]。范阳节度使在节度使里兵力最多。至此,安禄山拥兵 128900 人,超过了整个边防军的四分之一。

安禄山如此被重用,难道唐玄宗就不担心吗?他毕竟不是昏庸的帝王,岂能不知道其中的利害关系?他此举也是不得已而为之。因为紧挨着长安的西边、北边和东边还有四个节度使,河西、陇右、朔方和河东,这四个节度使呈扇面形直接拱卫着长安,而且这四地的节度使曾由一人兼任,此人就是有"大唐战神"美誉的王忠嗣[5]。这么重要的位置给了一个人,唐玄宗能放心吗?他要是造了反,拿下长安犹如探囊取物一般。王忠嗣当然不是外人,他是唐玄宗的干儿子,自幼养在宫里,与太子李亨关系很好,麾下还有名将如哥舒翰和李光弼等,这和当年秦王李世民麾下悍将如云很类似,万一玄武门事变再一次重演呢?

唐玄宗的担心不是多余的。开元二十五年(737 年),武惠妃为了让自己的儿子寿王李瑁上位为太子,编瞎话说宫中遇盗贼,急召太子李瑛和另外两个皇子鄂王李瑶和光王李琚进宫讨贼,三位皇子着急忙慌地到宫里护驾,却不见贼的影子,武惠妃趁机诬陷他们谋反。唐玄宗一看这三位儿子皆披甲进宫,杀气腾腾,脆弱的神经一下子就被触到了,不由分说,杀无赦。"瑶、琚皆好学,有才识,死不以罪,人皆惜之。"[6]汉武帝晚年因"巫蛊之祸"错杀了太子,唐玄宗也犯了同样的错误,但这都是"事后诸葛亮"。假如我们穿越回去，身居在这深宫内院之中，一切都像雾像雨又像风，谁又能有一双慧眼把这一切看得清清楚楚、明明白白、真真切切？所以，宁可信其有，不可信其无。李亨就是在这样的背景下于第二年被立为太子的。别以为太子是多么好的一个职位，伴君如伴虎，虽说虎毒不食子，但皇帝这只老虎除外。

天宝六年（747年），宰相李林甫指使心腹向唐玄宗进谗言，说王忠嗣曾扬言他自幼养在宫里，与忠王（太子李亨）是发小，关系好得不得了，所以欲拥立太子云云。唐玄宗最怕听到这些，赶紧把王忠嗣征召回来，交三司审理。（"李林甫因使济阳别驾魏林告'忠嗣尝自言我幼养宫中，与忠王相爱狎'，欲拥兵以尊奉太子。敕征忠嗣入朝，委三司鞠之。"[7]）

政治就是管理形形色色的人，管理人的首要艺术就是保持平衡。了解了这一点，你就理解唐玄宗为什么会将两任节度使的重担交给安禄山了，这样长安的东西两边就势均力敌了。

那为什么是安禄山而不是别的将领呢？"禄山体充肥，腹垂过膝，尝自称重三百斤。"[8]安禄山先天条件可谓差矣！一个体重三百斤的丑陋大胖子怎么能招文艺皇帝唐玄宗的喜欢呢？

高尚是高尚者的墓志铭，卑鄙是卑鄙者的通行证。安禄山自有其过人之处，那就是充分发挥胖子的"幽默感"，善于耍宝，拍马屁于无形之中，让倦怠于政事的唐玄宗找到了人生的乐趣。

"禄山在上前，应对敏给，杂以诙谐。上尝戏指其腹曰：'此胡腹中何所有？其大乃尔！'对曰：'更无余物，正有赤心耳！'上悦。"[9]这马屁拍得多舒服啊！

天宝二年癸未（743年），"春，正月，安禄山入朝。上宠待甚厚，谒见无时。禄山奏言：'去秋营州虫食苗，臣焚香祝天云："臣若操心不正，事君不忠，愿使虫食臣心；若不负神祇，愿使虫散。"即有群鸟从北来，食虫立尽。请宣付史官。'从之"[10]。拍马屁于无形之中，既表忠心，又表政绩,一箭双雕。高,实在是高!

安禄山虽然是个大胖子,但是跳起当时流行的胡旋舞竟能迅疾如飞,技惊四座。"晚年益肥壮,腹垂过膝,重三百三十斤,每行以肩膊左右抬挽其身,方能移步。至玄宗前,作胡旋舞,疾如风焉。"[11]《乐府诗集》里有一首诗,讽刺的就是安禄山和杨贵妃跳胡旋舞。

> 天宝季年时欲变,臣妾人人学圆转。
>
> 中有太真外禄山,二人最道能胡旋。
>
> 梨花园中册作妃,金鸡障下养为儿。
>
> 禄山胡旋迷君眼,兵过黄河疑未反。
>
> 贵妃胡旋惑君心,死弃马嵬念更深。
>
> 从兹地轴天维转,五十年来制不禁。
>
> 胡旋女,莫空舞,数唱此歌悟明主。

为了讨唐玄宗的欢心,安禄山也是拼了命了。试想这330斤的大胖子,别说跳舞了,就是走路都费劲,这一通舞跳下来还不得眼冒金星啊!唐玄宗当然开心了,都说此胡会造反,就他这样,能成什么大事呢?

安禄山不只是拍唐玄宗的马屁,他还善于笼络唐玄宗身边的人。天宝初期唐玄宗身边的红人是谁呢?男人当推李林甫,女人则非杨贵妃莫属了。

唐玄宗对李林甫有多信任呢?从他与高力士的一段话中即可窥一斑。

> 上从容谓高力士曰:"朕不出长安近十年,天下无事,朕欲高居无为,悉以政事委林甫,何如?"对曰:"天子巡狩,古之制也。且天下大柄,不可假人;彼威势既成,谁敢复议之者!"上不悦。力士顿首自陈:"臣狂疾,发妄言,罪当死!"上乃为力士置酒,左右皆呼万岁。力士自是不敢深言天下事矣。[12]

唐玄宗觉得近十年来天下无事,不愿再出长安去各地巡视,想把政事都交给李林甫办理,自己只管享乐,高力士劝他不能这么做,皇帝大权旁落那可不是闹着玩的。唐玄宗听了不高兴,拉下脸来,高力士赶紧赔不是。高力士算是唐玄宗身边比较信任的人了,与李林甫相比还是差了一大截,可见李林甫有多么炙手可热。

如果有李林甫在皇帝面前背书,那该有多好啊!安禄山怎能放过这个机会呢?但李林甫可不是一个好伺候的人。

> 李林甫为相,凡才望功业出己右及为上所厚、势位将逼己者,必百计去之;尤忌文学之士,或阳与之善,啖以甘言而阴陷之。世谓李林甫"口有蜜,腹有剑"。[13]

安禄山为了能让这位口蜜腹剑、嫉妒心很强的宰相放下戒心,可谓做足了功课。他在李林甫面前恭顺有加,言听计从,"禄山于公卿皆慢侮之,独惮林甫,每见,虽盛冬,常汗沾衣"[14]。安禄山真乃"天才演员",这通"表演"让李林甫很舒服,他在唐玄宗面前自然也就对安禄山大加赞赏。

> (天宝三年)三月,己巳,以平卢节度使安禄山兼范阳节度使;以范阳节度使裴宽为户部尚书。礼部尚书席建侯为河北黜陟使,称禄山公直;李林甫、裴宽皆顺旨称其美。三人皆上所信任,由是禄山之宠益固不摇矣。[15]

一个人说好不算好,如果很多人都说这个人好,那么再聪明的人都会被感染了。李林甫之所以肯支持安禄山,还有一个原因:他与安禄山有一个共同的对手,那就是王忠嗣。

> 李林甫以王忠嗣功名日盛,恐其入相,忌之。安禄山潜蓄异志,托以御寇,筑雄武城,大贮兵器,请忠嗣助役,因欲留其兵。忠嗣先期而往,不见禄山而还,数上言禄山必反;林甫益恶之。[16]

王忠嗣兼任四镇节度使,又与太子是发小,如果要再升职的话,下一个目标只能是宰相了,李林甫感到了压力。王忠嗣眼光何其敏锐,一看安禄山这架势就知他包藏祸心,所以他在唐玄宗面前数言安禄山必反,安禄山当然也害怕了。俗话说,敌人的敌人就是朋友,为了对付王忠嗣,李林甫需要安禄山,安禄山也需要李林甫。李林甫抓住了唐玄宗心中的"小九九",果断参了王忠嗣一本,唐玄宗正好顺水推舟。王忠嗣被贬为汉阳太守,并于 749 年抑郁而终。没有了王忠嗣,安禄山舒了一口气,野心自然愈发膨胀。

摆平了李林甫,安禄山下一个目标就是杨贵妃。对杨贵妃,安禄山更是不遗余力。"禄山得出入禁中,因请为贵妃儿。上与贵妃共坐,禄山先拜贵妃。上问何故,对曰:'胡人先母而后父。'上悦。"[17]安禄山比杨贵妃大了十几岁,却认她作干妈,也是"醉"了。这就好比后晋的石敬瑭认比自己小十几岁的契丹王为爹一样。人一旦不要脸,便没有了底线。

天宝十年(751 年),"甲辰,禄山生日,上及贵妃赐衣服、宝器、酒馔甚厚。后三日,召禄山入禁中,贵妃以锦绣为大襁褓,裹禄山,使宫人以彩舆舁之。上闻后宫喧笑,问其故,左右以贵妃三日洗禄儿对。上自往观之,喜,赐贵妃洗儿金银钱,复厚赐禄山,尽欢而罢。自是禄山出入宫掖不禁,或与贵妃对食,或通宵不出,颇有丑声闻于外,上亦不疑也"[18]。

这一年,"安禄山求兼河东节度。二月丙辰,以河东节度使韩休珉为左羽林将军,以禄山代之"[19]。自此安禄山拥兵 183900 人,三分天下兵马有其一,其政治地位可谓达至顶点。可能大家都会猜测:安禄山此时想过造反吗?猴王以为他有贼心但还没贼胆,毕竟以此三镇的兵力,还不足以撼动大唐。

俗话说百密一疏,安禄山也不例外。他得罪了一个最不该得罪的人,此人是太子李亨。

又尝命见太子,禄山不拜。左右趣之拜,禄山拱立曰:"臣胡人，不习朝仪，不知太子者何官？"上曰："此储君也，朕千秋万岁后，代朕君汝者也。"禄山曰："臣愚，向者惟知有陛下一人，不知乃更有储君。"不得已，然后拜。上以为信然，益爱之。[20]

安禄山拍唐玄宗马屁拍得用力过猛，不惜得罪太子。以他身兼三地的节度使，怎能不知道太子是什么职位呢？一看就是装聋卖傻。但是他也没有办法，在唐玄宗和太子之间，他必须有个取舍。你看王忠嗣与太子走得太近，结果呢？不得善终啊！这就好比清朝乾隆时期的和珅，要拍乾隆的马屁就不能不得罪嘉庆，要讨好嘉庆就得得罪乾隆，这是两难选择。安禄山觉得有唐玄宗和李林甫的支持，太子还不足为虑，可是情况发生了变化，杨国忠上台了。

这位杨国忠看不上安禄山，当然安禄山也看不上杨国忠，"安禄山以李林甫狡猾逾己，故畏服之。及杨国忠为相，禄山视之蔑如也，由是有隙。国忠屡言禄山有反状，上不听"[21]。两人遂结下了梁子。

也许是敲山震虎。751年，杨国忠支持剑南节度使鲜于仲通讨伐南诏，结果全军覆没，只剩下鲜于仲通一人跑回了长安。虽然杨国忠在唐玄宗面前谎报军情，说什么前方大捷，但这样的消息不会传不到安禄山的耳朵里，杨国忠既然能瞒报军情，收拾他安禄山想必也不在话下，眼看着唐玄宗已经近70岁了，随时有可能龙驭上宾，太子也随时有可能上位，宰相又看不上自己，安禄山深知，留给自己的时间不多了。

安禄山专制三道，阴蓄异志，殆将十年，以上待之厚，欲俟上晏驾然后作乱。会杨国忠与禄山不相悦，屡言禄山且反，上不听；国忠数以事激之，欲其速反以取信于上。禄山由是决意遽反。[22]

"安史之乱"可以避免吗？完全可以。749年，身兼陇右、河西、朔方和河东四镇节度使的王忠嗣已经病死，两年后的751年，安禄山又请求兼任河东节度使，明眼人一看就知其过分了，唐玄宗此时应该断然拒绝才对。一旦安禄山兼任了河东节度使，那么长安东西两边的力量对比就完全失衡了,安禄山的军队随时可以跨过黄河直抵长安;而如果有河东之地作为缓冲,借安禄山十个胆,他也不敢贸然造反。

一念之差,铸成大错,不可不察啊!

安禄山苦心经营数年,猝然起兵也是被逼无奈,他在豪赌,并没有必胜之把握。虽然一开始势如破竹,攻陷了东都洛阳,但想攻打长安可没有那么容易了,取长安必要先取潼关。虽然唐玄宗听信监军边令诚谗言,误杀了退守潼关的名将高仙芝和封常清,但是大唐名将如云,有名将哥舒翰严守潼关,安禄山逾半年不能踏入潼关半步。哥舒翰乃王忠嗣的部下,压根瞧不上安禄山。此时北路郭子仪和李光弼在河北也屡创叛军史思明部,"军声大振。于是河北十余郡皆杀贼守将而降。渔阳路再绝,贼往来者皆轻骑窃过,多为官军所获,将士家在渔阳者无不摇心"[23]。安禄山前进不得,后路又被抄了,心里开始打起鼓来。

> 禄山大惧,召高尚、严庄诟之曰:"汝数年教我反,以为万全。今守潼关,数月不能进,北路已绝,诸军四合,吾所有者止汴、郑数州而已,万全何在?汝自今勿来见我!"尚、庄惧,数日不敢见。田乾真自关下来,为尚、庄说禄山曰:"自古帝王经营大业,皆有胜败,岂能一举而成!今四方军垒虽多,皆新募乌合之众,未更行陈,岂能敌我蓟北劲锐之兵,何足深忧!尚、庄皆佐命元勋,陛下一旦绝之,使诸将闻之,谁不内惧?若上下离心,臣窃为陛下危之。"禄山喜曰:"阿浩,汝能豁我心事。"即召尚、庄,置酒酣宴,自为之歌以侑酒,待之如初。阿浩,乾真小字也。禄山议弃洛阳,走归范阳,计未决。[24]

两军对垒,就看谁更有耐心了,谁先自乱谁就败了。关键时刻,安禄山在田乾真的说服下稳定了军心,而这边,杨国忠与哥舒翰却又上演了一出"将相不和"。

杨国忠知道安禄山起兵是因为自己,他想到汉景帝时的晁错,因为力主削藩导致七国之乱,最后引火烧身招致杀身之祸,他知道一定会有人建议唐玄宗效法汉景帝,而哥舒翰正有此意。因此杨国忠力劝唐玄宗遣哥舒翰出关主动进攻安禄山,"上遣使趣哥舒翰进兵复陕、洛。翰奏曰:'禄山久习用兵,今始为逆,岂肯无备!是必赢师以诱我。若往,正堕其计中。且贼远来,利在速战;官军据险以扼之,利在坚守。况贼残虐失众,兵势日蹙,将有内变;因而乘之,可不战擒也。要在成功,何必务速?今诸道征兵尚多未集,请且待之'"[25]。哥舒翰据理力争,固守待变乃为上策,郭子仪和李光弼也建言固守潼关,不可轻出,"郭子仪、李光弼亦上言:'请引兵北取范阳,覆其巢穴,质贼党妻子以招之,贼必内溃。潼关大军,惟应固守以弊之,不可轻出。'国忠疑翰谋己,言于上,以贼方无备,而翰逗留,将失机会。上以为然,续遣中使趣之,项背相望。翰不得已,抚膺恸哭。丙戌,引兵出关"[26]。哥舒翰不得已,出关迎战安禄山,果然大败被俘。叛军拿下潼关,兵锋直指长安,唐玄宗只能仓皇奔蜀,将烂摊子扔给了太子(唐肃宗)。

唐肃宗北上灵武,重整旗鼓。大唐元气尚在,如果战略得法,还是有机会迅速平乱的,只可惜他也昏了头,没有完全遵照首席参谋李泌的建议。

> 上问李泌:"今敌强如此,何时可定?"对曰:"臣观贼所获子女金帛,皆输之范阳,此岂有雄据四海之志邪!今独虏将或为之用,中国之人惟高尚等数人,自余皆胁从耳。以臣料之,不过二年,天下无寇矣。"上曰:"何故?"对曰:"贼之骁将,不过史思明、安守忠、田乾真、张忠志、阿史那承庆等数人而已。今若令李光弼自太原出井陉,郭子仪自冯翊入河东,则思明、忠志不敢离范阳、常山,守忠、乾真不敢离长安,是以两军絷其四将也,从禄山者,独承庆耳。愿敕子仪勿取华阴,使两京之道常通,陛下以所征之兵军于扶风,与子仪、光弼互出击之,彼救首则击其尾,救尾则击其首,使贼往来数千里,疲于奔命,我常以逸待劳,贼至则避其锋,去则乘其弊,不攻

城，不过路。来春复命建宁为范阳节度大使，并塞北出，与光弼南北掎角以取范阳，覆其巢穴。贼退则无所归，留则不获安，然后大军四合而攻之，必成擒矣。"上悦。[27]

好一个"彼救首则击其尾，救尾则击其首，使贼往来数千里，疲于奔命，我常以逸待劳，贼至则避其锋，去则乘其弊，不攻城，不过路"！李泌的用兵之道是不是很像毛主席对游击战的十六字方针："敌进我退，敌驻我扰，敌疲我打，敌退我追。"毛主席的用兵之道不是凭空来的，而是善于取法古人为己所用啊。

李泌观察叛军呈"流寇"状态，尚无问鼎天下的气势，安禄山兵出范阳，一路南下长安和洛阳，兵力横亘于数千里之上，非常分散，已成强弩之末。官军应该采用游击战，而不是硬碰硬的攻坚战，不着急收复长安和洛阳，也不计较一城一池的得失，通过不断袭扰和消耗战逐渐蚕食叛军，这样不出两年即可平息叛乱。可惜唐肃宗操之过急，命令郭子仪速速收复长安和洛阳，他太想回到长安坐稳他的皇帝宝座了。结果呢？长安和洛阳虽被收复，但河北诸郡陷入了胶着状态，叛乱愈演愈烈。安史之乱本可以在756年或757年就被平息，结果却兵连祸结至763年。急性病没有对症下药，最后拖延成了慢性病——藩镇割据，一错再错，令人扼腕。

有人说安禄山是胡人，唐玄宗不应该用胡人担任军区司令，其实与安禄山同朝为将的胡人还不少，著名的有哥舒翰、高仙芝、黑齿常之、夫蒙灵察、李光弼等。事实上，在平定安史之乱的过程中，很多胡人干将出力良多，尤其是出身契丹的李光弼，他与郭子仪联手平息了安史之乱，可谓是再造了大唐。

对于一个超大帝国而言，只要不是遇到大的变故，比如大的天灾或强敌入侵，即使当家人不是那么优秀，制度惯性还会保证它延续很长时间，比如王安石变法后的北宋，比如万历皇帝后的明朝。假如安禄山不造反，大唐延续它的富庶和辉煌是大概率的事情。这就好比一段钢材，只要拉伸的力不超过其耐受极限,当这个力消失后,它还可以恢复到原来的样子,好像什么也没发生一样;但是一旦这个力超过了极限,钢材就会被拉得变形甚至折断。

安史之乱给予我们什么样的历史教训?战略性的错误一个都不能犯!

注释:

[1]北宋·司马光《资治通鉴》,卷二百一十五,唐纪三十一。

[2]北宋·司马光《资治通鉴》,卷二百一十五,唐纪三十一。

是时,天下声教所被之州三百三十一,羁縻之州八百,置十节度、经略使以备边。安西节度抚宁西域,统龟兹、焉耆、于阗、疏勒四镇,治龟兹城,兵二万四千。北庭节度防制突骑施、坚昆,统瀚海、天山、伊吾三军,屯伊、西二州之境,治北庭都护府,兵二万人。河西节度断隔吐蕃、突厥,统赤水、大斗、建康、宁寇、玉门、黑离、豆卢、新泉八军,张掖、交城、白亭三守捉,屯凉、肃、瓜、沙、会五州之境,治凉州,兵七万三千人。朔方节度捍御突厥,统经略、丰安、定远三军,三受降城,安北、单于二都护府,屯灵、夏、丰三州之境,治灵州,兵六万四千七百人。河东节度与朔方掎角以御突厥,统天兵、大同、横野、岢岚四军,云中守捉,屯太原府忻、代、岚三州之境,治太原府,兵五万五千人。范阳节度临制奚、契丹,统经略、威武、清夷、静塞、恒阳、北平、高阳、唐兴、横海九军,屯幽、蓟、妫、檀、易、恒、定、漠、沧九州之境,治幽州,兵九万一千四百人。平卢节度镇抚室韦、靺鞨,统平卢、卢龙二军,榆关守捉,安东都护府,屯营、平二州之境,治营州,兵三万七千五百人。陇右节度备御吐蕃,统临洮、河源、白水、安人、振威、威戎、漠门、宁塞、积石、镇西十军,绥和、合川、平夷三守捉,屯鄯、廓、洮、河之境,治鄯州,兵七万五千人。剑南节度西抗吐蕃,南抚蛮獠,统天宝、平戎、昆明、宁远、澄川、南江六军,屯益、翼、茂、当、嶲、柘、松、维、恭、雅、黎、姚、悉十三州之境,治益州,兵三万九百人。岭南五府经略绥静夷、獠,统经略、清海二军,桂、容、邕、交四管,治广州,兵万五千四百人。此外又有长乐经略,福州领之,兵千五百人。东莱守捉,莱州领之;东牟守捉,登州领之;兵各千人。凡镇兵四十九万人,马八万余匹。

[3]北宋·欧阳修等《新唐书》,卷一百二十六,列传第五十一,张九龄。

[4]北宋·司马光《资治通鉴》,卷二百一十五,唐纪三十一。

[5]北宋·司马光《资治通鉴》,卷二百一十五,唐纪三十一。

以王忠嗣为河西、陇右节度使,兼知朔方、河东节度事。忠嗣始在朔方、河东,每互市,高估马价,诸胡闻之,争卖马于唐,忠嗣皆买之。由是胡马少,唐兵益壮。及徙陇右、河西,复请分朔方、河东马九千匹以实之,其军亦壮。忠嗣杖四节,控制万里,天下劲兵重镇,皆在掌握,与吐蕃战于青海、积石,皆大捷。又讨吐谷浑于墨离军,虏其全部而归。

[6]北宋·司马光《资治通鉴》,卷二百一十四,唐纪三十。

[7]—[10]北宋·司马光《资治通鉴》,卷二百一十五,唐纪三十一。

[11]后晋·刘昫等《旧唐书》,卷二百上,列传第一百五十。

[12][13]北宋·司马光《资治通鉴》,卷二百一十五,唐纪三十一。

[14]北宋·司马光《资治通鉴》,卷二百一十六,唐纪三十二。

[15]—[17]北宋·司马光《资治通鉴》,卷二百一十五,唐纪三十一。

[18][19]北宋·司马光《资治通鉴》,卷二百一十六,唐纪三十二。

[20]北宋·司马光《资治通鉴》,卷二百一十五,唐纪三十一。

[21]北宋·司马光《资治通鉴》,卷二百一十六,唐纪三十二。

[22]北宋·司马光《资治通鉴》,卷二百一十七,唐纪三十三。

[23]—[26]北宋·司马光《资治通鉴》,卷二百一十八,唐纪三十四。

[27]北宋·司马光《资治通鉴》,卷二百一十九,唐纪三十五。

渔阳鼙鼓动地来，惊破霓裳羽衣曲

公元756年的农历六月初八，潼关失守了。哥舒翰在唐玄宗一再逼迫之下，贸然出关迎敌，果然一败涂地。失利的战报传到长安，唐玄宗坐不住了，因为一旦拿下了潼关，叛军眼前将是一马平川，长安已经无险可守。

六月十二日，唐玄宗登临勤政楼，上朝的大臣不及平日里的十分之一，玄宗任命京兆尹魏方进为御史大夫兼置顿使，京兆少尹灵昌人崔光远为京兆尹，兼西京留守，让将军边令诚掌管宫殿的钥匙。天黑以后，玄宗又命令龙武大将军陈玄礼集合禁军六军，重赏他们以金钱布帛，又挑选了闲厩中的骏马九百余匹。唐玄宗这是要干吗？逃呗！

六月十三日早上，天刚蒙蒙亮，玄宗与杨贵妃姊妹、皇子、皇妃、公主、皇孙、杨国忠、韦见素、魏方进、陈玄礼及亲信宦官、宫人从禁苑的西门延秋门悄悄出发。路过左藏库时，杨国忠请求放火焚烧，不能便宜了叛军，玄宗则心情沉重地说：叛军来了如果没有抢到钱财，一定会向百姓征收的，还不如留给他们，以减轻百姓们的苦难。这一天，百官还有入朝的，到了宫门口，还能听到漏壶滴水的声音，仪仗队的卫士们仍然整齐地站在那里，待宫门打开后，宫人乱哄哄地往外跑，大家才发觉已群龙无首。这时，山野小民趁机进入皇宫及王公贵族的宅第，盗抢金银财宝，有人还骑着驴跑到殿上，有人还放火焚烧左藏大盈库。崔光远与边令诚带人赶来救火,杀了十多个人,局势才稍稍稳定下来。崔光远看到大势已去,遂派他的儿子出城去见安禄山的军队,边令诚也把宫殿各门的钥匙献给了安禄山。[1]

唐玄宗无论如何也想不到,他所缔造的盛世竟然是以这样的方式谢幕的。

听到唐玄宗已经开溜的消息,安禄山着实有点惊诧。他也不着急拿下长安了,觉得已没有意义,他开始准备在洛阳称帝。过了十天,他才派兵进入长安。"禄山命搜捕百官、宦者、宫女等,每获数百人,辄以兵卫送洛阳。王、侯、将、相扈从车驾、家留长安者,诛及婴孩。"[2]在这被胁迫的人之中,有一位大名鼎鼎的人物,他就是大诗人王维。

《新唐书》记载:"安禄山反,玄宗西狩,维为贼得,以药下利,阳瘖。禄山素知其才,迎置洛阳,迫为给事中。"[3]王维不愿做伪官,服药取痢,装成哑巴。但是安禄山素知他的大名,不肯放过他,将他囚禁在洛阳菩提寺,逼迫他继续担任给事中。王维之前就给唐玄宗做给事中,很显然,安禄山这是要学唐玄宗的派头。

占据长安和洛阳的安禄山志得意满,自称雄武皇帝,要效法唐玄宗,过过皇帝瘾,首先享受一下《霓裳羽衣曲》。"初,上皇每酺宴,先设太常雅乐坐部、立部,继以鼓吹、胡乐、教坊、府县散乐、杂戏;又以山车、陆船载乐往来;又出宫人舞《霓裳羽衣》;又教舞马百匹,衔杯上寿;又引犀、象入场,或拜,或舞。安禄山见而悦之,既克长安,命搜捕乐工,运载乐器、舞衣,驱舞马、犀、象皆诣洛阳。"[4]安禄山一定想到自己当年在唐玄宗面前献跳胡旋舞时的情景,今天他要看别人给他表演一番。

> 禄山宴其群臣于凝碧池,盛奏众乐;梨园弟子往往歔欷泣下,贼皆露刃眎之。乐工雷海清不胜悲愤,掷乐器于地,西向恸哭。禄山怒,缚于试马殿前,支解之。[5]

这帮梨园子弟颇有气节,著名乐师雷海清将乐器掷于地上,向西边恸哭,安禄山残忍地将他杀害。王维在菩提寺中闻悉此事,含泪赋成一首诗《菩提寺禁裴迪来相看说逆贼等凝碧池上作音乐供奉人等举声便一时泪下私成口号诵示裴迪》:

> 万户伤心生野烟,百官何日再朝天。
>
> 秋槐叶落空宫里,凝碧池头奏管弦。

司马光在《资治通鉴》里不无感慨地写道:

> 臣光曰:圣人以道德为丽,仁义为乐;故虽茅茨土阶,恶衣菲食,不耻其陋,惟恐奉养之过以劳民费财。明皇恃其承平,不思后患,殚耳目之玩,穷声技之巧,自谓帝王富贵皆不我如,欲使前莫能及,后无以逾,非徒娱己,亦以夸人。岂知大盗在旁,已有窥窬之心,卒致銮舆播越,生民涂炭。乃知人君崇华靡以示人,适足为大盗之招也。[6]

日子过得太好,难免会招贼。不怕被贼偷,就怕被贼惦记。

唐玄宗一行仓皇往西南逃亡,先遣宦官王洛卿打前站,让沿途郡县迎驾。午饭时间,他们赶到了咸阳的望贤宫,可是王洛卿和县令都跑了,一时竟无人接待,真是日高人渴漫思茶啊!杨国忠只好自己到集市上买来胡饼,老百姓也献来糙米饭,杂以麦豆,一向养尊处优的皇孙们个个饿得饥不择食,纷纷用手抓饭,最后还都没吃饱,这也许是他们一生中印象最深、在皇宫内苑里都未曾享用过的"美食"吧![7]这时候来了一位名叫郭从谨的老者,劈头盖脸地教训了一通唐玄宗。

> 有老父郭从谨进言曰:"禄山包藏祸心,固非一日;亦有诣阙告其谋者,陛下往往诛之,使得逞其奸逆,致陛下播越。是以先王务延访忠良以广聪明,盖为此也。臣犹记宋璟为相,数进直言,天下赖以安平。自顷以来,在廷之臣以言为讳,惟阿谀取容,是以阙门之外,陛下皆不得而知。草野之臣,必知有今日久矣,但九重严邃,

区区之心，无路上达。事不至此，臣何由得睹陛下之面而诉之乎！"上曰："此朕之不明，悔无所及！"慰谕而遣之。[8]

郭老可谓是史上最厉害的乡野老头了，他借献食之机面斥唐玄宗杜绝言路、宠信奸佞，招致今日狼狈出逃的下场。俗话说：拿人手短，吃人嘴软。唐玄宗只能连连承认错误，帝王做到这份上，唐玄宗也是咎由自取。

俄而尚食举御膳以至，上命先赐从官，然后食之。命军士散诣村落求食，期未时皆集而行。夜将半，乃至金城。县令亦逃，县民皆脱身走，饮食器皿具在，士卒得以自给。时从者多逃，内侍监袁思艺亦亡去。驿中无灯，人相枕藉而寝，贵贱无以复分辨。[9]

过了一会儿，主管皇帝御膳的尚食才将御膳送来，唐玄宗先赐给从属官吏，然后自己才吃。御膳毕竟不多，下层军官士卒则还饿着肚子，玄宗让他们到附近村庄里觅食。亡命天涯之人已经顾不上什么面子了，一路上大家相互枕着睡觉，已不分地位高低。

丙申，至马嵬驿，将士饥疲，皆愤怒。陈玄礼以祸由杨国忠，欲诛之，因东宫宦者李辅国以告太子，太子未决。会吐蕃使者二十余人遮国忠马，诉以无食，国忠未及对，军士呼曰："国忠与胡虏谋反！"或射之，中鞍。国忠走至西门内，军士追杀之，屠割支体，以枪揭其首于驿门外，并杀其子户部侍郎暄及韩国、秦国夫人。御史大夫魏方进曰："汝曹何敢害宰相！"众又杀之。韦见素闻乱而出，为乱兵所挝，脑血流地。众曰："勿伤韦相公。"救之，得免。军士围驿，上闻喧哗，问外何事，左右以国忠反对。上杖屦出驿门，慰劳军士，令收队，军士不应。上使高力士问之，玄礼对曰："国忠谋反，贵妃不宜供奉，愿陛下割恩正法。"上曰："朕当自处之。"入门，倚杖倾首而立。久之，京兆司录韦谔前言曰："今众怒难犯，安危在晷刻，愿陛下速决！"因叩头流血。上曰："贵妃常居深宫，安知国忠反谋!"高力士曰:"贵妃诚无罪,然将士已杀国忠,而贵妃在陛下左右,岂敢自安!愿陛下审思之,将士安则陛下安矣。"上乃命力士引贵妃于佛堂,缢杀之。[10]

唐玄宗一行人行至马嵬驿时,众将士哗变,杀了杨国忠,又逼着唐玄宗杀杨贵妃。要说一路上饥肠辘辘,还能忍受,被乡野老头训斥,也不算什么,唐玄宗也是见过世面的,能屈能伸才是伟丈夫嘛。但是,要杀死自己的宠妻,这无论如何都是难以接受的。诚如白居易《长恨歌》里所言:"渔阳鼙鼓动地来,惊破霓裳羽衣曲。九重城阙烟尘生,千乘万骑西南行。翠华摇摇行复止,西出都门百余里。六军不发无奈何,宛转蛾眉马前死。花钿委地无人收,翠翘金雀玉搔头。君王掩面救不得,回看血泪相和流。"大唐的《霓裳羽衣曲》至此破矣!

(757年)安禄山自起兵以来,目渐昏,至是不复睹物;又病疽,性益躁暴,左右使令,小不如意,动加棰挞,或时杀之。既称帝,深居禁中,大将希得见其面,皆因严庄白事。庄虽贵用事,亦不免棰挞,阉竖李猪儿被挞尤多,左右人不自保。禄山嬖妾段氏,生子庆恩,欲以代庆绪为后。庆绪常惧死,不知所出。庄谓庆绪曰:"事有不得已者,时不可失。"庆绪曰:"兄有所为,敢不敬从。"又谓猪儿曰:"汝前后受挞,宁有数乎?不行大事,死无日矣。"猪儿亦许诺。庄与庆绪夜持兵立帐外,猪儿执刀直入帐中,斫禄山腹。左右惧,不敢动。禄山扪枕旁刀,不获,撼帐竿,曰:"必家贼也。"腹已流血数斗,遂死。掘床下深数尺,以毡裹其尸埋之,诫宫中不得泄。乙卯旦,庄宣言于外,云禄山疾亟。立晋王庆绪为太子,寻即帝位,尊禄山为太上皇,然后发丧。[11]

杨贵妃之死,不知道安禄山可知晓。他的这位"干娘"没了,他心里可难过?历史没有记载,不得而知。过了也就半年时间,安禄山也病入膏肓。他造了"干爹"唐玄宗的反,他的儿子安庆绪也造了他的反。《霓裳羽衣曲》的这几位主人公都以自己的方式告别了历史舞台。

那么大诗人王维呢？757 年的九月和十月，郭子仪先后收复了长安和洛阳，做过伪官的人都受到了清算。王维本应该也被治罪，但他之前写的那首诗被唐肃宗看到，再加上他的弟弟王缙当时已位高权重，为他求情，他因此得救，"贼平，皆下狱。或以诗闻行在，时缙位已显，请削官赎维罪，肃宗亦自怜之，下迁太子中允"[12]。

注释：

[1]北宋·司马光《资治通鉴》，卷二百一十八，唐纪三十四。

乙未，黎明，上独与贵妃姊妹、皇子、妃、主、皇孙、杨国忠、韦见素、魏方进、陈玄礼及亲近宦官、宫人出延秋门，妃、主、皇孙之在外者，皆委之而去。上过左藏，杨国忠请焚之，曰："无为贼守。"上愀然曰："贼来不得，必更敛于百姓；不如与之，无重困吾赤子。"是日，百官犹有入朝者，至宫门，犹闻漏声，三卫立仗俨然。门既启，则宫人乱出，中外扰攘，不知上所之。于是王公、士民四出逃窜，山谷细民争入宫禁及王公第舍，盗取金宝，或乘驴上殿。又焚左藏大盈库。崔光远、边令诚帅人救火，又募人摄府、县官分守之，杀十余人，乃稍定。光远遣其子东见禄山，令诚亦以管钥献之。

[2]北宋·司马光《资治通鉴》，卷二百一十八，唐纪三十四。

[3]北宋·欧阳修等《新唐书》，卷二百二，列传第一百二十七，文艺中，王维。

[4]—[6]北宋·司马光《资治通鉴》，卷二百一十八，唐纪三十四。

[7]北宋·司马光《资治通鉴》，卷二百一十八，唐纪三十四。

上遣宦者王洛卿前行，告谕郡县置顿。食时，至咸阳望贤宫，洛卿与县令俱逃，中使征召，吏民莫有应者。日向中，上犹未食，杨国忠自市胡饼以献。于是民争献粝饭，杂以麦豆；皇孙辈争以手掬食之，须臾而尽，犹未能饱。上皆酬其直，慰劳之。众皆哭，上亦掩泣。

[8]—[10]北宋·司马光《资治通鉴》，卷二百一十八，唐纪三十四。

[11]北宋·司马光《资治通鉴》，卷二百一十九，唐纪三十五。

[12]北宋·欧阳修等《新唐书》，卷二百二，列传第一百二十七，文艺中，王维。

郭子仪：权倾天下而朝不忌

中国传统戏曲里有一出经典剧目——《打金枝》，说的是唐代宗将女儿升平公主许配给汾阳王郭子仪的儿子郭暧，小两口很是恩爱，但有一次郭子仪过大寿，升平公主自恃皇家身份不去拜寿，郭暧气急败坏，打了她一顿；公主跑回宫里向皇帝老子告状，郭子仪听闻此事，赶紧把郭暧五花大绑，亲自到宫里向唐代宗负荆请罪；唐代宗很是宽宏大量，不仅没有问罪郭暧，还劝和了小两口。皇帝女儿乃金枝玉叶，打了公主即是打了金枝，这出戏的戏名取得很形象，那么历史上确有其事乎？

《资治通鉴》里有这么一段记载：

> （大历二年丁未）郭暧尝与升平公主争言，暧曰："汝倚乃父为天子邪？我父薄天子不为！"公主恚，奔车奏之。上曰："此非汝所知。彼诚如是，使彼欲为天子，天下岂汝家所有邪？"慰谕令归。子仪闻之，囚暧，入待罪。上曰："鄙谚有之：'不痴不聋，不作家翁。'儿女子闺房之言，何足听也！"子仪归，杖暧数十。[1]

郭暧与升平公主的确是吵架了，但是不是为了给郭子仪祝寿不得而知。大历二年乃公元 767 年，郭子仪恰是 70 岁，看来祝寿一说也并非毫无根据。不过，郭暧并没有打公主，只是说了一句掉脑袋的话：你不就是仗着你爹是皇帝吗？我爹才不稀罕当皇帝呢！公主大怒，回宫向父亲告状。代宗说：你有所不知，你丈夫说的没错，你家公公要是想当皇帝的话,天下早就不是我们家的了。并劝公主赶紧回家。郭子仪得知后,估计吓得不轻,赶紧将郭暖关了起来,自己进宫向皇帝请罪。代宗说:俗话说"不痴不聋,不作家翁",儿女夫妻闺房里的气话,何必当真呀!郭子仪回来后,将郭暖杖打数十。这哪里是"打金枝"?分明是"被金枝打"!

话说回来,唐代宗为什么对郭子仪如此宽容呢?"二月,丙戌,郭子仪入朝。上命元载、王缙、鱼朝恩等互置酒于其第,一会之费至十万缗。上礼重子仪,常谓之大臣而不名。"[2]元载和王缙都是当朝宰相,鱼朝恩是唐代宗最宠信的宦官,皇上命令他们轮流在家里宴请郭子仪,撮一顿的费用都在十万缗之巨。十万缗是多少钱?一缗相当于一两银子,十万缗就是十万两银子。不得不说唐玄宗开创的开元盛世底子实在是厚,虽然"渔阳鼙鼓动地来,惊破霓裳羽衣曲",但瘦死的骆驼比马大,权贵们还是一样"朱门酒肉臭"。

郭子仪的谱也忒大了吧!没办法,谁让人家功劳大。毫不夸张地说,如果没有郭子仪,唐王朝或许真要止步于"安史之乱"了。唐代宗的父亲唐肃宗曾对郭子仪说过这么一句话:"国家再造,卿力也。"[3]唐肃宗至德二年(757年),郭子仪挥师收复了长安和洛阳,荡平了河西、河东和河南的叛军,"王入京师,老幼夹道呼曰:'不图今日复见官军!'"[4]。唐肃宗也亲自到灞上迎接郭子仪凯旋,说了上文那么一句肺腑之言。自古以来,"勇略震主者身危,功盖天下者不赏",忠臣良将善始者多,善终者少,那么郭子仪呢?

《旧唐书》里对他是如此评价的:

> 始与李光弼齐名,虽威略不逮,而宽厚得人过之。岁入官俸二十四万贯,私利不在焉。其宅在亲仁里,居其里四分之一,中通永巷,家人三千,相出入者不知其居。前后赐良田美器,名园甲馆,声色珍玩,堆积羡溢,不可胜纪。代宗不名,呼为大臣。天下以其身为安危者殆二十年。校中书令考二十有四。权倾天下而朝不忌,

功盖一代而主不疑,侈穷人欲而君子不之罪。富贵寿考,繁衍安泰,哀荣终始,人道之盛,此无缺焉。[5]

郭子仪与李光弼相比,没有后者勇猛,但是"宽厚得人过之",他的合法年薪就有二十四万贯,额外的奖金和灰色收入不计。长安的亲仁里"小区",他家就占了四分之一,家人有三千之多,"良田美器,名园甲馆,声色珍玩,堆积羡溢,不可胜纪"。孩子辈里位高权重者也很多,但他"权倾天下而朝不忌,功盖一代而主不疑,侈穷人欲而君子不之罪。富贵寿考,繁衍安泰,哀荣终始"。郭子仪去世时已是 85 岁高龄,遍寻史籍,戎马一生且能富贵始终者实在是凤毛麟角。他是怎么做到的?

天宝十四载(755 年)十一月,安禄山在范阳起兵叛乱,当时郭子仪正在家中为母亲守孝,他被"夺情"起用,"诏子仪为卫尉卿、灵武郡太守,充朔方节度使,率本军东讨"[6]。其后的八年时间里,郭子仪为再造大唐东征西讨。不仅如此,他还举荐了一位"牛人",此人即是后来与他齐名的军事天才李光弼。"安禄山反,郭子仪荐其能,诏摄御史大夫,持节河东节度副大使,知节度事,兼云中太守。寻加魏郡太守、河北采访使。"[7]二人勠力同心,终于平定了安史之乱,还屡败了趁乱侵边的吐蕃。说郭子仪再造大唐,的确实至名归。

但是牛人总是会招致嫉妒,郭子仪也不例外。唐肃宗时的宦官鱼朝恩就非常嫉妒他,在相州之战失利后,"鱼朝恩素疾其功,因是媒糵之,故帝召子仪还,更以赵王为天下兵马元帅,李光弼副之,代子仪领朔方兵。子仪虽失军,无少望,乃心朝廷"[8]。唐肃宗听信了鱼朝恩的谗言,剥夺了郭子仪的兵权,但是郭子仪有量,仍旧忠心不二。

鱼朝恩一计不成,又生一计。郭子仪抵御吐蕃时,鱼朝恩又指使人挖掘其祖坟,大臣都担心郭子仪会举兵。郭子仪入朝后,代宗宽慰他,他流泪道:我长期带兵,毁了多少人家的祖坟,那么人家挖了我的祖坟也在情理之中,这是上天的惩罚,不是人家和我过不去。后来,鱼朝恩假惺惺地请郭子仪赴宴,宰相元载派人传话说这是鸿门宴,劝他别去,部下也纷纷要求跟随前往。郭子仪没有同意,只带了十几个家僮前往。鱼朝恩问道:您怎么才带了这么几个人？郭子仪就把鸿门宴的传闻告诉了鱼朝恩。鱼朝恩感动得哭了:还是您大人有大量啊![9]

鱼朝恩一个还不够,郭子仪又遇到了另一个宦官"刺头"程元振。

> 代宗立,程元振自谓于帝有功,忌宿将难制,离构百计。因罢子仪副元帅,加实户七百,为肃宗山陵使。子仪惧谗且成,尽袁代宗所赐诏敕千余篇上之,因自明。诏曰:"朕不德,诒大臣忧,朕甚自愧,自今公毋有疑。"初,帝与子仪平两京,同天下忧患,至是悔悟,眷礼弥重。[10]

唐代宗之所以能当上皇帝,程元振的确立了大功。唐肃宗病重期间,张皇后欲伺机废掉太子。这个情报被程元振得知,他报告给宦官李辅国,李辅国先下手为强,将张皇后一党除掉,二人辅佐太子登基称帝,是为唐代宗。因此对于程元振的话,唐代宗自然是要听几分的,他罢了郭子仪的兵权,让他去给唐肃宗守灵。郭子仪知道遭到了奸人陷害,既不逃避,也不蛮干,他拿出当年唐肃宗所赐的诏书千余篇呈给唐代宗,以此表明心迹。唐代宗看了这些诏书,羞愧难当,下诏表示:当年你与我父亲忧患与共,收复了长安和洛阳,是我不好,让你受苦了。

郭子仪心真大,要是不大,早就像仆固怀恩那样造反了。仆固怀恩曾是郭子仪的部下,为平定安史之乱也立下了大功,可惜被宦官骆奉先诬陷,一怒之下造了反。平定仆固怀恩叛乱的恰恰是郭子仪。郭子仪真是大唐的"救火队长"啊！

鉴于郭子仪的功劳,广德二年(764年)十二月,唐代宗决定任命郭子仪为尚书令,郭子仪恳辞不受。他上奏道:太宗皇帝曾任此职,因此历代皇帝都不随便任命此职,皇太子任雍王,平定关东,才授此官,怎能偏爱我,违背祖制;而且平叛以后,冒领赏赐的人很多,甚至一人兼任数职,贪恋权位而不顾廉耻,现在叛乱基本平定,正是端正法纪整肃吏治的时候,就从我开始吧!代宗皇帝非常感动,将他辞谢尚书令的事迹交付史官,命令记入国史。[11]

了解唐朝历史的都知道,尚书省的最高长官是尚书令,两位副手是左仆射和右仆射。李世民做秦王时曾担任过尚书令,自此以后尚书令皆由太子兼任,所以当唐代宗欲将尚书令授予郭子仪时,郭子仪很有政治头脑地断然拒绝了。如果换作其他将领,比如安禄山,说不定早就手舞足蹈了。要说郭子仪,还真有点李世民的风范。武德九年(626年),玄武门事变后,东突厥颉利可汗率几十万大军逼近长安,长安告急,李世民只带了六骑随从至渭水桥上与东突厥可汗握手言和,成功化解了一场危机。而在永泰元年(765年),叛将仆固怀恩纠集回纥三十万大军进逼长安,仆固怀恩骗回纥说唐朝皇帝已经放弃了长安,郭子仪也死了,回纥人信以为真。这时长安周边只有一万人的军队,守备非常薄弱,郭子仪自率少量士卒来到阵前,回纥人喝问:来将何人?郭子仪大声说:郭令公在此。回纥人大惊:郭令公不是已经死了?郭子仪免去甲胄,回纥人定睛一看,还真是郭令公,知道上了仆固怀恩的当,一场危机化于无形。要说郭子仪有没有帝王之相?绝对有。回纥人都这么服气他,如果他想做皇帝的话,一定会有很多人支持。

说实话,皇帝这个差事真不是好干的,既要让臣下全心全意干活,还要防备他们造反,其中的赏罚尺度、激励办法,必是要煞费苦心。从唐玄宗开始,唐朝实行宦官监军的制度,恐怕就是出于这个考虑。说是监军,其实就是监视前线将帅们的一举一动,有点像明朝时期的锦衣卫和民国时期的军统。大凡制度,总是有利有弊,不能一概而论。权力平衡没有坏处,但容易造成内耗。比如高仙芝和封常清,可谓当时大唐的两位"军神"。尤其高仙芝长途奔袭中亚,威震西域,当时他的监军是宦官边令诚。起初两人配合得还不错,高仙芝拿下小勃律国之后,当时的安西四镇节度使夫蒙灵察嫉妒他的战功,百般刁难他,还是边令诚密报唐玄宗,为高仙芝打抱不平,唐玄宗撤了夫蒙灵察的安西四镇节度使之职,让高仙芝代之。但是到了安史之乱时,高仙芝和边令诚却将帅失和。安禄山叛乱蓄谋已久,兵锋正健,而洛阳都是新招募的杂牌军,且根本无险可守,高仙芝和封常清决定放弃洛阳,退守潼关,但是边令诚却不这么认为。他向唐玄宗进谗言说高仙芝畏战不前,唐玄宗一怒之下杀了高仙芝和封常清,后来又一再逼着哥舒翰主动出潼关击敌,结果一败涂地。潼关失守,叛军直逼长安,唐玄宗仓皇奔蜀,太子也慌忙跑到宁夏的灵武。本来郭子仪和李光弼在山西和河北的局面很好,正准备直捣叛军老巢范阳,听闻长安失守,只得挥师勤王。一把好牌终究打得稀巴烂。大诗人高适当时担任监察御史,感喟于此,“因陈潼关败亡之势曰:‘仆射哥舒翰忠义感激,臣颇知之,然疾病沉顿,智力将竭。监军李大宜与将士约为香火,使倡妇弹箜篌琵琶以相娱乐,樗蒲饮酒,不恤军务。蕃浑及秦、陇武士,盛夏五六月于赤日之中,食仓米饭且犹不足,欲其勇战,安可得乎?故有望敌散亡,临阵翻动,万全之地,一朝而失。南阳之军,鲁炅、何履光、赵国珍各皆持节,监军等数人更相用事,宁有是,战而能必胜哉?臣与杨国忠争,终不见纳。陛下因此履巴山、剑阁之险,西幸蜀中,避其蚩毒,未足为耻也。’玄宗嘉之”[12]。唐玄宗能说什么呢?事已至此,只能后悔莫及了。

唐肃宗即位以后,也为如何驾驭臣下困惑过,他与首席参谋李泌有一番对话。

> 上谓泌曰:“今郭子仪、李光弼已为宰相,若克两京,平四海,则无官以赏之,奈何?”对曰:“古者官以任能,爵以酬功。汉、魏以来,虽以郡县治民,然有功则锡以茅土,传之子孙,至于周、隋皆然。唐初,未得关东,故封爵皆设虚名,其食实封者,给缯布而已。贞观中,太宗欲复古制,大臣议论不同而止。由是赏功者多以官。夫以官赏功有二害,非才则废事,权重则难制。是以功臣居大官者,皆不为子孙之远图,务乘一时之权以邀利,无所不为。向使禄山有百里之国,则亦惜之以传子孙,不反矣。为今之计,俟天下既平,莫若

疏爵土以赏功臣，则虽大国，不过二三百里，可比今之小郡，岂难制哉！于人臣乃万世之利也。"上曰："善！"[13]

人心乃欲壑难填，一山望着一山高。骄兵悍将如安禄山，天下兵马给他三分之一还不知足，像郭子仪这样的谦虚退让者实属凤毛麟角，所以唐代宗感动得稀里哗啦的。"帝得奏，泣谓左右曰：'子仪固社稷臣也。'"[14]

郭子仪的高风亮节不仅感动了皇帝，也让那些割据一方的骄兵悍将对他另眼相看。

田承嗣割据魏州时，骄横无礼。但郭子仪遣使至魏州，他却向西跪拜，并指着膝盖对使者道：这副膝盖很久没向人下拜了，今天拜一拜郭令公。李灵曜占据汴州，不管公私财物，只要经过汴州，一律扣押。而郭子仪的财物经过他的辖区时，李灵曜非但不扣留，还命人护送过境。平定安史之乱，回纥立功不少，后回纥提出要卖给唐王朝一万匹马，唐王朝觉得不需要那么多，买上一千匹就可以了。而郭子仪很注意"统战政策"，认为此举不妥，他提议免掉自己一年的俸禄来买这些马。虽然这个提议最终没有被朝廷接纳，但他的仁义之心一定感动了回纥。大历元年（766年）十二月，华州节度使周智光造反，皇帝密令郭子仪讨伐叛军，郭子仪只是大阅三军，做出讨伐的架势，叛贼内部就起了哗变，将士们将周智光父子杀了，传首京师，可谓"不战而屈人之兵"。[15]

厉害的人气场就是这么强大。

> 子仪事上诚，御下恕，赏罚必信。遭幸臣程元振、鱼朝恩短毁，方时多虞，握兵处外，然诏至，即日就道，无纤介顾望，故谗间不行。[16]

郭子仪之所以能"全身而退"，概因安禄山殷鉴不远矣！唐玄宗几次召安禄山回京，他都敷衍了事，虽说"将在外，君命有所不受"，但难免让人起疑心。而只要是肃宗和代宗有召，郭子仪必速回，从不拖泥带水。忠心固然重要，如何让忠心被人看到亦很重要！

与郭子仪功劳不相伯仲的李光弼的结局如何呢？

> 相州、北邙之败，朝恩羞其策缪，故深忌光弼切骨，而程元振尤疾之。二人用事，日谋有以中伤者。及来瑱为元振谮死，光弼愈恐。吐蕃寇京师，代宗诏入援，光弼畏祸，迁延不敢行。及帝幸陕，犹倚以为重，数存问其母，以解嫌疑。帝还长安，因拜东都留守，察其去就。光弼以久须诏书不至，归徐州收租赋为解。帝令郭子仪自河中辇其母还京。二年，光弼疾笃，奉表上前后所赐实封，诏不许。将吏问后事，答曰：“吾淹军中，不得就养，为不孝子，尚何言哉！”取所余绢布分遗部将。薨，年五十七。[17]

面对鱼朝恩和程元振的构陷，李光弼采取的策略只是一个字：躲。躲到最后，他竟然不敢回到长安，即使在吐蕃进犯长安，唐代宗下诏让他勤王时，他也畏葸不前。打仗他是一把好手，政治上他却是“门外汉”。

苏轼在《晁错论》的开篇写道：“天下之患，最不可为者，名为治平无事，而其实有不测之忧。坐观其变，而不为之所，则恐至于不可救；起而强为之，则天下狃于治平之安，而不吾信。惟仁人君子豪杰之士，为能出身为天下犯大难，以求成大功。此固非勉强期月之间，而苟以求名者之所能也。”郭子仪正是这样的“仁人君子豪杰之士”啊！

春节我回山西，在超市里看到一瓶白酒，名曰“汾阳王”，号称始创于762年，即唐代宗宝应元年。《新唐书》里记载郭子仪是于“上元初”，也就是大约760年受封为汾阳郡王的。汾酒传扬了几千年，大家都晓得，“汾阳王”究竟何时创立就不得而知了，权当是家乡的老百姓对郭子仪的一种褒奖吧！

注释：

[1][2]北宋·司马光《资治通鉴》，卷二百二十四，唐纪四十。

[3][4]北宋·欧阳修等《新唐书》,卷一百三十七,列传第六十二,郭子仪。

[5]后晋·刘昫等《旧唐书》,卷一百二十,列传第七十,郭子仪。

[6]北宋·欧阳修等《新唐书》,卷一百三十七,列传第六十二,郭子仪。

[7]北宋·欧阳修等《新唐书》,卷一百三十六,列传第六十一,李光弼。

[8]北宋·欧阳修等《新唐书》,卷一百三十七,列传第六十二,郭子仪。

[9]北宋·欧阳修等《新唐书》,卷一百三十七,列传第六十二,郭子仪。

破吐蕃灵州,而朝恩使人发其父墓,盗未得。子仪自泾阳来朝,中外惧有变,及入见,帝唁之,即号泣曰:"臣久主兵,不能禁士残人之墓,人今发先臣墓,此天谴,非人患也。"朝恩又尝约子仪修具,元载使人告以军容将不利公。其下衷甲愿从,子仪不听,但以家僮十数往。朝恩曰:"何车骑之寡?"告以所闻。朝恩泣曰:"非公长者,得无致疑乎?"

[10]北宋·欧阳修等《新唐书》,卷一百三十七,列传第六十二,郭子仪。

[11]北宋·欧阳修等《新唐书》,卷一百三十七,列传第六十二,郭子仪。

子仪至自泾阳,恩赉崇缛,进拜尚书令,恳辞,不听。诏趣诣省视事,百官往庆,敕射生五百骑执戟宠卫。子仪确让,且言:"太宗尝践此官,故累圣旷不置员,皇太子为雍王,定关东,乃得授,渠可猥私老臣,隳大典?且用兵以来,僭赏者多,至身兼数官,冒进亡耻。今凶丑略平,乃作法审官之时,宜从老臣始。"帝不获已,许之,具所以让付史官。

[12]后晋·刘昫等《旧唐书》,卷一百一十一,列传第六十一,高适。

[13]北宋·司马光《资治通鉴》,卷二百一十九,唐纪三十五。

[14]北宋·欧阳修等《新唐书》,卷一百三十七,列传第六十二,郭子仪。

[15]后晋·刘昫等《旧唐书》,卷一百二十,列传第七十,郭子仪。

田承嗣方跋扈魏州,傲狠无礼,子仪尝遣使至,承嗣西望拜之,指其膝谓使者曰:"兹膝不屈于人若干岁矣,今为公拜。"李灵曜据汴州,公私财赋一皆遏绝,独子仪封币经其境,莫敢留之,必持兵卫送。其为豺虎所服如此。

回纥赤心卖马一万匹,有司以国计不充,请市千匹。子仪以回纥前后立功,不宜阻意,请自纳一年俸物,充回纥马价,虽诏旨不允,内外称之。

大历元年十二月,华州节度使周智光杀监军张志斌谋叛,帝以同、华路阻,召子仪女婿工部侍郎赵纵受口诏往河中,令子仪起军讨之。纵请为蜡书,令家僮间道赐子仪。奉诏大阅军戎,将发,同华将吏闻军起,乃斩智光父子,传首京师。

[16]北宋·欧阳修等《新唐书》,卷一百三十七,列传第六十二,郭子仪。

[17]北宋·欧阳修等《新唐书》,卷一百三十六,列传第六十一,李光弼。

高适：大唐唯一封侯的诗人

开元中，诗人王昌龄、高适、王之涣齐名。时风尘未偶，而游处略同。一日，天寒微雪，三诗人共诣旗亭贳酒小饮。忽有梨园伶官十数人登楼会宴。三诗人因避席隈映，拥炉火以观焉。俄有妙妓四辈，寻续而至，奢华艳曳，都冶颇极。旋则奏乐，皆当时之名部也。昌龄等私相约曰：我辈各擅诗名，每不自定其甲乙。今者可以密观诸伶所讴，若诗入歌词之多者，则为优矣。俄而一伶拊节而唱，乃曰："寒雨连江夜入吴，平明送客楚山孤。洛阳亲友如相问，一片冰心在玉壶。"昌龄则引手画壁曰一绝句。寻又一伶讴曰："开箧泪沾衣，见君前日书。夜台何寂寞，犹是子云居。"适则引手画壁曰一绝句。寻又一伶讴曰："奉帚平明金殿开，且将团扇共徘徊。玉颜不及寒鸦色，犹带昭阳日影来。"昌龄则又引手画壁曰二绝句。之涣自以得名已久，因谓诸人曰："此辈皆潦倒乐官，所唱皆巴人下俚之词耳，岂阳春白雪之曲，俗物敢近哉？"因指诸妓之中最佳者曰："待此子所唱，如非我诗，吾即终身不敢与子争论矣。脱是吾诗，子等当须列拜床下，奉吾为师。"因欢笑而俟之。须臾次至双鬟发声，则曰"黄沙直上白云间，一片孤城万仞山。羌笛何须怨杨柳，春风不度玉门关"。之涣即揶揄二子曰："田舍奴，我岂妄哉？"因大谐笑。诸伶不喻其故，皆起诣曰："不知诸郎君何此欢噱？"昌龄等

因话其事。诸伶竞拜曰:"俗眼不识神仙,乞降清重,俯就筵席。"三子从之,饮醉竟日。[1]

这是唐朝人薛用弱记载的一段诗坛佳话,史称"旗亭画壁"。王昌龄、高适、王之涣三位大诗人虽然情谊相笃,但也互相不服气,在酒馆里暗暗较劲。这就好比时下几位大歌星在 KTV 里打赌谁的歌曲被点唱的次数更多一样。盛唐的长安城里虽没有 KTV,但无时无刻不飘着酒气、诗歌和音乐。

话说诗人高适的经历在这三位里最具传奇色彩,值得仔细玩味。

我们都知道李白和杜甫这样的大诗人心系仕途,都怀抱着封侯拜相的理想,比如杜甫写给李白的诗:"秋来相顾尚飘蓬,未就丹砂愧葛洪。痛饮狂歌空度日,飞扬跋扈为谁雄?"李白怀揣着诗篇到长安到处投奔"高人",希望能被赏识,后来有幸遇见了文坛领袖贺知章,贺知章夸他是"谪仙人",李白才开始发迹。[2]时下的风气也差不多,不管书写得好不好,一定要请几位"大 V"在腰封上隆重推荐一下,或者写上一篇序言。杜甫也不闲着,写文章纵论天下,想谋得一官半职,结果由于李林甫的阻挠,没能成功。大唐虽然有科举制度,但是录取率太低了,诗人们想通过科举来改变命运很难,不是谁都有白居易那样的好运气,"慈恩塔下题名处,十七人中最少年"。大部分人还是会名落孙山,所以都很焦虑。

但高适不焦虑,他的目标不高,只是做一个快乐的"自由职业者"。《唐才子传》里这样介绍他:"适,字达夫,一字仲武,沧州人。少性拓落,不拘小节,耻预常科,隐迹博徒,才名便远。"[3]《旧唐书》里还有高适正传,可见高适不是一般人。"适少濩落,不事生业,家贫,客于梁、宋,以求丐取给。"[4]只能说大唐盛世的确极"盛",物质极大丰富以后才会有乞丐的活路。高适每天躬耕乡里,"混吃混喝"竟也混到五十岁。

天宝中,海内事干进者注意文词。适年过五十,始留意诗什,

数年之间，体格渐变，以气质自高，每吟一篇，已为好事者称诵。宋州刺史张九皋深奇之，荐举有道科。时右相李林甫擅权，薄于文雅，唯以举子待之。解褐汴州封丘尉，非其好也，乃去位，客游河右。河西节度哥舒翰见而异之，表为左骁卫兵曹，充翰府掌书记，从翰入朝，盛称之于上前。[5]

高适到五十岁时才开始发力，起步才混了个科级干部，这在当下都算很晚了。在古代，能活到五十岁的都是少数，何况求取功名。

不过，俗话说：好饭不怕晚。只要赶上趟，前方是一路绿灯。

高适遇到两位贵人，一位是宋州刺史张九皋，一位是河西节度使哥舒翰。张九皋帮他拿到了"文凭"，哥舒翰则直接把他带到了大唐政治中枢。哥舒翰是大唐的"军神"之一，唐诗里有一首就是夸哥舒翰的："北斗七星高，哥舒夜带刀。至今窥牧马，不敢过临洮。"哥舒翰纵横河西走廊和西域多年，深得唐玄宗倚重，跟着哥舒翰，前途一定一片光明，高适心里说不定会笑话那些投靠无门的同僚们：兄弟们，要跟对人啊！

有人说，高适全凭运气，猴王不这样认为。高适每天读书，关心时事，对时局判断很准。他果断做出人生决策，直奔河西而去，看似远离了长安，反而离政治中心更近了。不像其他诗人，一天到晚待在长安等着"撞大运"，反而离政治中心很远。

沧海横流，方显英雄本色。越是复杂的斗争环境，越有利于检验和考察干部。高适刚刚从政就遇到了安史之乱，他经受住了考验，唐玄宗对他很满意，火速提拔，任命他为监察御史。这时候唐肃宗在宁夏灵武即位，遥尊唐玄宗为太上皇。新帝上位，急缺人才，唐肃宗想到了高适。为什么？我们都知道唐玄宗子女很多，安禄山一造反，他便想着让各地的儿子们起兵割据以对抗安禄山，高适则认为此法不妥。"二年，永王璘起兵于江东，欲据扬州。初，上皇以诸王分镇，适切谏不可。及是永王叛，肃宗闻其论谏有素，召而谋之。适因陈江东利害，永王必败。上奇其对，以适兼御史大夫、扬州大都督府长史、淮南节度使。诏与江东节度来瑱率本部兵平江淮之乱,会于安州。师将渡而永王败。"[6]高适忠心可嘉,唐肃宗自然要重用他。

唐肃宗命令高适去讨伐永王,师出必有名,遂提拔他任淮南节度使。节度使是正二品,算是正部级干部了。高适的运气真是"爆棚"!大军尚未渡江,讨伐还未正式开始,永王自己先败了。大诗人李白当时正跟着永王,也想着建功立业继而封侯拜相,结果倒霉,跟错了人,还没遇见敌人,先被自己人"缴械"了。这事也不能怪李白,大敌当前,都是唐玄宗的儿子,跟着王爷抗敌还能有错?诗人还是简单,看不清王爷的牌,被人家夸几句就将人引为知己了。

按理说,李白犯的是死罪,他追随永王,给永王写了不少诗,但最后只是流放了事,没过多久就被赦免了。猴王估计高适多半在暗中给他求了情,只是高适比较聪明,不留痕迹而已。另外,李白还有一位贵人,那就是郭子仪。史载李白曾在游历太原时救过郭子仪,郭子仪自然也可能投桃报李。[7]

后来,高适又被派到四川任蜀州刺史,当时杜甫正在成都浣花溪畔结庐而居,日子过得紧巴巴的,高适不忘接济这位老朋友。杜甫一生为高适写了十几首诗,与写给李白的诗篇数相当。高适的情商比较高,与杜甫酬唱相和,不像李白,多自顾自地写诗。

广德二年(764年),高适整六十岁。"代宗以黄门侍郎严武代还,用为刑部侍郎,转散骑常侍,加银青光禄大夫,进封渤海县侯,食邑七百户。"[8]高适至此达到了人生的巅峰,终于封了侯,虽不是什么万户侯,但也很不错了。《旧唐书》里高度评价了他:"而有唐已来,诗人之达者,唯适而已。"[9]

别董大二首

千里黄云白日曛,北风吹雁雪纷纷。

莫愁前路无知己,天下谁人不识君?

六翮飘飖私自怜,一离京洛十余年。

丈夫贫贱应未足,今日相逢无酒钱。

　　这首诗应该是高适在西部担任哥舒翰的幕僚时所写的吧。想当初作别朋友时连酒钱都掏不起的他,最后却是"天下谁人不识君"。高适从平民到封侯只用了短短十几年,只能说:厉害了,我的高大诗人!

注释:

[1] 唐·薛用弱《集异记》,卷二。

[2] 北宋·欧阳修等《新唐书》,卷二百二,列传第一百二十七,文艺中,李白。

天宝初,南入会稽,与吴筠善,筠被召,故白亦至长安。往见贺知章,知章见其文,叹曰:"子,谪仙人也!"言于玄宗,召见金銮殿,论当世事,奏颂一篇。帝赐食,亲为调羹,有诏供奉翰林。

[3]元·辛文房《唐才子传》,卷二。

[4]-[6]后晋·刘昫等《旧唐书》,卷一百一十一,列传第六十一,高适。

[7]北宋·欧阳修等《新唐书》,卷二百二,列传第一百二十七,文艺中,李白。

初,白游并州,见郭子仪,奇之。子仪尝犯法,白为救免。至是子仪请解官以赎,有诏长流夜郎。

[8][9]后晋·刘昫等《旧唐书》,卷一百一十一,列传第六十一,高适。

王之涣：孤篇压盛唐

在前文"旗亭画壁"的故事里，最后出场的那位歌妓一开口就是王之涣的《凉州词》："黄沙直上白云间，一片孤城万仞山。羌笛何须怨杨柳，春风不度玉门关。"想想王之涣当时会有多么志得意满，说不定如李白笔下的场景：呼儿将出换美酒，与尔同销万古愁。

《全唐诗》里仅收录了王之涣的六首诗，少得可怜，可是只这一首，就在边塞诗里冠绝一时。要说出手不凡，要说效率，真是无出其右者也。自此以后，玉门关在中国人的潜意识里就不仅仅是一个地理的概念了，它承载着太多的离愁别绪和家国情怀。1876 年，左宗棠力排众议，抬棺入疆时，便想到王之涣的这首诗，命令各地官员在天山南路大道两旁种了几十万株杨柳，时称"左公柳"，时人亦歌以咏之。

回疆凯歌

邓廷桢

羽林壮士唱刀镮，齐裹貂褕振旅还。
千骑桃花万行柳，春风吹度玉门关。

恭诵左公西行甘棠

杨昌濬

大将筹边尚未还，湖湘子弟满天山。

新栽杨柳三千里，引得春风渡玉关。

王之涣诗名如此之高，可是在《旧唐书》和《新唐书》里，却没有他的传记，只有《唐才子传》里的一段介绍："之涣，蓟门人。少有侠气，所从游皆五陵少年，击剑悲歌，从禽纵酒。中折节工文，十年名誉日振。耻困场屋，遂交谒名公。为诗情致雅畅，得齐、梁之风。每有作，乐工辄取以被声律。与王昌龄、高适、畅当忘形尔汝。"[1]

《凉州词》是王之涣最有名的诗吗？《登鹳雀楼》不答应。

白日依山尽，黄河入海流。

欲穷千里目，更上一层楼。

中国人几乎没有不知道这首诗的。要说它"孤篇压盛唐"，一点也不为过。

鹳雀楼正位于猴王老家山西永济市的黄河边上。北宋沈括在他的《梦溪笔谈》里有这么一段记载：

河中府鹳雀楼三层，前瞻中条，下瞰大河。唐人留诗者甚多，唯李益、王之涣、畅诸三篇能状其景。李益诗曰："鹳雀楼西百尺墙，汀洲云树共茫茫。汉家箫鼓随流水，魏国山河半夕阳。事去千年犹恨速，愁来一日即知长。风烟并在思归处，远目非春亦自伤。"王之涣诗曰："白日依山尽，黄河入海流。欲穷千里目，更上一层楼。"畅诸诗曰："迥临飞鸟上，高出世尘间。天势围平野，河流入断山。"[2]

其中李益的这首诗名为《同崔邠登鹳雀楼》，与崔颢的《黄鹤楼》颇有异曲同工之妙[3]，其精彩程度并不逊于王之涣的《登鹳雀楼》。只可惜"既生瑜，何生亮"，后世的人只记得王之涣的《登鹳雀楼》，李益的这首诗却鲜有人知，让人不得不有瑜亮之叹。

王之涣于 742 年去世，那年正是唐玄宗天宝元年，开元盛世渐行渐远。王之涣的一生是幸运的,与盛世相始终,正如王安石笔下:"愿为五陵轻薄儿,生在贞观开元时。斗鸡走犬过一生,天地安危两不知"。[4]

注释:

[1]元·辛文房《唐才子传》,卷三。

[2]北宋·沈括《梦溪笔谈》,卷十五。

[3]唐·崔颢《黄鹤楼》:昔人已乘黄鹤去,此地空余黄鹤娄。黄鹤一去不复返,白云千载空悠悠。晴川历历汉阳树,芳草萋萋鹦鹉洲。日暮乡关何处是?烟波江上使人愁。

[4]北宋·王安石《凤凰山(二首)》,其二。

颜真卿：字如其人

学书法者，都绕不过颜体，其字厚重、端庄、大气，一看就是君子体。

2019 年年初有一件事在网上闹得沸沸扬扬，台北故宫博物院珍藏的颜真卿的《祭侄文稿》（全名《祭侄赠赞善大夫季明文》）要借去日本展览，很多爱国青年义愤填膺。其实展览的作品很多，《祭侄文稿》只是其中之一，且展览名为"颜真卿：超越王羲之的名笔"，并非"颜真卿《祭侄文稿》特展"。只是，此稿背负着一段国恨家仇，又号称"天下第二行书"，而现存的"天下第一行书"《兰亭集序》只是临摹本，非王羲之的真迹，因此其倍受关注也在情理之中。

天宝十四年（755 年），安禄山终于造反，所向披靡，势如破竹。"玄宗始闻乱，叹曰：'河北二十四郡，无一忠臣邪？'"[1]唐玄宗很困惑：难道河北二十四个郡，竟无一个忠臣？也难怪，"时海内久承平，百姓累世不识兵革，猝闻范阳兵起，远近震骇。河北皆禄山统内，所过州县，望风瓦解。守令或开门出迎，或弃城窜匿，或为所擒戮，无敢拒之者"[2]。

这时，一骑快马在驿道上飞奔向长安而来，马上的壮士正是平原太守颜真卿手下的司兵参军李平，他把前线的军情战报送到了长安。玄宗接到了前线奏报后大喜，谓左右曰："朕不识真卿何如人，所为乃若此！"[3]看来颜真卿在当时并不是很知名，唐玄宗竟不知道他。宋人徐钧很感慨，有诗云：一曲霓裳失太平，渔阳鼙鼓暗风尘。君王只识杨丞相,不识平原老守臣。[4]颜真卿正是因为得罪了宰相杨国忠才被贬到平原郡当太守的。唐玄宗眼里只有杨国忠,哪里还知道颜真卿啊!

平原郡在何处?在今山东省德州市陵城区,正处于安禄山的范阳节度使辖区内。"安禄山逆状牙孽,真卿度必反,阳托霖雨,增陴浚隍,料才壮,储廥廪。日与宾客泛舟饮酒,以纾禄山之疑。果以为书生,不虞也。禄山反,河朔尽陷,独平原城守具备。"[5]

机遇总是垂青有准备的头脑,颜真卿早就料到安禄山要造反,所以一边积极备战,一边麻痹安禄山。他假托阴雨连绵,暗中加固城墙,疏浚护城河,招募壮丁,囤积粮草。表面上每天与宾客泛舟饮酒,悠哉乐哉。安禄山认为颜真卿不过是一介书生,不足为虑,结果,河朔尽陷,唯有颜真卿的平原郡屹立不倒。

颜真卿不是一个人在战斗,他的堂兄颜杲卿当时担任常山太守(常山即今河北省正定县一带),也率地方武装讨伐叛军。"是时,从父兄杲卿为常山太守,斩贼将李钦凑等,清土门。十七郡同日自归,推真卿为盟主,兵二十万,绝燕、赵。诏即拜户部侍郎,佐李光弼讨贼。"[6]

河北的十七郡二十万人马都投奔到颜真卿麾下,虽然人数与安禄山的叛军相当,但毕竟是临时招募的义军,实力远不及安禄山的野战军,抵挡了一阵,终是没能阻止叛军南下。史家感叹,正是仰赖颜氏二兄弟在前线与安禄山周旋,才保证了郭子仪和李光弼在后方从容备战,可以说,颜氏兄弟为平息安史之乱赢得了宝贵的时间。这和张巡孤守睢阳一样,阻止了叛军染指江淮,保住了大唐的半壁江山。试想如果没有二颜,没有张巡,唐王朝估计早就改朝换代了。但是颜氏一族也为此付出了惨重的代价,至德元年(756年),叛军史思明部攻陷常山,颜杲卿及其少子颜季明被俘,被押解到了洛阳。

(颜)杲卿至洛阳,禄山数之曰:"汝自范阳户曹,我奏汝为判官,不数年超至太守,何负于汝而反邪?"杲卿瞋目骂曰:"汝本营州牧羊羯奴,天子擢汝为三道节度使,恩幸无比,何负于汝而反?我世为唐臣,禄位皆唐有,虽为汝所奏,岂从汝反邪!我为国讨贼,恨不斩汝,何谓反也!臊羯狗,何不速杀我!"禄山大怒,并袁履谦等缚于中桥之柱而剐之。杲卿、履谦比死,骂不虚口。颜氏一门死于刀锯者三十余人。[7]

颜杲卿与安禄山的这场对骂,可谓痛快至极,虽然已过去一千多年,但每每读起这段文字,还是会让人瞬间热血沸腾。

唐肃宗乾元元年(758 年),颜真卿命人到河北寻访颜季明的遗骸,可惜只找到一具头骨。看到侄子的头骨,颜真卿悲愤交加,情难自禁,一气呵成《祭侄文稿》。"贼臣不救,孤城围逼,父陷子死,巢倾卵覆。"细心者发现,文稿里有不少潦草之处,还有很多涂抹修改的地方,可想当时颜真卿是如何的悲愤欲绝、心乱如麻。

颜真卿终于熬过了安史之乱,可是大唐却埋下了藩镇割据的祸根。按下葫芦浮起瓢,783 年,淮南节度使李希烈发动叛乱。按理说,这事与颜真卿关系不大,但是颜真卿却没有跨过这道坎。

大凡正人君子,免不了被小人暗算,因为正人君子在明处,小人在暗处。颜真卿名满天下又刚直不阿,一不小心得罪了唐德宗的宰相卢杞。卢杞是怎样一个人呢?苏洵在《辨奸论》一文中这样写道:"郭汾阳见卢杞曰:'此人得志,吾子孙无遗类矣!'"意思是说:此人要是得志了,那么我老郭家的后代可就要遭殃了。这件事在《新唐书》里确有记载。"初,尚父郭子仪病甚,百官造省,不屏姬侍。及杞至,则屏之,隐几而待。家人怪问其故,子仪曰:'彼外陋内险,左右见必笑,使后得权,吾族无类矣!'"[8]郭子仪病中,百官都来探视,郭子仪的家人都不回避,唯有卢杞来探视,郭子仪让家人都回避。家人问何故,郭子仪说:卢杞相貌丑陋,内心阴险,你们看见了肯定会耻笑他;如果他以后掌权了,你们可就要遭殃了。郭子仪不愧是人杰,看人还是相当准的。

颜真卿得罪了这么一个小人,自然没什么好果子吃。果然,卢杞建言唐德宗:颜真卿名气大,四方宾服,只要派他去劝降李希烈,可不费一兵一卒。

　　李希烈陷汝州，(卢)杞乃建遣真卿："四方所信，若往谕之，可
不劳师而定。"诏可，公卿皆失色。李勉以为失一元老，贻朝廷羞，
密表固留。至河南，河南尹郑叔则以希烈反状明，劝不行，答曰：
"君命可避乎？"[9]

　　唐德宗"很傻很天真"，真的信了。诏书下了以后，朝臣都大惊失
色：这不是把颜真卿往火坑里推吗？颜真卿自知此行有去无回，无奈君
命不得不从，他以近八十岁的高龄独入虎穴，与李希烈来了一场生死对
决，"真卿叱曰：'若等闻颜常山否？吾兄也。禄山反，首举义师，后虽被
执，诟贼不绝于口。吾年且八十，官太师，吾守吾节，死而后已，岂受若
等胁邪！'诸贼失色"[10]。李希烈看到颜真卿不能为他所用，恼羞成怒，
"遂缢杀之，年七十六"[11]。

> 平原太守颜真卿，长安天子不知名。
>
> 一朝渔阳动鼙鼓，大江以北无坚城。
>
> 公家兄弟奋戈起，一十七郡连夏盟。
>
> 贼闻失色分兵还，不敢长驱入咸京。
>
> 明皇父子将西狩，由是灵武起义兵。
>
> 唐家再造李郭力，若论牵制公威灵。
>
> 哀哉常山惨钩舌，心归朝廷气不慑。
>
> 崎岖坎坷不得志，出入四朝老忠节。
>
> 当年幸脱安禄山，白首竟陷李希烈。
>
> 希烈安能遽杀公，宰相卢杞欺日月。
>
> 乱臣贼子归何处，茫茫烟草中原土。
>
> 公死于今六百年，忠精赫赫雷当天。

　　南宋祥兴二年(1279年)，文天祥被元军押解赴元大都，途中经过
平原时，他忆起了当年颜真卿于平原郡的旧事，于悲愤中写下了这首

《过平原作》。或许是因为过于悲愤,他把时间搞错了,错将五百年写成了六百年。我想,这样的错误大家都能原谅吧,就像颜真卿的《祭侄文稿》看上去并不完美一样。天下好的行书多的是,但其中蕴含的精气神,恐怕这是独一份了。

注释:

[1] 北宋·欧阳修等《新唐书》,卷一百五十三,列传第七十八,颜真卿。

[2] 北宋·司马光《资治通鉴》,卷二百一十七,唐纪三十三。

[3] 北宋·欧阳修等《新唐书》,卷一百五十三,列传第七十八,颜真卿。

[4] 南宋·徐钧《颜杲卿》。

[5][6] 北宋·欧阳修等《新唐书》,卷一百五十三,列传第七十八,颜真卿。

[7] 北宋·司马光《资治通鉴》,卷二百一十七,唐纪三十三。

[8] 北宋·欧阳修等《新唐书》,卷二百二十三下,列传第一百四十八下,奸臣下。

[9]—[11] 北宋·欧阳修等《新唐书》,卷一百五十三,列传第七十八,颜真卿。

王昌龄之亲,欲与谁养?

闻王昌龄左迁龙标遥有此寄

杨花落尽子规啼,闻道龙标过五溪。

我寄愁心与明月,随君直到夜郎西。

唐玄宗天宝年间,王昌龄从江宁丞任上被贬为龙标县尉(今湖南省怀化市洪江市),从处级干部贬为了科级干部。好朋友李白听闻王昌龄被贬到西部,很是挂念,写下了上面这首诗。话说几年前李白得罪了高力士,受不了宫里的各种约束,跑出来游历大江南北时,王昌龄也很是挂念,特意为他写了一首《巴陵送李十二》:"摇曳巴陵洲渚分,清江传语便风闻。山长不见秋城色,日暮蒹葭空水云。"唐朝时诗人们互相写诗就和我们现在互相发一条微信一般。

天宝十四年(755年),安史之乱爆发,战事主要在长安和洛阳及周边地区展开。王昌龄远在湘西,应该是比较安全的,但是很奇怪,他却突然离开了龙标,要回家。《唐才子传》里这样说:"以刀火之际,归乡里,为刺史闾丘晓所忌而杀。"[1]

这位闾丘晓虽然贵为濠州刺史(濠州即今安徽凤阳一带;刺史相当于市委书记,比王昌龄官大多了),但在《旧唐书》和《新唐书》里并无传记,仅在其中的"张镐"传里有所提及,可见此人在唐朝的"存在感"不强。《唐才子传》里交待王昌龄是太原人，"昌龄，字少伯，太原人"[2]；而《旧唐书》里则说他是"京兆王昌龄"[3]，也就是长安人。当时龙标县地处湘西，远离战乱，而太原和长安则是朝廷与叛军反复争夺的地方，王昌龄为什么要明知山有虎，偏向虎山行呢？为什么要舍近求远，绕道濠州呢？

我们来看看《旧唐书》和《新唐书》里的"张镐"传。

> 时方兴军戎，帝注意将帅，以镐有文武才，寻命兼河南节度使，持节都统淮南等道诸军事。镐既发，会张巡宋州围急，倍道兼进，传檄濠州刺史闾丘晓引兵出救。晓素慢戾，驭下少恩，好独任己。及镐信至，略无禀命，又虑兵败，祸及于己，遂逗留不进。镐至淮口，宋州已陷，镐怒晓，即杖杀之。[4]

> 贼围宋州，张巡告急，镐倍道进，檄濠州刺史闾丘晓趣救。晓慢挠，逗留不肯进，比镐至淮口，而巡已陷。镐怒，杖杀晓。[5]

张镐当时担任唐肃宗的宰相兼河南节度使，统领淮南等地的军事。时张巡孤守睢阳城（今河南商丘），向张镐求援，张镐命令靠近睢阳的闾丘晓火速救援张巡，结果闾丘晓畏战不前，致使睢阳陷落，张巡战死，张镐一怒之下杖杀了闾丘晓。《旧唐书》和《新唐书》的记述基本相同，但绝口未提闾丘晓杀害王昌龄一事。

《唐才子传》里交待的细节更多一些：

> 后张镐按军河南，晓愆期，将戮之，辞以亲老，乞恕，镐曰："王昌龄之亲欲与谁养乎？"晓大惭沮。[6]

张镐杖杀闾丘晓时，闾丘晓连连求饶，搬出老爹老妈做挡箭牌，就好像我们在影视剧里经常看到的情景：叛徒跪地求饶说家里还有八十岁的老母云云，然而英雄不为所动，"啪啪"两枪就结果了他的性命。张镐的表现也与影视剧里差不多，直接怼了一句：那么王昌龄的老爹老妈谁来养老送终呢？意思再明了不过了，你杀人家王昌龄时咋就没想过人家里也有双亲需要奉养呢？像闾丘晓这样的小人，如果不是逢安史之乱，肯定不敢动王大诗人，说不定还一脸的谄媚相，一旦有乱世作掩护，立马就胆肥起来。

王昌龄官做得并不大，名气却大得不得了，有"诗家夫子王江宁"[7]的美誉，而且朋友众多，其中"铁哥们"高适当时正是唐肃宗身边的红人。高适与张镐同在唐肃宗身边走动，关照一下显然很容易。史载张镐这人也比较仗义，"镐起布衣，二期至宰相。居身廉，不殖赀产。善待士，性简重，论议有体。在位虽浅，而天下之人推为旧德云"[8]。王昌龄之死一定也让张镐义愤填膺，正好闾丘晓撞到枪口上了，数罪并罚，杖杀之。

按理说，并不是只有闾丘晓一人不救援睢阳，贺兰进明时任临淮节度使，比闾丘晓官还大，张镐命令他火速救援张巡，贺兰进明也按兵不动。高适为此还专门给贺兰进明写了一封信：《与贺兰进明书》。韩愈在《张中丞传后叙》里也证实，"南霁云之乞救于贺兰也，贺兰嫉巡、远之声威功绩出己上，不肯出师救"。有史家猜测，也可能是贺兰进明猜到了唐肃宗不能为外人道的小心思：唐肃宗是想让叛军拿下睢阳然后剑指江南。当时江南是谁在防守呢？唐肃宗的兄弟永王。这家伙根本不听号令，让他与叛军火并，岂不是一箭双雕？当然这种心思是不能说出来的，贺兰进明也并未因此受到任何处罚。不过无论如何，闾丘晓是该死，怎么轮也轮到他了。

《唐才子传》成书于元代，成书较晚，且非官修，似乎权威性不够。我们再来看看《新唐书》，其中关于王昌龄的记载如下：

> 昌龄，字少伯，江宁人。第进士，补秘书郎。又中宏辞，迁汜水尉。不护细行，贬龙标尉。以世乱还乡里，为刺史闾丘晓所杀。张镐按军河南，兵大集，晓最后期，将戮之，辞曰："有亲，乞贷余命。"镐曰："王昌龄之亲欲与谁养？"晓默然。[9]

与《唐才子传》里有所不同，《新唐书》里说王昌龄是江宁人。《新唐书》乃官修正史，由欧阳修领衔编纂，还是比较可信的。这么一来，王昌龄所谓"归乡里"，应该是指从龙标县返回江宁，途中路过濠州，这样的路线就比较合乎情理了。

安史之乱中，杜甫避乱入蜀，颠沛流离，只能写诗聊以自娱。李白投奔永王李璘麾下，本想报效朝廷，大干一场，却不小心卷入了皇位争端，真是点背。王维没能逃离长安，被安禄山俘虏，被逼做了伪官，晚年只能吃斋念佛，算是赎罪。颜真卿比较厉害，投笔从戎，力抗叛军，可谓知行合一、文武兼备的典范。而王昌龄则悲催了一些，寸功未建，死于自己人之刀下，悲乎！自古有才华的人难免心高气傲，容易招惹小人嫉妒，而史载王昌龄又"不护细行"，意思是不拘小节，那就更容易招惹是非了。王昌龄与闾丘晓的过节估计和颜真卿与卢杞的过节差不多，君子和小人水火不容啊！

在《芙蓉楼送辛渐》一诗中，王昌龄写给他的好友辛渐："洛阳亲友如相问，一片冰心在玉壶。"可惜他的这颗冰心，遇到的却是妒火。

注释：

[1][2]元·辛文房《唐才子传》，卷二。

昌龄，字少伯，太原人。开元十五年李嶷榜进士，授汜水尉。又中宏辞，迁校书郎。后以不护细行，贬龙标尉。以刀火之际，归乡里，为刺史闾丘晓所忌而杀。后张镐按军河南，晓愆期，将戮之，辞以亲老，乞恕，镐曰："王昌龄之亲欲与谁养乎？"晓大惭沮。昌龄工诗，缜密而思清，时称"诗家夫子王江宁"，盖尝为江宁令。与文士王之涣、辛渐交友至深，皆出模范，其名重如此。有诗集五卷，又述作诗格律、境思、体例，共十四篇，为《诗格》一卷，又，《诗中密旨》一卷及《古乐府解题》一卷，今并传。自元嘉以还，四百年之内，曹、刘、陆、谢，风骨顿尽。逮储光羲、王昌龄，颇从厥迹，两贤气同而体别也。王稍声峻，奇句俊格，惊耳骇目。奈何晚途不矜小节，谤议腾沸，两窜遐荒，使知音者喟然长叹。至归全之道，不亦痛哉！

[3]后晋·刘昫等《旧唐书》，卷一百九十下，列传第一百四十下，文苑下。

[4]后晋·刘昫等《旧唐书》，卷一百一十一，列传第六十一。

［5］北宋·欧阳修等《新唐书》，卷一百三十九，列传第六十四。

［6］［7］元·辛文房《唐才子传》，卷二。

［8］北宋·欧阳修等《新唐书》，卷一百三十九，列传第六十四。

［9］北宋·欧阳修等《新唐书》，卷二百三，列传第一百二十八，文艺下。

边塞不复，何来边塞诗？

中国银联的广告大片《大唐漠北的最后一次转账》刷爆了网络，其中有两句话令人泪目："这些钱，哪怕能多换一车粮草、一把刀、一支箭，就能让所有人知道：这儿是我大唐！""现在算起来应该是建中十一年了吧！"

唐德宗的建中年号只存在了四年(780年至783年)，784年改年号为兴元，785年改年号为贞元，如此算来，这个"转账故事"应该发生在公元790年，唐德宗贞元六年。虽然这是一个杜撰的故事，但也不是凭空杜撰的。在今新疆库车县库木吐喇发现的《杨三娘借钱契约》，其落款为"唐大历十六年"。"大历"是唐代宗李豫的年号，大历年号只用了十四年，"大历十六年"应是唐德宗的建中二年(781年)。

关于这段历史背景，《旧五代史》里有这样一段记载：

> 安禄山之乱，肃宗在灵武悉召河西戍卒，收复两京，吐蕃乘虚取河西、陇右，华人百万皆陷于吐蕃。开成时，朝廷尝遣使至西域，见甘、凉、瓜、沙等州城邑如故，陷吐蕃之人见唐使者旌节，夹道迎呼，涕泣曰："皇帝犹念陷蕃生灵否？"其人皆天宝中陷吐蕃者子孙，其语言小讹，而衣服未改。[1]

安史之乱中，唐肃宗没有随唐玄宗南下蜀地，而是北上灵武，他紧急征调安西和北庭的军队赴内地平叛，致西域军备空虚，吐蕃趁势染指西域。为了不让西域落入强敌之手，郭子仪力荐自己的侄子郭昕巡抚西域。郭昕遂率大唐孤军戍守西域，没想到这一守就是一辈子。

郭昕与戍守北庭的李元忠互相配合，巧妙借助回纥和沙陀两大势力与强大的吐蕃周旋。这些将士去时皆是青春勃发的少年郎，最后都是两鬓斑白的白发兵。他们与内地音信隔绝，大唐更改年号，他们浑然不知。

在今新疆拜城县克孜尔石窟第223窟中，人们发现了唐代贞元十年(794年)的汉文题记，这是目前已知的唐王朝安西守军的最后记录。自此之后，安西便不再见于史书记载。

唐宪宗元和三年(808年)，吐蕃攻陷龟兹，西域彻底陷落，检校尚书左仆射、安西四镇节度使、武威郡王郭昕不知所终。开成乃唐文宗的年号(836—840年)，西域汉人与内地彻底隔绝已经三十多年，其人犹如此眷恋故土，可见唐王朝的向心力还是很大的。一个王朝好不好，民心可鉴啊！

西域之在汉，为赘疣也，于唐，则指之护臂也，时势异而一概之论不可执，有如此夫！

匈奴之大势在云中以北，使其南挠瓜、沙，则有河、湟之隔，非其所便。而西域各有君长，聚徒无几，仅保城郭，贪略畏威，两袒胡、汉，皆不足为重轻，故曰赘疣也。至唐，为安西，为北庭，则已入中国之版；置重兵，修守御，营田牧，屹为重镇。安、史之乱，从朔方以收两京，于唐重矣。代、德之际，河、陇陷没，李元忠、郭昕闭境拒守，而吐蕃之势不张，其东侵也，有所掣而不敢深入，是吐蕃必争之地也，于唐为重矣。惟二镇屹立，扼吐蕃之背以护萧关，故吐蕃不得于北，转而南向，松、维、黎、雅时受其冲突。乃河、洮平衍，驰骤易而防御难。蜀西丛山沓嶂，骑队不舒，扼其从入之路，以囚之于山，甚易易也，故严武、韦皋捍之而有余。使割安西、北庭以畀吐蕃，则戎马安驱于原、洮，而又得东方怀归怨弃之士卒为乡导以深入，祸岂小哉？

> 拓土，非道也；弃土，亦非道也；弃土而授之劲敌，尤非道也。邺侯决策，而吐蕃不能为中国之大患，且无转输、戍守、争战之劳，胡为其弃之邪？永乐谋国之臣，无有如邺侯者，以小信小惠、割版图以贻覆亡之祸，观于此而可为痛哭也。[2]

清朝人王夫之在《读通鉴论》里将西域之于汉、唐两朝的关系讲得清清楚楚。在汉朝时，西域还是相对独立的，几十个小国各有君长，夹在胡汉之间，左右逢源，匈奴和大汉对他们也是采取统战和怀柔的政策，所以，王夫之认为西域就像赘疣一样，无足轻重。而到了唐朝，西域已并入了中原政权的版图，唐王朝分别设立了安西和北庭两大军事重镇，"置重兵，修守御，营田牧"至安史之乱时已然百年有余。安史之乱爆发后，安西和北庭守军跟随朔方节度使郭子仪收复了长安和洛阳，立下了汗马功劳。唐代宗和唐德宗时期，虽然河西和陇西相继陷落于吐蕃之手，但因为有李元忠和郭昕戍守北庭和安西两镇，二人犹如中流砥柱一般，吐蕃难以绕过他们长驱直入袭扰长安，只能从蜀地寻找突破口；而蜀地层峦叠嶂，吐蕃骑兵难以展开，因此被蜀地两任节度使严武和韦皋屡屡击败。吐蕃终不能撼动大唐，郭昕和李元忠厥功至伟。所以，王夫之感叹说：西域之于大唐犹如手足一般。

王夫之还说道：拓土和弃土都是不道义的，尤其是将国土割让给劲敌，更是不可原谅；唐朝正是有李泌（邺侯）这样的战略家，才没有让吐蕃成为唐王朝的心腹大患，而明朝的朱棣没有彻底解决西域问题，放任自流，为后世埋下了祸根。

王夫之所言极是，如果没有李泌力谏，西域早就被唐德宗当作礼物赠送给吐蕃了。如果真是那样，饱受内乱之苦的唐王朝能否抵挡住吐蕃的攻击就不得而知了，或许大唐王朝早就终结于九世纪初，而不会再延续百年之久。

初，上发吐蕃以讨朱泚。许成功以伊西、北庭之地与之。及泚诛，吐蕃来求地，上欲召两镇节度使郭昕、李元忠还朝，以其地与之。李泌曰："安西、北庭，人性骁悍，控制西域五十七国及十姓突厥，又分吐蕃之势，使不得并兵东侵，奈何拱手与之！且两镇之人，势孤地远，尽忠竭力，为国家固守近二十年，诚可哀怜。一旦弃之以与戎狄，彼其心必深怨中国，它日从吐蕃入寇，如报私仇矣。况日者吐蕃观望不进，阴持两端，大掠武功，受赂而去，何功之有！"众议亦以为然，上遂不与。[3]

唐玄宗天宝十三载(754年)农历八月，岑参被任命为北庭节度使封常清的判官。武判官是他的前任，两人自然要交接一番。交接完毕，武判官要返回长安，两人雪地送别，岑参留下了这首边塞诗的压卷之作。

白雪歌送武判官归京

北风卷地白草折，胡天八月即飞雪。

忽如一夜春风来，千树万树梨花开。

散入珠帘湿罗幕，狐裘不暖锦衾薄。

将军角弓不得控，都护铁衣冷难着。

瀚海阑干百丈冰，愁云惨淡万里凝。

中军置酒饮归客，胡琴琵琶与羌笛。

纷纷暮雪下辕门，风掣红旗冻不翻。

轮台东门送君去，去时雪满天山路。

山回路转不见君，雪上空留马行处。

这一年正是安史之乱的前一年。自此以后，大唐的边塞诗成了"强弩之末"。边塞不复，何来边塞诗？

五代十国和北宋，边塞诗里已不再有西域了。君不见，戍守陕甘的范仲淹已然算是最前线了。

渔家傲

塞下秋来风景异,衡阳雁去无留意。

四面边声连角起,千嶂里,长烟落日孤城闭。

浊酒一杯家万里,燕然未勒归无计。

羌管悠悠霜满地,人不寐,将军白发征夫泪。

到了南宋,边塞更是南移。1141 年,宋金绍兴和议,东以淮河中流为界,西以大散关(陕西宝鸡西南)为界,以南属宋,以北属金。南宋的边塞诗便成了陆游这样的味道。

诉衷情

当年万里觅封侯,匹马戍梁州。关河梦断何处?尘暗旧貂裘。

胡未灭,鬓先秋,泪空流。此生谁料,心在天山,身老沧洲。

元朝时,西域归察合台汗国统辖。到明朝时,也许是考虑到边患主要是北边的元朝残余势力,西北的重要性相对降低,明王朝的势力范围止步于河西走廊。

一千年后的 1759 年,乾隆皇帝平定了大小和卓叛乱,统一了天山南北,设伊犁将军管辖西域。1882 年,左宗棠在给光绪皇帝上的"新疆行省急宜议设,关外防军难以遽裁折"中力主在天山南北建省。1884 年,清廷遂下诏建省,命名新疆。次年,左宗棠病逝,一生功德圆满。

注释:

[1]北宋·薛居正《旧五代史》,卷一百三十八,外国列传第二。

[2]清·王夫之《读通鉴论》,卷二十四,之二一。

[3]北宋·司马光《资治通鉴》,卷二百三十一,唐纪四十七。

茅台与胡椒

茅台与胡椒，貌似风马牛不相及。

话说唐朝大历十二年(777年)的三月二十八日，唐代宗李豫命左金吾大将军吴凑拘押了两位贪腐的宰相元载和王缙，并抄了他们的家。("命左金吾大将军吴凑收载、缙于政事堂，各留系本所。"[1])这可能是关于"双规"和"留置"的最早表述吧。

元载和王缙这两个名字对于人众而言都不是"如雷贯耳"，但他们俩都有独一无二的背景。王缙有一位大名鼎鼎的哥哥王维，就是苏东坡夸的那位"诗中有画，画中有诗"的大诗人。而元载呢，却是因为一个调味品：胡椒。

朝廷之所以设立左右宰相，本意是为了让二人有分工且互相监督，维持权力平衡的状态。从长期效果来看，这的确有效。但元载和王缙二人却没有互相监督，而是沆瀣一气，各取所需。"(元载)与王缙同列，缙方务聚财，遂睦于载，二人相得甚欢，日益纵横。"[2]

关于抄没元载家的细节，《旧唐书》和《新唐书》里都有记载。抄没的不外乎是豪宅、黄金、玉器等。《旧唐书》里记载如下："城中开南北二甲第，室宇宏丽，冠绝当时。又于近郊起亭榭，所至之处，帷帐什器，皆于宿设，储不改供。城南膏腴别墅，连疆接畛，凡数十所，婢仆曳罗绮一百余人，恣为不法，侈僭无度。"[3]长安当年有一百零八坊，相当于108

个小区,元载居有其三——大宁、安仁和长寿坊,可见其奢华。

《新唐书》里则有一段记载:"籍其家,钟乳五百两,诏分赐中书、门下台省官,胡椒至八百石。"[4]关于抄没钟乳一句,与《旧唐书》里记载的差不多,关于抄没胡椒的一句,却是《旧唐书》里所没有的。《新唐书》成书较晚,由北宋欧阳修主持编修,有可能是借鉴了新的史料吧。

我们知道钟乳是可以入药的,比较珍贵,那么胡椒呢?于今人来看,它不过是一种普普通通的调味品而已。元载为何要收藏八百石?八百石有多少呢?唐朝的八百石相当于我们现在的约64吨。如此多的胡椒,岂不是堆成小山了?

干吗非要收藏胡椒呢?

早在汉朝时,皇宫内苑里有一处建筑,名叫"椒房",专指未央宫里皇后的居所。颜师古注《汉书》时,专门在"车千秋传"一篇中给椒房做了注释:"椒房,殿名,皇后所居也,以椒和泥涂壁,取其温而芳也。"胡椒能贵为皇后寝宫的专用墙面装饰品,看来是稀罕之物。事实上,当时不只是东方大国看重胡椒,欧洲的王公贵族也一样。为什么?因为胡椒在当时比较稀有;另外,时人都以为胡椒特殊的香气可以延年益寿,且对于那些迷恋房中术的上流人士而言,他们认为胡椒有壮阳的功效。胡椒因此成了一种奢侈品。

那么胡椒价值几何呢?郑和七下西洋,带回来的宝贝中就有苏门答腊产的胡椒,可见胡椒在明初也还是稀罕之物。《金瓶梅》第十六回"西门庆择吉佳期,应伯爵追欢喜庆"中有这样一段话:"(李瓶儿)因问西门庆:'你那边房子几时收拾?'西门庆道:'且待二月间兴工,连你这边一所通身打开,与那边花园取齐。前边起盖个山子卷棚,花园耍子。后边还盖三间玩花楼。'妇人因指道:'奴这床后茶叶箱内,还藏三四十斤沉香、二百斤白蜡、两罐子水银、八十斤胡椒。你明日都搬出来,替我卖了银子,凑着你盖房子使……'一日西门庆会了经纪,把李瓶儿的香蜡等物,都秤了斤两,共卖了三百八十两银子。"李瓶儿的丈夫死了,她一门心思要嫁给西门庆,为了表示不分你我,她让西门庆把她的这些珍藏卖了盖房子。这点东西最后卖了三百八十两银子,而西门庆买一座四层楼的房子,只需花一百二十两银子。

若以时下之物类比当年的胡椒,我看非茅台莫属了。元载家被抄出来八百石胡椒与时下从贪官家抄出来一屋子茅台差不多。

元载一个人倒霉就算了,连累了一大家子跟着倒霉,老婆和三个儿子皆被赐死,唯一的女儿在宫里得以幸免,门人和亲信株连者众,皆不得善终。

> 载在相位多年,权倾四海,外方珍异,皆集其门,资货不可胜计,故伯和、仲武等得肆其志。轻浮之士,奔其门者,如恐不及。名姝、异乐,禁中无者有之。兄弟各贮妓妾于室,倡优偎亵之戏,天伦同观,略无愧耻。及得罪,行路无嗟惜者。中使董秀、主书卓英倩、李待荣及阴阳人李季连,以载之故,皆处极法。遣中官于万年县界黄台乡毁载祖及父母坟墓,斫棺弃柩,及私庙木主。[5]

元载并不是一开始就变坏的,他也曾是一个有理想的人。

元载的仕途开始于邠州,今陕西彬州市。唐玄宗天宝元年(742年),他被授为邠州新平尉。邠州紧邻甘肃和宁夏,所以,"载尝在西州,具知河西、陇右要领"[6]。

唐代宗大历八年(773年),吐蕃进犯邠州。代宗与大臣们商议对策。"议者谓三辅以西无襟带之固,而泾州散地不足守"[7],大臣们多认为,长安京畿以西没有险要地带,靠近邠州的泾州(今甘肃省泾川县)地广人稀,不值得防守。元载则不这么认为。他在西部任职多年,熟悉那里的情况,他向代宗进言:"国家西境极于潘原,吐蕃防戍乃在摧沙堡,而原州界其间,草荐水甘,旧垒存焉,比吐蕃毁夷垣墉,弃不居,其右则监牧故地,巨堑长壕,重复深固。原州虽早霜不可蓻,而平凉在其东,独耕一县,可以足食。请徙京西军戍原州,乘间筑作,二旬可讫,贮粟一岁。戎人夏牧青海上,羽书比至,则我功集矣。徒子仪大军在泾,以为根本,分兵守石门、木峡,陇山之关北抵于河,皆连山峻险,寇不可越。稍置鸣沙县、丰安军为之羽翼,北带灵武五城,为之形势,然后举陇右之地,以至安西,是谓断西戎胫,朝廷高枕矣。"[8]

实事求是而论,元载的建议是对的,可谓远见卓识。如果在原州(今宁夏回族自治区固原市)和泾州(今甘肃省泾川县)分别驻军,与宁夏灵武的五座城池交相呼应,互为犄角之势,那么西部边陲可高枕无忧。可惜代宗并没有采纳他的意见。

"人生中寿六十,除去老少不堪之年,能快乐者四十余年耳。即极意温饱,亦不至食用胡椒八百石也。惟愚生贪,贪转生愚。黄金虽积,不救燃脐之祸;三窟徒营,难解排墙之危。吾于此侪,亦大生怜悯矣。"[9]清人丁耀亢著《天史》一书,其中写到元载伏诛一案时,发出如此感叹。

茅台何辜? 胡椒何辜? 贪欲之祸啊!

注释:

[1]—[3] 后晋·刘昫等《旧唐书》,卷一百一十八,列传第六十八。

[4] 北宋·欧阳修等《新唐书》,卷一百四十五,列传第七十。

[5][6] 后晋·刘昫等《旧唐书》,卷一百一十八,列传第六十八。

[7][8] 北宋·欧阳修等《新唐书》,卷一百四十五,列传第七十。

[9] 清·丁耀亢《天史》,卷六,贪十三案之四。

高人一席话，胜读十年书

定都关中

刘邦刚得天下时，对于在长安建都还是在洛阳建都，有点举棋不定。

> 高帝问群臣，群臣皆山东人，争言周王数百年，秦二世即亡，不如都周。上疑未能决。[1]

大臣们都是以前的六国人，认为东周王朝延续了数百年，而秦朝二世即亡，并且还是被推翻的，不吉利，不如建都周都洛阳为好。人常说爱屋及乌，那么也会恨屋及乌，情绪往往会蒙蔽理智。

刘邦有一位谋臣叫刘敬，他有不同意见。《史记》记载如下：

> 以此为天下之中也，诸侯四方纳贡职，道里均矣。有德则易以王，无德则易以亡。凡居此者，欲令周务以德致人，不欲依阻险，令后世骄奢以虐民也。及周之盛时，天下和洽，四夷乡风，慕义怀德，附离而并事天子。不屯一卒，不战一士，八夷大国之民莫不宾服，效其贡职。及周之衰也，分而为两，天下莫朝，周不能制也。非其德薄也，而形势弱也。今陛下起丰沛，收卒三千人，以之径往而卷蜀汉，定三秦，与项羽战荥阳，争成皋之口，大战七十，小战四十，使

天下之民肝脑涂地，父子暴骨中野，不可胜数。哭泣之声未绝，伤痍者未起，而欲比隆于成康之时，臣窃以为不侔也。且夫秦地被山带河，四塞以为固，卒然有急，百万之众可具也。因秦之故，资甚美膏腴之地，此所谓天府者也。陛下入关而都之，山东虽乱，秦之故地可全而有也。夫与人斗，不搤其亢，拊其背，未能全其胜也。今陛下入关而都，案秦之故地，此亦搤天下之亢而拊其背也。[2]

刘敬认为权衡洛阳与长安两地，还是定都长安为宜，原因很简单。汉得天下与周得天下不同，不可同日而语，此一时彼一时也。洛阳虽居天下之中，但无险可守，盛世时不足虑，乱世时可就麻烦了。还是秦地长安比较可靠，据崤函之险，易守难攻，犹如扼住了天下的喉咙且威胁其背部，出可逐鹿中原，退可养精蓄锐，进退自如。

及留侯明言入关便，即日车驾西都关中。[3]

这时候刘邦的首席谋臣张良发话了，他明确支持刘敬的建议。《史记·留侯世家》亦有记载：

刘敬说高帝曰："都关中。"上疑之。左右大臣皆山东人，多劝上都洛阳："洛阳东有成皋，西有殽、黾，倍河，向伊、洛，其固亦足恃。"留侯曰："洛阳虽有此固，其中小，不过数百里，田地薄，四面受敌，此非用武之国也。夫关中左殽、函，右陇、蜀，沃野千里，南有巴蜀之饶，北有胡苑之利，阻三面而守，独以一面东制诸侯。诸侯安定，河、渭漕挽天下，西给京师；诸侯有变，顺流而下，足以委输。此所谓金城千里，天府之国也，刘敬说是也。"于是高帝即日驾，西都关中。[4]

刘邦遂下令定都长安。猴王以为刘邦本意肯定是想定都长安的，但是他也要考虑一下大臣们的意见。他之所以能以弱汉胜强楚，正在于他比项羽更能听进别人的意见。"三个臭皮匠，顶个诸葛亮"，何况手下还有这么多足智多谋的人呢!

决策者虚心纳谏固然重要,但最后的决策还得自己定夺。常言道:真理往往掌握在少数人手里。战略性的决策更是如此,如果人人都能决策,那就不是战略了。历史上的盛世王朝基本都是协商式民主的典范,臣下竭尽所能,知无不言,皇帝虚心纳谏,果断决策。乱世则基本相反,打破了协商式民主,要么独断专行,要么大权旁落。

刘敬本姓娄,原本是一个推车的兵士,没有"文凭",也没有"高级职称",但他不仅对楚国颇有研究,且洞悉天下大势,其学术地位相当于社科院楚国研究所所长。刘邦有一个优点,用人不拘一格,他很赏识刘敬,觉得"刘"和"娄"发音相近,就赐他刘姓。

刘敬从没让刘邦失望过,他又给刘邦出了一个锦囊妙计。

> 刘敬从匈奴来,因言"匈奴河南白羊、楼烦王,去长安近者七百里,轻骑一日一夜可以至秦中。秦中新破,少民,地肥饶,可益实。夫诸侯初起时,非齐诸田,楚昭、屈、景莫能兴。今陛下虽都关中,实少人。北近胡寇,东有六国之族,宗强,一日有变,陛下亦未得高枕而卧也。臣愿陛下徙齐诸田,楚昭、屈、景,燕、赵、韩、魏后,及豪桀名家居关中。无事,可以备胡;诸侯有变,亦足率以东伐。此强本弱末之术也"。上曰:"善。"乃使刘敬徙所言关中十余万口。[5]

王朝初立,面临的威胁无非两个,一个内忧,一个外患。秦始皇刚统一六国时,派蒙恬发大军北击匈奴,大获全胜,外患暂时解除,而内患依旧,六国贵族其实并不服气。秦始皇虽屡屡到各地巡视,意图震慑他们,但效果一般。而今大汉初立,六国贵族就服气了吗?至少楚国就不曾服气。如何收服六国贵族,关系到大汉王朝的长治久安。刘敬建议釜底抽薪,把六国贵族全迁到关中,既增加了关中的人口,有助于防备北方匈奴南下,又能防止他们在属地造反,真是一箭双雕、一举两得。国家如此,企业何尝不是如此?一位 CEO 不仅要在外拿大订单,而且还要理顺企业内部的各种流程,内外缺一不可。

客观地说,汉朝之所以没有重蹈秦朝的覆辙,刘敬的这两条建议起了大作用。

虽说刘敬没让刘邦失望过,但刘邦却让刘敬失望过。

> 汉七年,韩王信反,高帝自往击之。至晋阳,闻信与匈奴欲共击汉,上大怒,使人使匈奴。匈奴匿其壮士、肥牛马,但见老弱及羸畜。使者十辈来,皆言匈奴可击。上使刘敬复往使匈奴,还报曰:"两国相击,此宜夸矜见所长。今臣往,徒见羸瘠老弱,此必欲见短,伏奇兵以争利。愚以为匈奴不可击也。"是时汉兵已逾句注,二十余万兵已业行。上怒,骂刘敬曰:"齐虏!以口舌得官,今乃妄言沮吾军。"械系敬广武。遂往,至平城,匈奴果出奇兵围高帝白登,七日然后得解。高帝至广武,赦敬,曰:"吾不用公言,以困平城。吾皆已斩前使十辈言可击者矣。"乃封敬二千户,为关内侯,号为建信侯。[6]

韩王信投奔匈奴,刘邦决计讨伐,派了很多使节去匈奴以探虚实,匈奴故意露怯以诱骗刘邦,使节回来都说匈奴实力大减,不足虑,可以讨伐。刘邦又派刘敬去。刘敬回来说:按理说两国交战,必是要显露实力以震慑对手,为什么要露怯呢?就好像去投标,强大的对手却报了一个超低价。刘敬以为其中必定有诈,不宜冒进。

刘邦闻之大怒,骂刘敬:你不过是一名齐国俘虏,动动嘴皮子就谋了高官,今天竟然要灭自己人威风,长他人志气,我二十万大军已经开拔,难道要我铩羽而归?刘邦生气也有一定的道理:我派了那么多使臣,难道都不如你刘敬吗?刘邦一气之下就把刘敬给绑了起来。结果呢?果然如刘敬所言,匈奴故意隐藏了实力诱使刘邦孤军深入。中原步兵岂是草原骑兵的对手?刘邦被匈奴围困在白登(今山西省大同市东北)七天七夜,弹尽粮绝。要不是陈平献计以重金贿赂匈奴阏氏,刘邦差点就做了匈奴的俘虏,要是那样,大汉王朝估计就灰飞烟灭了。

刘邦脱险后,赶快把刘敬放了出来,连连道歉,还封他为关内侯。

刘邦之前派了十批人去打探情报,这十批人能入刘邦法眼,应都不是等闲之辈。但事实证明,他们都比不上刘敬一人。能透过现象看本质的人才是高人,刘敬就是这样的人。

乱幽州者,必此胡也

兰叶春葳蕤,桂华秋皎洁。

欣欣此生意,自尔为佳节。

谁知林栖者,闻风坐相悦。

草木有本心,何求美人折。

这首诗乃《唐诗三百首》的开篇之作。众所周知,唐诗多如牛毛,佳作迭出,能居于篇首者一定非"等闲之篇"。没错,作者就是唐朝开元盛世最后一位贤相张九龄。

> 开元二十一年,守珪令禄山奏事,中书令张九龄见之,谓侍中裴光庭曰:"乱幽州者,必此胡也。"[7]

开元二十一年(733 年),范阳节度使张守珪派手下副将安禄山到长安汇报工作,张九龄当时任中书令,他看了安禄山以后对侍中裴光庭说:将来祸害幽州的人,必定是这个家伙!

> (开元二十二年,734 年)时范阳节度使张守珪以裨将安禄山讨奚、契丹败衄,执送京师,请行朝典。九龄奏劾曰:"穰苴出军,必诛庄贾;孙武教战,亦斩宫嫔。守珪军令必行,禄山不宜免死。"上特舍之。九龄奏曰:"禄山狼子野心,面有逆相,臣请因罪戮之,冀绝后患。"上曰:"卿勿以王夷甫知石勒故事,误害忠良。"遂放归藩。[8]

第二年,安禄山因讨伐奚和契丹失败,范阳节度使张守珪将其押送长安治罪。张九龄深知安禄山日后必反,力劝唐玄宗除掉此人。他引用春秋时司马穰苴帅兵抵抗晋燕联军时不惜斩杀齐景公的宠臣庄贾以严明军纪,以及孙武将兵不惜斩杀国王妃嫔以儆效尤的故事劝谏唐玄宗,可惜唐玄宗刚愎自用,引用西晋时王衍认为石勒必反的典故告诉张九龄:此一时也,彼一时也。遂将安禄山放虎归山。

至于后事如何,地球人都知道。755 年,安禄山反,安史之乱祸害大唐近八年之久,大唐盛世弦歌不再。别说乱幽州者,乱天下者正是这胡儿啊!

仓皇西逃至四川的唐玄宗后悔极了。不听张九龄言,吃亏就在眼前。

> 至德初,上皇在蜀,思九龄之先觉,下诏褒赠,曰:"正大厦者柱石之力,昌帝业者辅相之臣。生则保其荣名,殁乃称其盛德,节终未允于人望,加赠实存乎国章。故中书令张九龄,维岳降神,济川作相,开元之际,寅亮成功。谠言定其社稷,先觉合于著策,永怀贤弼,可谓大臣。竹帛犹存,樵苏必禁,爰从八命之秩,更进三台之位。可赠司徒,仍遣使就韶州致祭。"[9]

可惜张九龄在十五年前就去世了,他已经感知不了唐玄宗的悔意。

王夫之在《读通鉴论》里这样写道:"范增之欲杀沛公,孙坚之欲杀董卓,为曹操谋者之欲杀刘豫州,王衍之欲杀石勒,张九龄之欲杀安禄山,自事后而观之,其言验矣。……有识者之言,非凡情可测也。"[10]

高人就是高人,一句话真能顶一万句。

夏原吉爱我

永乐十八年(1420 年),经过多年的建设,北京紫禁城终于要竣工了。

《明史》记载:"六月丙午,北京地震。"紫禁城安然无恙,经受住了考验。

> 十一月戊辰,以迁都北京诏天下。

> 十二月己未,皇太子及皇太孙至北京。癸亥,北京郊庙宫殿成。

> 古麻剌朗王来朝。暹罗、占城、爪哇、满剌加、苏门答剌、苏禄西王入贡。

> 十九年春正月甲子朔,奉安五庙神主于太庙。御奉天殿受朝贺,大宴。甲戌,大祀天地于南郊。戊寅,大赦天下。癸巳,郑和复使西洋。

> 夏四月庚子,奉天、华盖、谨身三殿灾,诏群臣直陈阙失。[11]

紫禁城完工后,东南亚各国纷纷朝贺。次年,各类庆典刚刚结束,三大殿奉天、华盖、谨身便遭遇雷击,烧成了残垣断壁。这三大殿分别对应着现在故宫里的三大殿:太和殿、中和殿和保和殿。勿论古人迷信,觉得这是不祥之兆,即使是现代人,也觉得晦气。

这年冬天,朱棣决定亲征大漠,可能是想用一场军事胜利来去去晦气。可是,三军开拔,粮草先行,建紫禁城和迁都已经花费了不少银子,征伐大漠还有钱吗?

朱棣想起了夏原吉。

夏原吉是他的"财政部部长",明朝数一数二的理财高手。

> (夏原吉)理部事。首请裁冗食,平赋役;严盐法、钱钞之禁;清仓场,广屯种,以给边苏民,且便商贾。皆报可。凡中外户口、府库、田赋赢缩之数,各以小简书置怀中,时检阅之。一日,帝问:"天下钱、谷几何?"对甚悉,以是益重之。当是时,兵革初定,论"靖难"功臣封赏,分封诸藩,增设武卫百司。已,又发卒八十万问罪安南,

中官造巨舰通海外诸国，大起北都宫阙，供亿转输以钜万万计，皆取给户曹。原吉悉心计应之，国用不绌。[12]

自从夏原吉当了户部尚书以来，理财有方，财源充裕。朱棣是一位能折腾的帝王，折腾就得有银子，不管是赏赐有功之臣，还是发兵安南（今越南），不管是郑和下西洋，还是在北京修建紫禁城，件件都是花钱的大事，但是夏原吉长袖善舞，皆打理得井井有条，从没有掉过链子。可以这样说，夏原吉之于朱棣就如桑弘羊之于汉武帝。鉴于之前的良好记录，朱棣想：这次应该也没问题吧。

但是，这次夏原吉却说："比年师出无功，军马储蓄十丧八九，灾眚迭作，内外俱疲。况圣躬少安，尚须调护，乞遣将往征，勿劳车驾。"[13]

啥意思？没钱。

朱棣很生气，"帝怒……遂并籍原吉家，自赐钞外，惟布衣瓦器"[14]。

朱棣一怒之下，抄了夏原吉的家，以为能搜出点银子来。所谓"和珅跌倒，嘉庆吃饱"，国库不足就罚没贪官，也算捷径一条。自古以来，贪官都是很"敬业"的财富保管员。

结果呢？除了抄出一些他曾赏赐给夏原吉的银两之外，"惟布衣瓦器"而已。夏原吉虽然贵为大明的最高财政长官，却如此清廉，朱棣虽然嘴上不说什么，心里面估计已经佩服得不行了。但他此时已是"苏大强"附体：我要远征！我要远征！我要远征！我要银子！我要银子！我要银子！不达目的，决不罢休！

明年北征，以粮尽引还。已，复连岁出塞，皆不见敌。还至榆木川，帝不豫，顾左右曰："夏原吉爱我。"[15]

三次劳师远征，三次无功而返，一切如夏原吉所言。最后一次，朱棣班师回到榆木川（今内蒙古锡林郭勒盟多伦县）时一病不起，他对身边人说了一句肺腑之言：夏原吉爱我。遍寻二十四史，这句君对臣的评价,可谓孤例也。

听人劝,吃饱饭。如遇高人指点,一定要洗耳恭听。高人一席话,胜读十年书。

注释:

[1]—[3]西汉·司马迁《史记》,卷九十九,刘敬叔孙通列传第三十九。

[4]西汉·司马迁《史记》,卷五十五,留侯世家第二十五。

[5][6]西汉·司马迁《史记》,卷九十九,刘敬叔孙通列传第三十九。

[7]唐·姚汝能《安禄山事迹》,卷上。

[8][9]后晋·刘昫等《旧唐书》,卷九十九,列传第四十九。

[10]明·王夫之《读通鉴论》,献帝之十五。

[11]清·张廷玉等《明史》,卷七,本纪第七,成祖三。

[12]—[15]清·张廷玉等《明史》,卷一百四十九,列传第三十七。

"风投大咖"吕不韦，成也杠杆，败也杠杆

春秋战国无疑是一个风险投资（Venture Capital）的黄金时代，因为充满着 N 多机遇，充满着 N 种可能。"风投大咖"如商鞅者，仅凭一己之力就开启了秦国的变法图强之路，后世凡言变革者，无人能绕过他；"风投大咖"如苏秦者，一个人就能执六国相印，纵横天下，可谓古今一人；"风投大咖"如张仪者，仅凭三寸不烂之舌就可以攻城略地，让敌国俯首称臣；"风投大咖"如范雎者，一个"远交近攻"的妙策就让秦国从偏安一隅的小国崛起为七国之霸主。试问今日的风投，这个资本那个基金的，哪一个可望其项背呢？

若论风险投资的登峰造极者，猴王以为非吕不韦莫属！我们不妨来梳理一下他的风投之路，膜拜一番。

吕不韦第一笔风险投资花了多少钱？五百金。投给了寄居邯郸的秦国落魄公子嬴子楚，"吕不韦乃以五百金与子楚，为进用，结宾客"[1]。

嬴子楚在秦宗室里面是一位不受待见的公子，他在太子安国君（嬴柱）的二十几个儿子里处于中间的尴尬位置，生母又不得宠，所以被秦国果断派往赵国为质。如果没有什么特别的际遇，他继承王位的可能性可谓微乎其微。不过吕不韦却不这样认为，他觉得嬴子楚"奇货可居"[2]。

吕不韦的第二笔风险投资也是五百金，投给了秦国太子安国君的

宠妃华阳夫人。这位华阳夫人虽然很受太子宠爱,可惜没有儿子,吕不韦开导她:"吾闻之,以色事人者,色衰而爱弛。今夫人事太子,甚爱而无子,不以此时蚤自结于诸子中贤孝者,举立以为适而子之,夫在则重尊,夫百岁之后,所子者为王,终不失势,此所谓一言而万世之利也。"[3]吕不韦这脑瓜就是好使,一番话让华阳夫人很是心动,遂认了嬴子楚这个儿子。话说嬴子楚的本名并不是子楚,而是异人,吕不韦特意让他穿着楚人的衣服拜见华阳夫人,华阳夫人本是楚国芈姓贵族,自然看得是心花怒放,就赐给他一个新的名字:子楚。

吕不韦的第三笔风险投资不是金钱,而是美女赵姬。

吕不韦取邯郸诸姬绝好善舞者与居,知有身。子楚从不韦饮,见而说之,因起为寿,请之。吕不韦怒,念业已破家为子楚,欲以钓奇,乃遂献其姬。姬自匿有身,至大期时,生子政。子楚遂立姬为夫人。[4]

赵姬乃邯郸城里的社交名媛、富家女,能歌善舞,妩媚动人,让嬴子楚一见倾心。赵姬当时已有身孕,但不知怀的是谁的孩子,司马迁在《史记》里并没有明说,只说是怀胎十二个月才生下了未来的秦始皇,读者可以自行"驰骋"八卦。

吕不韦的第四笔风险投资是六百金,投给了邯郸城的门卫。

当时的秦王乃秦昭襄王,是秦国历史上在位时间最长的王,在位长达五十六年。在其任内,秦朝开疆拓土,虐遍六国无敌手,尤其是与宿敌赵国,彼此征伐不断,兵连祸结,秦赵之间最著名的"长平之战"就发生在他当政之时。在两国如此交恶的大背景下,嬴子楚在赵国的窘境可想而知,赵王有一万个理由让他非正常死亡。为了帮助嬴子楚尽快脱离虎口,吕不韦花了六百金买通了邯郸城的门卫,让嬴子楚顺利逃出赵国,返回秦国。

吕不韦的这一番风险投资收益如何呢?

嬴子楚返回秦国不久,他的爷爷秦昭襄王就去世了,其父太子安国君继位,可惜正式即位后仅三天就去世了(之前守孝一年,守孝期间实际在位),嬴子楚以华阳夫人的嫡子身份顺利继位,拜吕不韦为丞相,封文信侯,食洛阳十万户。三年后,嬴子楚也去世了,传位于年幼的嬴政,吕不韦更进一步,被拜为相邦,尊为"仲父"。齐桓公曾以管仲为仲父,不言而喻,吕不韦之于秦国就如同管仲之于齐国。

吕不韦表面上投资了一千六百金加一美女(当然实际投资的数目肯定不止于此),就换来了大秦相邦之职,还有秦王的"仲父"和十万户侯的至尊地位。不管怎么说,这笔风险投资的收益率都堪称完美。

如果吕不韦的风险投资能见好就收的话,可称得上风险投资的完美教程。可惜吕不韦终究跳不出"商人逻辑",他还要继续投资,他想成为一统天下的大秦帝国的相邦、"仲父"和十万户侯,没准还想过一过睥睨天下的王者之瘾也未可知。

作为商人的吕不韦首先要改变自己的"商人形象",他也学着战国"四君子"(魏国的信陵君,楚国的春申君,赵国的平原君,齐国的孟尝君)那样到处延揽六国人才、蓄养食客,让稷下学宫里顶尖的文人墨客替自己也替秦国写了一本书:《吕氏春秋》,"集论以为八览、六论、十二纪,二十余万言"[5]。不仅开商人附庸风雅之先河,而且还试图提升秦国的"软实力"。"布咸阳市门,悬千金其上,延诸侯游士宾客,有能增损一字者予千金。"[6]吕不韦命人将此书放置在咸阳城的城门口,若有谁能改一字则赏金一千。这就是成语"一字千金"的来历。

另外,吕不韦还加大了对太后赵姬的投资。为了满足赵姬的淫欲,"乃私求大阴人嫪毐以为舍人"[7]。传说嫪毐那玩意儿甚巨,可以转动车轮,甚得太后欢心,太后自然对吕不韦很满意,吕不韦的相邦之位就愈发稳固了。但让吕不韦万万没有想到的是,嫪毐这家伙失控了,越玩越大,竟与太后私生二子,"生子二人,皆匿之。与太后谋曰:'王即薨,以子为后。'"嫪毐竟然筹划着未来让他的两个孩子继位,真是色胆包天!纸里终究包不住火,亲政的嬴政自然觉察到了异样,"于是秦王下吏治,具得情实,事连相国吕不韦。九月,夷嫪毐三族,杀太后所生两子,而遂迁太后于雍"[8]。

吕不韦终于引火烧身。嬴政早就看他不顺眼了,就好像后来的万历皇帝讨厌张居正那样。嬴政还算仁慈,只是罢免了吕不韦的宰相之职,让他回到洛阳封地。

岁余,诸侯宾客使者相望于道,请文信侯。秦王恐其为变,乃赐文信侯书曰:君何功于秦?秦封君河南,食十万户。君何亲于秦?号称仲父。其与家属徙处蜀!"吕不韦自度稍侵,恐诛,乃饮鸩而死。[9]

吕不韦回到洛阳后不是低调做人,而是高调地接待各路诸侯使者,嬴政哪能放心呢?嬴政写了一封信给他,话说得够狠:你吕不韦有何德何能,竟还在这里卖乖!还不哪儿凉快哪儿待着去!吕不韦吓得不轻,遂服毒自杀。吕不韦本可以稳赚不赔,结果呢?不仅赔了,连本也搭上了!

何谓风险投资?就是把资金投在大众看不到或不看好的萌芽项目上,但在其稍有起色时就应果断地全身而退,千万不能过度迷恋杠杆。吕不韦只知其一而不知其二,悲哉!当然,不独吕不韦如此,玩杠杆玩上瘾的还有后来的李斯。他在最后与赵高的斗争中败北而被判腰斩时才如梦初醒,对他的儿子说:咱俩牵着黄犬出上蔡东门追逐狡兔的悠闲日子一去不复返了。[10]

注释:

[1]—[9]西汉·司马迁《史记》,卷八十五,吕不韦列传第二十五。

[10]西汉·司马迁《史记》,卷八十七,李斯列传第二十七。

二世二年七月,具斯五刑,论腰斩咸阳市。斯出狱,与其中子俱执,顾谓其中子曰:"吾欲与若复牵黄犬俱出上蔡东门逐狡兔,岂可得乎!"遂父子相哭,而夷三族。

蒙恬与曹操

徐母厉声曰："汝何虚诳之甚也！吾久闻玄德乃中山靖王之后，孝景皇帝阁下玄孙，屈身下士，恭己待人，仁声素著，世之黄童、白叟、牧子、樵夫皆知其名：真当世之英雄也。吾儿辅之，得其主矣。汝虽托名汉相，实为汉贼。乃反以玄德为逆臣，欲使吾儿背明投暗，岂不自耻乎！"言讫，取石砚便打曹操。

在《三国演义》第三十六回《玄德用计袭樊城，元直走马荐诸葛》里，曹操为了诱降徐庶，听从谋士程昱的建议，将徐庶母亲抓获，劝其写家信于徐庶，招降他来曹营，结果被徐庶母亲劈头盖脸骂了一通。

"托名汉相，实为汉贼"这句评价可谓曹操的梦魇。《三国演义》虽成书于明代，但早在三国之时，曹操即知天下舆论汹汹，功过是非自有后人评说，因此特意写了一篇表明心迹的文章《述志令》，"以丞相九锡之尊宣告僚属，而所陈则皆私人情怀也"。

设使国家无有孤，不知当几人称帝，几人称王！或者人见孤强盛，又性不信天命之事，恐私心相评，言有不逊之志，妄相忖度，每用耿耿。齐桓、晋文所以垂称至今日者，以其兵势广大，犹能奉事周室也。《论语》云："三分天下有其二，以服事殷，周之德可谓至德矣。"夫能以大事小也。昔乐毅走赵，赵王欲与之图燕。乐毅伏而垂泣，对曰："臣事昭王，犹事大王；臣若获戾，放在他国，没世然后已，不忍谋赵之徒隶，况燕后嗣乎!"胡亥之杀蒙恬也，恬曰："自吾先人及至子孙，积信于秦三世矣；今臣将兵三十余万，其势足以背叛，然自知必死而守义者，不敢辱先人之教以忘先王也。"孤每读此二人书，未尝不怆然流涕也。[1]

"周公恐惧流言日，王莽谦恭未篡时。"[2]曹操倒是说到做到，言行的确一致，终其一生为汉臣，没有代汉而自立。钱穆对此也有一番评述，猴王以为较为公正和客观。

> 如曹操，兼擅政治、军事、文学，为一时代杰出人物。而广揽人才，尤为难能。其善待关羽，更可见。荀彧至晚年始离异。操之立意欲为周文王，必待其子始受汉禅。但终谥为武帝，其子丕乃谥文帝。即此小节，可见中国乱世亦与其他民族之乱世有不同，故广土众民，得绵延五千年不绝。试读曹操之《述志令》，此亦见吾民族之传统性情，惟诚伪有辨而已。杜甫诗"将军魏武之子孙"，则操之为人，唐代犹见尊。司马光《资治通鉴》，亦仍以正统归之魏。朱子《通鉴纲目》，始有魏蜀正统之争。然朱子书法，自谓乃慕效曹操，则操之为人，即就理学大儒言，亦尚不深嫉。《三国演义》出，曹操乃成一不足挂齿之乱世奸雄，一无是处，则又何以处曹操手下之群才。诸葛亮一生谨慎，而演义中之诸葛，则纶巾羽扇，俨是神仙人物。其于鲁肃、周瑜，又尽失其真。当时三国之所以得成为三国者，演义书中皆失之。而关羽则以演义一书出，社会群尊为武圣，其地位尚在岳武穆之上。然论三国真史迹，关羽不能遵诸葛东和吴、北拒魏之外交大政方针，三国形势起了大变动，此皆演义一书无当史实之大者。[3]

曹操一统北方，结束了东汉末年北方的割据和混战，拯民于水火之中，有大功于社稷，岂是一句"托名汉相，实为汉贼"所能抹杀的?

话说秦末乱世比东汉末年如何? 猴王以为前者局面还是胜于后

者,毕竟,彼时的秦始皇"乃使蒙恬北筑长城而守藩篱,却匈奴七百余里,胡人不敢南下而牧马,士不敢弯弓而报怨"[4]。秦朝的精锐部队尚存,何惧六国造反?

秦朝最后一位皇帝是谁?不是胡亥而是子婴。子婴非等闲之辈,他面对胡亥的倒行逆施,毅然进谏曰:"臣闻故赵王迁杀其良臣李牧而用颜聚,燕王喜阴用荆轲之谋而倍秦之约,齐王建杀其故世忠臣而用后胜之议。此三君者,皆各以变古者失其国而殃及其身。今蒙氏,秦之大臣谋士也,而主欲一旦弃去之,臣窃以为不可。臣闻轻虑者不可以治国,独智者不可以存君。诛杀忠臣而立无节行之人,是内使群臣不相信而外使斗士之意离也,臣窃以为不可。"[5]

秦始皇的孙辈里不乏人才。太可惜了,子婴虽"非亡国之君,而当亡国之运",他的父辈们没有给他留下足够的舞台,只给了他区区四十六天。

秦朝灭亡,负主要责任的当然是胡亥和赵高了,但扶苏和蒙恬也难辞其咎。扶苏作为秦始皇的嫡长子,蒙恬作为手握秦朝精锐部队的第一将军,怎能就轻易地输给胡亥、赵高和李斯之流了呢?

实话说,胡亥等密谋置扶苏和蒙恬于死地的理由也太过于拙劣了,稍有点常识的人都能洞察其奸,何况是受秦始皇倚重的扶苏和蒙恬?

"朕巡天下,祷祠名山诸神以延寿命。今扶苏与将军蒙恬将师数十万以屯边,十有余年矣,不能进而前,士卒多耗,无尺寸之功,乃反数上书直言诽谤我所为,以不得罢归为太子,日夜怨望。扶苏为人子不孝,其赐剑以自裁!将军恬与扶苏居外,不匡正,宜知其谋。为人臣不忠,其赐死,以兵属裨将王离。"

使者至,发书,扶苏泣,入内舍,欲自杀。蒙恬止扶苏曰:"陛下居外,未立太子,使臣将三十万众守边,公子为监,此天下重任也。今一使者来,即自杀,安知其非诈?请复请,复请而后死,未暮也。"使者数趣之。扶苏为人仁,谓蒙恬曰:"父而赐子死,尚安复请!"即自杀。蒙恬不肯死，使者即以属吏，系于阳周。[6]

扶苏的名字来源于《诗经·国风·郑风·山有扶苏》，看来按照《诗经》起名字不是今天才有的时尚，始皇帝时就开始流行了。可惜扶苏这个名字起得不怎么好，果真是不见子都，却见了狡童啊！

山有扶苏，隰有荷华。不见子都，乃见狂且。

山有桥松，隰有游龙。不见子充，乃见狡童。

扶苏迂腐，蒙恬比他强不到哪里去。他们看重自己的名节甚于责任，只看到小我，看不到江山社稷和黎民百姓，这也是一种自私的表现。如果蒙恬像曹操那样，不惧人言，敢于担当，辅佐其他优秀的公子，匡扶社稷，秦朝怎会二世而亡呢？黎民百姓又怎会经历楚汉争霸之苦呢？

蒙恬终究不是曹操，曹操也没成为蒙恬，他汲取了蒙恬的教训。曹操之后，欲成为曹操者很多，但能做到曹操这样的不多；欲成为蒙恬的也不多，多的是冲冠一怒为红颜的人。

注释：

[1]三国·曹操《述志令》。
[2]唐·白居易《放言(五首)》，其一。
[3]钱穆《中国史学略论》。
[4]西汉·贾谊《过秦论》。
[5]西汉·司马迁《史记》，卷八十八，蒙恬列传第二十八。
[6]西汉·司马迁《史记》，卷八十七，李斯列传第二十七。

延禧攻略：乾隆的感情世界

是谁送你来到我身边

是那圆圆的明月

是那潺潺的山泉

是那璀璨的星光

是那明媚的蓝天

富察氏是怎样来到乾隆身边的呢？

那是雍正五年(1727年)的事。

雍正元年八月，世宗御乾清宫，密书上名，缄藏世祖所书正大光明扁额上。五年，娶孝贤皇后富察氏。[1]

这是《清史稿》里的权威记载。

雍正刚刚当政就把乾隆秘密封为皇储，把传位诏书藏在乾清宫"正大光明"匾额的后面。乾隆当时才十三岁，可见雍正对乾隆有多器重。雍正当政的第五年，把富察氏送到了乾隆身边。富察氏当时有多大呢？与乾隆同岁，都是十七岁。

又过了八年，1735年，二十五岁的乾隆登基。第二年即立富察氏为皇后。

乾隆与富察氏的感情究竟如何？

《清史稿》里有这么一段话：

> 后恭俭，平居以通草绒花为饰，不御珠翠。岁时以鹿羔麛毵制为荷包进上，仿先世关外遗制，示不忘本也。上甚重之。[2]

从这段话可知富察氏是一位贤淑节俭的皇后，乾隆非常看重她。但这只是文献词汇，难免刻板，很难表达出真实的感情世界。

乾隆对富察氏的感情从富察氏离去后才真正地显露出来。

乾隆十二年（1747年）十二月，皇七子永琮殇，年二岁。

富察氏与乾隆先后生有二子二女，皇七子永琮是老二，皇二子"端慧皇太子"永琏于九岁时夭折，两个儿子都没能茁壮成长。古代医疗条件比不上现在，即使贵为帝王也不能幸免于各种疾病。富察氏两次痛失爱子，其哀痛之情可想而知，乾隆为了让她散散心，决定出巡一趟。

> （乾隆）十三年（1748年），从上东巡，还跸，三月乙未，后崩于德州舟次，年三十七。上深恸，兼程还京师，殡于长春宫，服缟素十二日。[3]

> （十三年）六月……谕禁廷臣请立皇太子，并责皇长子于皇后大事无哀慕之诚。[4]

陪伴乾隆二十二年的富察氏还是走了，乾隆很是悲痛，"服缟素十二日"。随后的几个月里，他料想有很多大臣要奏请立新的皇太子，乾隆警告他们，不要再提什么立皇太子的事，还惩罚了"不懂事"的大阿哥，只因他在皇后去世时没有哀容。

若说这只是做做样子，那么乾隆为此还写了一首《述悲赋》，则不得不说是真情流露了。

> 《易》何以首乾坤？《诗》何以首《关雎》？
> 惟人伦之伊始，固天俪之与齐。
> 念懿后之作配，廿二年而于斯。

痛一旦之永诀，隔阴阳而莫知。

昔皇考之命偶，用抡德于名门。

俾述予而尸藻，定嘉礼于渭滨。

在青宫而养德，即治壶而淑身。

纵糟糠之未历，实同甘而共辛。

乃其正位坤宁，克赞乾清。

奉慈闱之温清，为九卿之仪型。

克俭于家，爰始缫品而育茧；

克勤于邦，亦知较雨而课晴。

嗟予命之不辰兮，痛元嫡之连弃。

致黯然以内伤兮，遂邈尔而长逝。

抚诸子如一出兮，岂彼此之分视？

值乖舛之叠遘兮，谁不增夫怨怼？

况顾予之伤悼兮，更忉恨而切意。

尚强欢以相慰兮，每禁情而制泪。

制泪兮泪滴襟，强欢兮欢匪心。

聿当春而启銮，随予驾以东临。

抱轻疾兮念众劳，促归程兮变故遭。

登画舫兮陈翟褕，由潞河兮还内朝。

去内朝兮时未几，致邂逅兮怨无已。

切自尤兮不可追，论生平兮定于此。

影与形兮难去一，居忽忽兮如有失。

对嫔嫱兮想芳型，顾和敬兮怜弱质。

望湘浦兮何先徂，求北海兮乏神术。

循丧仪兮怆徒然，例展禽兮谥孝贤。

思遗徽之莫尽兮，讵两字之能宣。

包四德而首出兮，谓庶几其可传。

惊时序之代谢兮,届十旬而迅如。

睹新昌而增恸兮,陈旧物而忆初。

亦有时而暂弭兮,旋触绪而叹欷。

信人生之如梦兮,了万事之皆虚。

呜呼!悲莫悲兮生别离,失内位兮孰予随?

入椒房兮阒寂,披凤帏兮空垂。

春风秋月兮尽于此已,夏日冬夜兮知复何时?

"对嫔嫱兮想芳型,顾和敬兮怜弱质。"《述悲赋》里提到的"和敬",即是他与富察皇后唯一长大成人的女儿。乾隆尽其所能宠爱这位公主,一切祖制都在公主这里例外,比如她虽远嫁蒙古草原,但破例与驸马爷住在北京——乾隆不想让她离得太远。驸马爷在征伐准噶尔战争中犯了大错,纵容叛军,按律当斩,但乾隆看在富察皇后和宝贝女儿的面子上赦免了他。昭梿在《啸亭杂录》里记载了这件事:"事闻,上以额附匿情不奏,欲立正典刑,来文端公请曰:'愿皇上念孝贤后,莫使公主遭嫠独之叹。'上挥泪太息,勋其死,只褫其爵。"[5]

爱屋及乌,富察氏的弟弟傅恒是乾隆中期最受宠遇的臣子,年纪轻轻就擢升为首辅。他也不负乾隆所望,为乾隆建立了不小的功勋,平定大小金川、平定准噶尔、出征缅甸,最后在平缅时染上瘴疾而死,可谓鞠躬尽瘁。乾隆号称"十全武功",傅恒就帮其完成了十分之三。傅恒娶的是"满洲第一美女",不是《延禧攻略》戏中的尔晴,他也没有恋慕令妃,这些都是现代人强加的桥段。倒是野史里说乾隆对傅恒夫人一往情深,惹得富察皇后很是吃醋,这就给后世的作家们留下了驰骋想象的空间。

傅恒的儿子福康安自幼被乾隆带到内廷,亲自教养,视如己出。乾隆对这一点毫不避讳,事见《清实录》:"福康安由垂髫豢养,经朕多年训诲,至于成人。"福康安青出于蓝而胜于蓝,展现出杰出的军事才能和政治才能,其一生最得意之笔即是稳定西藏且大败侵入西藏的尼泊尔廓尔喀王朝。清军劳师远征,不仅在高海拔地区长途跋涉,还翻过了喜马拉雅山,一度深入尼泊尔境内,逼近尼泊尔首都加德满都,距离仅四十里左右,乾隆评价此役为"用兵之难,为从来所未有"。福康安不仅稳定了西藏,还趁机改革了西藏的治理制度。乾隆五十七年(1792年)七月,福康安与八世达赖、七世班禅等西藏宗教首领共同筹议《钦定西藏章程》,加强了中央集权,又改革了达赖、班禅的继承制度,实行"金瓶掣签"制,此制度一直沿用至今。福康安生前封贝子,死后赐郡王,三代世袭,成为清朝宠臣之最。清朝人陈康祺在《郎潜纪闻二笔》里说:"福文襄屡出筹边,功在社稷,其生平所受恩宠,亦复空前旷后,冠绝百僚……异姓世臣,叨被至此,本朝第一人也。"[6]世人只知乾隆宠幸和珅,与福康安相比,和珅可差得太远了。

乾隆对福康安这么好,就有野史八卦者猜测福康安是乾隆的私生子。清朝人天嘏在《满清外史》里如此写道:"弘历渔色甚至。傅恒之妻,孝贤皇后嫂也。以椒房戚,得出入宫掖。弘历乘间逼幸之,傅恒妻不敢拒,遂有娠。未几,生一男,即福康安也。傅恒凡四子,其三子皆尚主为额驸,宠眷反不及福康安。而福康安独不尚主,其故可想见矣。弘历爱福康安甚,屡欲封之为王,使与诸皇子均,而绌于家法,不得如愿。乃俾福康安总师干,建军功,以为分封之基础。是以福康安所至之地,必妙简名将劲旅以辅之。他将亦默为迎合其意,故作不胜状,以让功于福康安。已晋封贝子矣,然终不及封王而死。其死也,以郡王赠之。"[7]狗仔队也是"明察秋毫之末",操碎了心。

富察氏走后,皇后的位置空缺了两年半。后宫佳丽三千,难道就没有一个能担任皇后的吗?

乾隆十五年(1750年)八月,册立皇贵妃乌喇那拉氏为皇后。

据蔡东藩的《清史演义》说,乾隆册立乌喇那拉氏为皇后是不得已而为之,是太后逼迫他这么做的。乾隆是大孝子,母命难违。

太后道:"现在皇后去世,已满一年,六宫不可无主,须选立一人方好。"乾隆帝嘿然不答。太后道:"宫内妃嫔,哪一个最称你意?"乾隆帝道:"妃嫔虽多,没一个能及富察,奈何?"太后道:"我看娴贵妃那拉氏,人颇端淑,不妨升她为后。"乾隆帝沉吟半晌,便道:"但凭圣母主裁!"太后道:"这也要你自己愿意。"乾隆帝平日颇尽孝道,至此也不欲违逆母命,没奈何答了一个"愿"字。退出慈宁宫,又辗转思想了一番,乃于次日下旨,册封娴妃那拉氏为皇贵妃,摄六宫事。直到孝贤皇后二周年,尚未册立正宫,经太后再三催促,方立那拉氏为皇后。[8]

乾隆与这位乌喇那拉氏看来感情一般。乾隆三十年(1765 年),她随乾隆南巡至杭州,不知为何,两人发生了矛盾。

> 三十年,从上南巡,至杭州,忤上旨,后剪发,上益不怿,令后先还京师。三十一年七月甲午,崩。上方幸木兰,命丧仪视皇贵妃。自是遂不复立皇后。[9]

乌喇那拉氏一怒之下竟剪了头发。满人视头发为命根子,剪发意味着大逆不道。乾隆让她先回北京,故意冷落她。第二年七月乌喇那拉氏去世时,乾隆还在木兰围场打猎,丧礼是按照皇贵妃的规格而不是皇后的规格。

自乌喇那拉氏走后,乾隆就再也没有立皇后。也许在他心目中,没有一个后妃能取代富察氏的地位。

清末文人罗惇曧在《宾退随笔》里对此事还有一段八卦:

> 高宗第二后为纳兰氏,后废为尼,居杭州某寺。废时无明诏。后卒,满人御史某,疏请仍以后礼葬,不许。诏曰:"无发之人岂可母仪天下哉!"[10]

该是令贵妃登场的时候了,也就是《延禧攻略》里的那位魏璎珞。

乾隆二十五年(1760 年),乾隆五十岁,十月,皇十五子永琰(即后来的嘉庆帝)生,生母即是令贵妃。乾隆三十年(1765年)六月,令贵妃晋为皇贵妃。

令贵妃很能生,乾隆二十一年生皇七女,二十二年生皇十四子永璐,二十三年生皇九女,二十五年生皇十五子永琰,二十七年生皇十六子,三十一年生皇十七子永璘。十年内,生了四子二女。

即使如此,令贵妃生前也并没有被立为皇后。孝仪皇后这个封号是她去世二十年后乾隆追封的。

这中间难道她就没有晋封为后的机会?当然有。乾隆四十三年(1778年),有大臣金从善上书请立太子和皇后,乾隆怒斥道:自乌喇那拉氏犯错误之后,我就说不再立皇后了,今年我都六十八岁了,还立什么皇后?也不知道金从善是脑子不灵光还是背后有人指使,他依旧上奏,乾隆大怒,交刑部处理,推出去直接砍了脑袋。

> 孝仪纯皇后,魏佳氏,内管领清泰女。事高宗为贵人。封令嫔,累进令贵妃。乾隆二十五年十月丁丑,仁宗生。三十年,进令皇贵妃。四十年正月丁丑,薨,年四十九。谥曰令懿皇贵妃,葬胜水峪。六十年,仁宗立为皇太子,命册赠孝仪皇后……后家魏氏,本汉军,抬入满洲旗,改魏佳氏。[11]

也许是因为魏佳氏本是汉人,也许是因为乾隆对永琰这个太子并不十分满意,也许在他心目中,唯一的皇后只有他的至爱富察氏吧!

乾隆皇帝在位六十年,又当了三年太上皇,终年八十九岁。在他于1795年退位时,只有八阿哥永璇、十一阿哥永瑆、十五阿哥永琰、十七阿哥永璘在世。永璇、永瑆同母,是嘉贵妃所生;永琰、永璘同母,是令贵妃所生。永璇是纨绔子弟,不是帝王之选;永瑆擅长书法,天性阴忮,皇位只能在永琰和永璘当中二选一了。然而永璘"不甚读书,好游嬉"[12],乾隆只能选了年长的永琰,不论合适与否,确实已经别无选择了。事实证明,这位太子的确能力一般,清朝的国力衰退,嘉庆一朝是一道明显的分水岭。

随着乾隆的一段真挚情感的结束,中国的历史乐章也从高声部进入低声部,就像那首《白月光》。

注释:

[1]民国·赵尔巽《清史稿》,卷一〇,本纪第一〇,高宗一。

[2][3]民国·赵尔巽《清史稿》,卷二百十四,列传一。

[4]民国·赵尔巽《清史稿》,卷一一,本纪第一一,高宗二。

[5]清·昭梿《啸亭杂录》,卷三,"西域用兵始末"。

[6]清·陈康祺《郎潜纪闻二笔》,卷十二,"福文襄被异数有十三"。

[7]清·天嘏《满清外史》,第四篇乾隆朝,第二章"弘历厚待福康安"。

[8]民国·蔡东藩《清史演义》,第三十六回"御驾南巡名园驻跸,王师西讨叛酋遭擒"。

[9]民国·赵尔巽《清史稿》,卷二百十四,列传一。

[10]清·罗惇曧《宾退随笔》,二九,纳兰后为尼。

[11]民国·赵尔巽《清史稿》,卷二百十四,列传一。

[12]清·昭梿《啸亭续录》,卷五,"庆僖王"。

清平乐：宋仁宗的盛世图景

关于宋仁宗，《宋史》的终极评价如此："为人君，止于仁。帝诚无愧焉。"[1]

历史上能配得上谥号"仁"的皇帝不多，满打满算有六位。大多都不错，宋仁宗的"仁"更是没有多少争议。要说有争议，就在于他过于仁。

比如有一个被引用甚广的段子。某一天，宋仁宗上朝前，张皇后（温成皇后）提醒他，记得在朝廷上讨论一下她伯父张尧佐升官的事。之前宋仁宗就尝试过，没通过，结果这次遭到御史中丞包拯更激烈的反对。"包黑子"话说得激动，唾沫星子喷了仁宗一脸。仁宗真是好脾气，竟然没发怒，回去埋怨张皇后：你看看，你就知道给你伯父升官，你不知道包拯是御史中丞吗？害得唾沫星子喷了我一脸。这个故事出自宋朝人朱弁的《曲洧旧闻》，原文如下：

> 张尧佐除宣徽使，以廷论未谐，遂止。久之，上以温成故，欲申前命。一日，将御朝，温成送至殿门，抚背曰："官家今日不要忘了宣徽使。"上曰："得，得。"既降旨，包拯乞对，大陈其不可，反复数百言，音吐愤激，唾溅帝面。帝卒为罢之。温成遣小黄门次第探伺，知拯犯颜切直，迎拜谢过，帝举袖拭面，曰："中丞向前说话，直唾我面。汝只管要宣徽使、宣徽使，汝岂不知包拯是御史中丞乎？"[2]

宋人魏泰在《东轩笔录》里也记载了一件事:

> 仁宗尝春日步苑中,屡回顾,皆莫测圣意。及还宫中,顾嫔御曰:"渴甚,可速进熟水。"嫔御进水,且曰:"大家何不外面取水而致久渴耶?"仁宗曰:"吾屡顾不见镣子,苟问之,即有抵罪者,故忍渴而归。"左右皆稽颡动容,呼万岁者久之,圣性仁恕如此。[3]

春日,宋仁宗在御花园散步,频频回头张望,大家不明就里,无人敢问。返宫后,言于嫔妃:朕渴死了,赶紧烧点水喝。嫔妃不解:何不在外面喝水呢?仁宗说:我屡屡回头却未见掌水侍从的踪影,如果发问,此人必被治罪,故不忍发问。

很多文章在评价宋仁宗时都喜欢引用王夫之的《宋论》里的一段话:"仁宗之称盛治,至于今而闻者羡之。帝躬慈俭之德,而宰执台谏侍从之臣,皆所谓君子人也,宜其治之盛也。"[4]但这是半拉子话,且都是赞扬之语,后面还有很长一段话,却是话里有话。

我们不妨把这"话里有话"列出来。

> 夷考宋政之乱,自神宗始。神宗之以兴怨于天下、贻讥于后世者,非有奢淫暴虐之行;唯上之求治也亟,下之言治者已烦。乃其下之烦言,以启上之佚志,则自仁宗开之。而朝不能靖,民不能莫,在仁宗之时而已然矣。
>
> 夫秉慈俭之德,而抑有清刚之多士赞理于下,使能见小害而不激,见小利而不歆,见小才而无取,见小过而无苛;则奸无所荧,邪无能间,修明成宪,休养士民,于以坐致升平,绰有余裕。奈之何强饮疗癖之疾以五毒之剂,而伤其肺腑哉!故仁宗之所就者,概可见矣。迹其谋国,则屡败于西而元昊张,启侮于北而岁币增。迹其造士,则闻风而起者,苏氏父子掉仪、秦之舌;揣摩而前者,王安石之徒习申、商之术;后此之挠乱天下者,皆此日之竞进于大廷。故曰神宗之兴怨于天下、贻讥于后世者,皆仁宗启之也。[5]

王夫之前半部分的表扬没毛病。"唐宋八大家"里有宋朝人六位，这六位是欧阳修、三苏(苏洵、苏轼、苏辙)、王安石和曾巩，全都"出"自仁宗一朝，说大宋的文脉奠定于仁宗之手也不为过。猴王在《抱憾大宋王朝》(《历史岂有底稿》)一文里曾说过，两宋的主要弊病不在于文，而在于武，不在于不富，而在于富而不强。赵匡胤兵变得天下，自然忌惮武人造反；宋仁宗是赵家好儿郎，自然很听话，在他手上，文治达至顶峰，武治则裹足不前。王夫之说他"屡败于西而元昊张，启侮于北而岁币增"，西边打不过西夏的李元昊，北边闹不过契丹辽，只能多给点银子了事。苏洵和苏辙父子俩都写过一篇文章：《六国论》。苏洵在其《六国论》里指出："六国破灭，非兵不利，战不善，弊在赂秦。赂秦而力亏，破灭之道也。"六国为啥被灭了？就因为他们都害怕秦国，不是联合抗秦，而是一个个贿赂讨好秦国，结果呢？把秦国的胃口喂得越来越大，大到最后一口吞了六国。苏辙在其《六国论》中则说："夫秦之所以与诸侯争天下者，不在齐、楚、燕、赵也，而在韩、魏之郊；诸侯之所与秦争天下者，不在齐、楚、燕、赵也，而在韩、魏之野。秦之有韩、魏，譬如人之有腹心之疾也。韩、魏塞秦之冲，而弊山东之诸侯，故夫天下之所重者，莫如韩、魏也。"苏辙指出六国之所以被灭，关键在于失去了韩、魏这两个缓冲地带，将秦国这只老虎放出来了，老虎下山了能不吃人吗？父子俩的观点可谓异曲同工，直指北宋王朝懦弱退让，一味拿银子破财消灾，认为这样非长久之计，终究要步六国的后尘。

宋仁宗看了苏家父子的文章，知道说得很有道理，但厉兵秣马，开疆拓土，官家办不到啊！宋仁宗不怎么喜欢自己的正宫娘娘曹皇后，喜欢的是张贵妃。曹皇后乃开国将领曹彬的孙女，武人之后，仁宗从心底里就没有亲近之感，特别是宫中曾发生内乱，这位曹皇后披甲上阵，指挥若定，令宋仁宗侧目。宋仁宗更喜欢"化干戈为玉帛"，他大概认为，凡是能用钱搞定的事情就不是什么大事。

富郑公弼，庆历中以知制诰使北虏还，仁宗嘉其有劳，命为枢密副使,郑公力辞不拜,乃改资政殿学士。一日,王拱辰言于上曰:"富弼亦何功之有?但能添金帛之数,厚夷狄而弊中国耳!"仁宗曰:"不然。朕所爱者,土宇生民耳,财物非所惜也。"拱辰曰:"财物岂不出于生民耶?"仁宗曰:"国家经费,取之非一日之积,岁出以赐夷狄,亦未至困民。若兵兴调发,岁出不赀,非若今之缓取也。"拱辰曰:"犬戎无厌,好窥中国之隙。且陛下只有一女,万一欲请和亲,则如之何?"仁宗悯然动色曰:"苟利社稷,朕亦岂爱一女耶?"[6]

人常言:慈不掌兵。清人王士祯这样评价宋仁宗和宋徽宗:"元臣巉巉曰:'宋徽宗诸事皆能,独不能为君耳。'《炙輠录》记周正夫曰:'仁宗皇帝百事不会,只会做官家。'此语在巉巉之前,可谓绝对。"[7]

当时的大书法家蔡襄也比较了解宋仁宗,说他是"宽仁少断"。听了范仲淹一席话,立马抖擞精神搞"庆历新政",遇到反对后又打退堂鼓,"涛声依旧"。为此,蔡襄曾上书宋仁宗:"任谏非难,听谏为难;听谏非难,用谏为难。……愿陛下察之,毋使有好谏之名而无其实。"[8]在虚心纳谏上,宋仁宗堪比唐太宗,他也处处学唐太宗,但是,他与唐太宗之间还差了两个字——霸气。

《水浒传》引言里有这么一段话:"这朝皇帝,庙号仁宗天子,在位四十二年,改了九个年号。自天圣元年癸亥登基,至天圣九年,那时天下太平,五谷丰登,万民乐业,路不拾遗,户不夜闭,这九年谓之一登。自明道元年至皇祐三年,这九年亦是丰富,谓之二登。自皇祐四年至嘉祐二年,这九年田禾太熟,谓之三登。一连三九二十七年,号为三登之世。那时百姓受了些快乐。"但是盛世的面子之下藏有隐忧,宋仁宗对内没有解决导致财政赤字的"三冗问题"(冗官、冗兵、冗费),对外没有解决边患,他把好干的活全干了,把"最硬的骨头"都留给了宋神宗。

注释：

[1]元·脱脱等《宋史》,卷十二,本纪第十二,仁宗四。

[2]南宋·朱弁《曲洧旧闻》,卷一。

[3]北宋·魏泰《东轩笔录》,卷十一。

[4][5]清·王夫之《宋论》,卷四,仁宗。

[6]北宋·魏泰《东轩笔录》,卷九。

[7]清·王士祯《池北偶谈》,谈献。

[8]元·脱脱等《宋史》,卷三百二十,列传第七十九。

猪肉颂

猪肉颂
苏轼

净洗铛,少著水,柴头罨烟焰不起。待他自熟莫催他,火候足时他自美。黄州好猪肉,价贱如泥土。贵者不肯吃,贫者不解煮,早晨起来打两碗,饱得自家君莫管。

这就是东坡肉的来历和做法。要说诀窍,就三个字:费功夫。小水量,文火慢炖,心急吃不上东坡肉啊!猴王曾曰:何以区分中餐与西餐?一个是慢食,一个是快餐。就比如喝茶,所谓"工夫茶",必然是要费工夫的。讲究火候,才能入味,此种饮食入口自然契合味蕾,不若西餐,几近天然,生熟不分。吾国历史足够长且连绵不绝,人们有时间细细打磨吃法,一代不行就两代,两代不行就三代,终打造出八大菜系,不像西方人忙着寻找新大陆、打群架、发横财,哪有时间做饭。

北宋年间,人们真的不怎么吃猪肉吗?看过《水浒传》的都有印象,梁山好汉一下酒馆,要的就是上好的熟牛肉,没听说要猪肉的。《水浒传》是小说,成书于元末明初,是否符合北宋的实际情况?不得而知。不过,羊肉在北宋是肯定受欢迎的,而且为皇家和贵族所追捧。宋朝人魏泰在《东轩笔录》中记述了宋仁宗的一段轶事:

一日晨兴,语近臣曰:"昨夕因不寐而甚饥,思食烧羊。"侍臣曰:"何不降旨取索?"仁宗曰:"比闻禁中每有取索,外面遂以为例。诚恐自此逐夜宰杀,以备非时供应。则岁月之久,害物多矣。岂不可忍一夕之馁,而启无穷之杀也。时左右皆呼万岁,至有感泣者。[1]

宋仁宗有一次夜里加班看奏折,肚子饿了,就想吃羊肉,但他一作要求,御厨必定半夜起来杀羊。为了避免此例一开,将有"逐夜宰杀",他便忍住了。可见仁宗之"仁"。

话说苏轼因"乌台诗案"被贬到黄州(即今黄冈市黄州区),俸禄太少,不够养家,只得在东坡开垦一片荒地,亲自耕种,勉强自给,羊肉估计他吃不起。在被贬惠州时,他曾给弟弟苏辙写了一封信,信中描绘他如何享用羊脊骨。

惠州市井寥落,然犹日杀一羊,不敢与仕者争。买时,嘱屠者买其脊骨耳。骨间亦有微肉,熟煮热漉出,渍酒中,点薄盐炙微燋食之。终日抉剔,得铢两于肯綮之间,意甚喜之,如食蟹螯。率数日辄一食,甚觉有补。子由三年食堂庖,所食刍豢,没齿而不得骨,岂复知此味乎?戏书此纸遗之,虽戏语,实可施用也。然此说行,则众狗不悦矣。[2]

在这黄州地界,他估计连羊脊骨也吃不上,只能打猪肉的主意。没想到歪打正着,成就了一道千古菜品——东坡肉。

余至黄州二年,日以困匮。故人马正卿哀予乏食,为于郡中请故营地数十亩,使得躬耕其中。地既久荒为茨棘瓦砾之场,而岁又大旱,垦辟之劳,筋力殆尽。释耒而叹,乃作是诗,自愍其勤。庶几来岁之入,以忘其劳焉![3]

苏东坡特意写了八首诗记录他的躬耕岁月。猴王引两首于下,看看他是如何种稻子和麦子的。

其一

种稻清明前，乐事我能数。

毛空暗春泽，针水闻好语。

分秧及初夏，渐喜风叶举。

月明看露上，一一珠垂缕。

秋来霜穗重，颠倒相撑拄。

但闻畦陇间，蚱蜢如风雨。

新春便入甑，玉粒照筐筥。

我久食官仓，红腐等泥土。

行当知此味，口腹吾已许。

其二

良农惜地力，幸此十年荒。

桑柘未及成，一麦庶可望。

投种未逾月，覆块已苍苍。

农父告我言，勿使苗叶昌。

君欲富饼饵，要须纵牛羊。

再拜谢苦言，得饱不敢忘。

他看着稻茎立得挺直，在微风中摇曳，或是望着沾满露滴的茎在月光之下闪动，如串串的明珠，他感到得意而满足。他过去是用官家的俸禄养家糊口，现在他才真正知道五谷的香味。在较高处他种麦子，一个好心肠的农人来指教他说，麦苗初生之后，不能任其生长，若打算丰收，必须让初生的麦苗由牛羊吃去，等冬尽春来时，再生出的麦苗才能茂盛。等他小麦丰收，他对那个农夫的指教,无限感激。[4]

要说种地与当官,实在是两个"专业",苏东坡能"跨界"成功,殊为不易。只是猴王有一点疑惑,记得在河南省信阳市看到一个有趣的现象:淮河一河之隔,北面种小麦,南面种水稻。黄冈在淮河以南数百公里,难道北宋时此地也可以种小麦?

苏东坡"跨界"的领域还有很多,比如他对中医也颇有涉猎。在52岁那年,他被任命为杭州太守。彼时的杭州已经是五十万人的大城市,算是半个汴梁城的规模,海陆行旅辐辏云集,往往有病疫流行。有些被证明有效的药方,他都会公布于外。其中一剂名为"圣教子",包含二十味药材,有高良姜、厚朴、半夏、甘草、草豆蔻、木猪苓、柴胡、藿香、石菖蒲等,被证明是胃液分泌的强力"兴奋剂"。[5]

无论如何,苏东坡自己动手,丰衣足食。他没有官架子,也没有文豪的偶像包袱,竹杖芒鞋,与渔樵为伍,与左邻右舍打成一片,满足感溢于言表。以他的表现来看,甚合"群众路线":从群众中来,到群众中去。

苏东坡的邻居都是些什么人呢? 林语堂在《苏东坡传》里有描述:"苏东坡的邻人和朋友是潘酒监、郭药师、庞大夫、农夫古某,还有一个说话大嗓门儿跋扈霸道的婆娘,常和丈夫吵嘴,夜里像猪一般啼叫。"苏东坡能和他们相安无事,可见他对弟弟苏辙说的那句话不是吹牛:"吾上可陪玉皇大帝,下可陪卑田院乞儿。眼前见天下无一不好人。"林语堂感慨道:"苏东坡最可爱,是在他身为独立自由的农人自谋生活的时候。中国人由心里就赞美头戴斗笠、手扶犁耙、立在山边田间的农人——倘若他也能作好诗,击牛角而吟咏。他偶尔喝醉,甚至常常喝醉而月夜登城徘徊。这时他成了自然中伟大的顽童——也许造物主根本就希望人是这副面貌吧!"[6]

苏东坡不仅自己耕种,还亲自动手尝试做美食。他这样热爱生活的人不会不爱吃,也因此为我们贡献了上文东坡肉的做法。历史上名人们留下的知名饮食不少,比如宫保鸡丁、李鸿章杂烩、左宗棠鸡、毛氏红烧肉等,但都不是本人所做,唯有苏东坡是亲自下厨烹之,殊为可贵!

近来风闻猪肉价格上涨,市井多有怨言,想想当初苏东坡所处的湖北一带,猪肉便宜得竟鲜有人问津。或许是由于荆襄一带水网密布,鱼虾鲜美,当地人不屑于吃猪肉吧。猴王记得周游欧美时,时常听闻某地螃蟹泛滥成灾,或者某种鱼类多得成患,不免诧异:若吾等国人趋之,岂有不打扫得干干净净之理?在《历史岂有底稿Ⅱ》里,猴王还曾写了一篇文章:《不怕狼对手,就怕猪伙伴》。如今看来对"二师兄"多有不敬,在此向"二师兄"郑重致歉了!

在工业化的今天,人们以为苏东坡的生活过于遥远,其实不然。就在 2019 年,四川绵阳的一位叫李子柒的女孩火遍了全球网络。她拍了很多小视频,记录田园生活的点点滴滴,连官媒都认可她的视频影响力。要猴王说,她是以一己之力做了《舌尖上的中国》整个团队的活儿,而且还不用国家投入一分钱。猴王以为,李子柒就是现代的"女苏东坡",她把平淡无奇的岁月过成了诗意生活,这种生活其实就是汉唐两宋盛世里中国人的真实生活,春播、夏种、秋收、冬藏。看看中国人总结出的二十四节气,何其美也!诗人海子曾有一首诗曰:"从明天起,做一个幸福的人。喂马,劈柴,周游世界。从明天起,关心粮食和蔬菜。我有一所房子,面朝大海,春暖花开。"我想,他写这首诗之前也有可能是读了苏东坡的诗吧?但很可惜,他没能过上苏东坡那样的生活。

如果一地长官每天西装革履于恒温空调室里高谈阔论,不买菜、不做饭、不洗碗,不知菜价和肉价几何,果能接地气乎?

注释:

[1]北宋·魏泰《东轩笔录》,卷三。

[2]北宋·苏轼《与子由弟》。

[3]北宋·苏轼《东坡八首》。

[4]林语堂《苏东坡传》,第十五章"东坡居士",张振玉译,西安:陕西师范大学出版社,2008 年版。

　　[5]林语堂《苏东坡传》,第二十二章"工程与赈灾",张振玉译,西安:陕西师范大学出版社,2008 年版。

　　[6]林语堂《苏东坡传》,第十五章"东坡居士",张振玉译,西安:陕西师范大学出版社,2008 年版。

又得浮生半日闲

> 夏月荷花初开时，晚含而晓放。芸用小纱囊撮茶叶少许，置花心，明早取出，烹天泉水泡之，香韵尤绝。

这是《浮生六记》里的一段话，说的是盛夏时节里的一天，沈复的妻子陈芸用纱包裹了一撮碧螺春或者龙井茶叶，晚上放置在含苞待放的荷花骨朵里。第二天早上起来，荷花开了，她再把茶叶从里面取出来，用泉水烹之。沈复说：味道好极了！

你我虽未喝到茶，但透过纸卷，似乎已经闻到了茶香。

沈复两口子与家里人闹翻了，被赶了出来，不得已租住在苏州的一户普通宅子里。虽说是寄人篱下，但并不妨碍他们把小日子过得有滋有味。都说近代上海人有小资情调，喝杯咖啡就感觉调调十足，其实真正小资的还属古代的苏杭人家，一户普通人家喝茶都这么讲究，何况柳永笔下的那"参差十万人家"呢？

> 饭后同往，并带席垫至南园，择柳阴下团坐。先烹茗，饮毕，然后暖酒烹肴。是时风和日丽，遍地黄金，青衫红袖，越阡度陌，蝶蜂乱飞，令人不饮自醉。既而酒肴俱熟，坐地大嚼。担者颇不俗，拉与同饮。游人见之，莫不羡为奇想。杯盘狼藉，各已陶然，或坐或卧，或歌或啸。

看来郊外野炊也不是现代人的专利，至少沈复和陈芸也会。他们呼朋引伴去园里赏花兼野炊,为此还特意雇了一个卖馄饨的小贩担着炉火一道同往。先是烹茶,其后暖酒,然后做饭,大快朵颐,尽兴而归。这与当今富裕人家开着房车去野外扎帐篷烧烤何其相似。

沈复和陈芸是乾隆年间人士。这番记载一定会让乾隆喜欢,盛世就应该有盛世的样子嘛!要说乾隆为什么这么喜欢下江南,这样的生活情调谁不向往啊!中国古代不少人其实都是李子柒,都是生活的艺术家,不像现代人只是在朋友圈里晒一杯咖啡了事。

《浮生六记》里还有这么一段话:

> 养生之道,莫大于眠、食。菜根粗粝,但食之甘美,即胜于珍馐也。眠亦不在多寝,但实得神凝梦甜,即片刻,亦足摄生也。放翁每以美睡为乐。然睡亦有诀,孙真人云:"能息心,自瞑目。"蔡西山云:"先睡心,后睡眼。"此真未发之妙。

"陆放翁以美睡为乐"这句话让猴王不免诧异。中国人都知道陆游乃慷慨悲歌之士。年少时他痛失爱妻唐婉,作了一曲《钗头凤》:"红酥手,黄縢酒,满城春色宫墙柳。东风恶,欢情薄。一怀愁绪,几年离索。错!错!错!春如旧,人空瘦,泪痕红浥鲛绡透。桃花落,闲池阁。山盟虽在,锦书难托。莫!莫!莫!"不知赚了后人多少眼泪!他壮年欲投笔从戎,北伐抗金,可惜壮志难酬,只能寄情于笔端:"驿外断桥边,寂寞开无主。已是黄昏独自愁,更著风和雨。无意苦争春,一任群芳妒。零落成泥碾作尘,只有香如故。"试想,每天晚上都想着"铁马冰河入梦来"的忧国忧民的诗人怎能睡得安稳?没想到吧!人家睡得还很香甜。

为什么呢?猴王窃以为有两大原因。一是勤用脑,陆游传承下来的诗词数量乃历代诗人之冠,这善用脑之人,必少患老年痴呆症。二来他胸怀天下,诗中多谈军国大事,抒发豪情壮志,很少囿于家长里短,更不因琐屑小事介怀。白天拿得起,晚上放得下,自然好睡眠;好睡眠自然就有好身体。陆游活到高寿85岁,乃古代诗人长寿冠军,厉害!

"放翁胸次广大,盖与渊明、乐天、尧夫、子瞻等,同其旷逸。其于养生之道,千言万语,真可谓有道之士。此后当玩索陆诗,正可疗余之病。"沈复说陆游乃有道之士,读其诗篇可以治病,真是与猴王所见略同啊!而与猴王和沈复所见略同的还有一位大咖——李渔,其人比沈复还要早100多年,乃康熙年间人士。他在《闲情偶寄》里这样写道:

> 读书,最乐之事,而懒人常以为苦;清闲,最乐之事,而有人病其寂寞。就乐去苦,避寂寞而享安闲,莫若与高士盘桓,文人讲论。何也?"与君一夕话,胜读十年书。"既受一夕之乐,又省十年之苦,便宜不易多乎?"因过竹院逢僧话,又得浮生半日闲。"既得半日之闲,又免多时之寂,快乐可胜道乎?善养生者,不可不交有道之士;而有道之士,多有不善谈者。有道而善谈者,人生希觏。

李渔实乃精致生活的集大成者,一生玩转戏剧和出版两界,个人生活也是活色生香,多姿多彩,一本《闲情偶寄》写尽了天下乐事,堪称"古代精致生活的百科全书"。其中一篇关于面食的文章,足以让我这个"阅面无数"的山西人都佩服得五体投地。

> 南人饭米,北人饭面,常也。《本草》云:"米能养脾,麦能补心。"各有所裨于人者也。然使竟日穷年,止食一物,亦何其胶柱口腹,而不肯兼爱心脾乎?予南人而北相,性之刚直似之,食之强横亦似之。一日三餐,二米一面,是酌南北之中,而善处心脾之道也。但其食面之法,小异于北,而且大异于南。北人食面多作饼,予喜条分而缕晰之,南人之所谓"切面"是也。南人食切面,其油盐酱醋等作料,皆下于面汤之中,汤有味而面无味,是人之所重者不在面而在汤,与未尝食面等也。
>
> 予则不然,以调和诸物,尽归于面,面具五味而汤独清,如此方是食面,非饮汤也。所制面有二种,一曰"五香面",一曰"八珍面"。五香膳己,八珍饷客,略分丰俭于其间。五香者何?酱也,醋也,椒

末也,芝麻屑也,焯笋或煮蕈煮虾之鲜汁也。先以椒末、芝麻屑二物拌入面中,后以酱醋及鲜汁三物和为一处,即充拌面之水,勿再用水。拌宜极匀,擀宜极薄,切宜极细,然后以滚水下之,则精粹之物尽在面中,尽勾咀嚼,不似寻常吃面者,面则直吞下肚,而止咀咂其汤也。

八珍者何?鸡、鱼、虾三物之内,晒使极干,与鲜笋、香蕈、芝麻、花椒四物,共成极细之末,和入面中,与鲜汁共为八种。酱醋亦用,而不列数内者,以家常日用之物,不得名之以珍也。鸡鱼之肉,务取极精,稍带肥腻者弗用,以面性见油即散,擀不成片,切不成丝故也。但观制饼饵者,欲其松而不实,即拌以油,则面之为性可知已。鲜汁不用煮肉之汤,而用笋、蕈、虾汁者,亦以忌油故耳。所用之肉,鸡、鱼、虾三者之中,惟虾最便,屑米为面,势如反掌,多存其末,以备不时之需;即膳己之五香,亦未尝不可六也。拌面之汁,加鸡蛋青一二盏更宜,此物不列于前而附于后者,以世人知用者多,列之又同剿袭耳。

这样的文字实在是诱人得很,读着读着感觉口水都已经流到了嘴边。李渔对于睡眠的颐养之道也颇有高论。

养生之诀,当以善睡居先。睡能还精,睡能养气,睡能健脾益胃,睡能坚骨壮筋。如其不信,试以无疾之人与有疾之人,合而验之。人本无疾而劳之以夜,使累夕不得安眠,则眼眶渐落而精气日颓,虽未即病,而病之情形出矣。患疾之人,久而不寐,则病势日增;偶一沉酣,则其醒也,必有油然勃然之势。是睡,非睡也,药也;非疗一疾之药,乃治百病,救万民,无试不验之神药也。

猴王以为,现代科技给予人的幸福体验已经到了瓶颈,甚至科技会反过来吞噬幸福感。现代人欲寻一种健康的、有滋有味的生活之道,不妨回头去古人身上找一找。

山里面住着神仙

草铺横野六七里,笛弄晚风三四声。

归来饱饭黄昏后,不脱蓑衣卧月明。

据说这是猴王的"老乡"吕洞宾的一首诗。吕洞宾其人本名吕岩,生于唐末和五代乱世之中,乃今山西省运城市芮城县永乐镇人氏。他的家乡与猴王的家乡永济市只隔一座山,这座山就是中条山;吕洞宾住在中条山南麓,猴王则住在中条山北麓。歌曲《童年》里有这么一句歌词"没有人能够告诉我,山里面有没有住着神仙",猴王能够告诉他:"是的,山里面的确住着神仙,其中一位就是吕洞宾。"据说吕洞宾得到仙人钟离权的点拨才得道成仙,算是八仙里面最丰神俊逸的一位,不过从他的这首诗里,我们似乎读不到半点仙气,倒是满满的烟火味。

吕洞宾史上确有其人,在《宋史·陈抟传》里有一段关于他的记载:"华阴隐士李琪,自言唐开元中郎官,已数百岁,人罕见者;关西逸人吕洞宾有剑术,百余岁而童颜,步履轻疾,顷刻数百里,世以为神仙。皆数来抟斋中,人咸异之。"[1]

陈抟是一位有名的睡仙,一睡不醒可达百余天。有道是:物以类聚,人以群分。神仙自然只和神仙打交道,在吕洞宾的朋友圈里,自然都是陈抟这样的高人。

陈抟住在哪里？也住在山里面。此山乃华山。

古代帝王没有不好长生术的，从秦始皇开始，求长生不老药就是帝王的"必修课"之一，所以，像陈抟和吕洞宾这样的神仙，帝王们怎能错过？

五代的周世宗柴荣就很仰慕陈抟。

> 周世宗好黄白术，有以抟名闻者，显德三年，命华州送至阙下。留止禁中月余，从容问其术，抟对曰："陛下为四海之主，当以致治为念，奈何留意黄白之事乎？"世宗不之责，命为谏议大夫，固辞不受。[2]

周世宗是史上少有的雄才大略之主，曾放出豪言："寡人当以十年开拓天下，十年养百姓，十年致太平足矣。"[3]周世宗不是吹牛，他在任期内西败后蜀，南摧南唐，北破辽国，文治武功的确了得。可惜就是短命，39 岁就英年早逝了，只当了区区五年皇帝，他立下的三十年基业的蓝图只完成了六分之一。如果上苍真给足了他三十年，天下说不定早就被一统了，也就不会有之后赵匡胤的什么事了。可见长寿于帝王的确很重要。

北宋的宋太宗也惦记着陈抟。

> 谓宰相宋琪等曰："抟独善其身，不干势利，所谓方外之士也。抟居华山已四十余年，度其年近百岁。自言经承五代离乱，幸天下太平，故来朝觐。与之语，甚可听。"因遣中使送至中书，琪等从容问曰："先生得玄默修养之道，可以教人乎？"对曰："抟山野之人，于时无用，亦不知神仙黄白之事、吐纳养生之理，非有方术可传。假令白日冲天，亦何益于世？今圣上龙颜秀异，有天人之表，博达古今，深究治乱，真有道仁圣之主也。正君臣协心同德、兴化致治之秋，勤行修炼，无出于此。"[4]

陈抟与周世宗和宋太宗的这两番对话让猴王想起了丘处机与成吉

思汗的一番对话。

> 太祖时方西征,日事攻战,处机每言欲一天下者,必在乎不嗜杀人。及问为治之方,则对以敬天爱民为本。问长生久视之道,则告以清心寡欲为要。太祖深契其言,曰:"天锡仙翁,以窹朕志。"命左右书之,且以训诸子焉。于是锡之虎符,副以玺书,不斥其名,惟曰"神仙"。[5]

我们再回头看看吕洞宾的那首诗,于乱世之中保持心情平静不就是得道成仙了吗?

注释:

[1][2]元·脱脱等《宋史》,卷四百五十七,列传第二百一十六,隐逸上。

[3]宋·薛居正《旧五代史》,卷一百一十九,周书一○·世宗本纪第六。

[4]元·脱脱等《宋史》,卷四百五十七,列传第二百一十六,隐逸上。

[5]明·宋濂等《元史》,卷二百零二,列传第八十九,释老。

朋友的"正确打开方式"

管鲍之交

春秋时有位牛人,但他刚开始并不牛,运气很差,干啥啥不成,屡败屡战,最后的成就却连孔子都很佩服。他就是管仲。

管仲的祖上也曾显赫过,但传到他这一代,家道中落,算是没落贵族一个。他有位好友名鲍叔牙,两人是发小,合伙折腾了很多事情,但都没有结果,最后终于有了机会——管仲辅佐流亡在外的齐国公子纠,鲍叔牙则辅佐另一位流亡在外的公子小白,各为其主,也算是有了稳定的工作。

这时恰逢齐国内乱,两位公子都急着回去即位,最终是公子小白和鲍叔牙捷足先登。管仲虽在半路上截杀小白,但未能成功。他截杀的这位小白可不是等闲之辈,即是后来的"春秋五霸"之首齐桓公。

管仲想:这下可完了,胜者王侯败者寇,一定非死即囚了。但在鲍叔牙的推荐下,管仲的人生却从此"开挂"。齐桓公"知其贤,释其囚,用以为相,尊称之为仲父"。《史记》记载:"管仲既用,任政于齐,齐桓公以霸。九合诸侯,一匡天下,管仲之谋也。"[1]

对于发小鲍叔牙的举荐,管仲自然很感激,说过这样一段肺腑之言：

> 吾始困时，尝与鲍叔贾，分财利多自与，鲍叔不以我为贪，知我贫也。吾尝为鲍叔谋事而更穷困，鲍叔不以我为愚，知时有利不利也。吾尝三仕三见逐于君，鲍叔不以我为不肖，知我不遭时也。吾尝三战三走，鲍叔不以我怯，知我有老母也。公子纠败，召忽死之，吾幽囚受辱，鲍叔不以我为无耻，知我不羞小节而耻功名不显于天下也。生我者父母，知我者鲍子也。[2]

以今天的眼光来看管仲这个人，真是志大才疏，百无一用。他曾与鲍叔牙合伙做生意，尽想着给自己多分点，鲍叔牙却认为他不是贪，而是因为穷；管仲曾为鲍叔牙做事却越做越穷，鲍叔牙认为他不是笨，而是运气不好；管仲曾三次辅佐君主又三次背叛，鲍叔牙认为他不是不忠，而是生不逢时；管仲曾三战三逃，鲍叔牙认为他不是胆怯，而是因为家有老母。这次他又当了俘虏，鲍叔牙不以他为耻，反而替他开脱，说他是"不羞小节而耻功名不显于天下"，这使管仲不由得感叹："生我者父母，知我者鲍子也。"

只能说鲍叔牙的眼光实在是犀利，一眼就能看出管仲乃人中龙凤，要是市井里的凡夫俗子，估计早就把管仲看成窝囊废了。譬如秦末的那位赖皮，他怎能看出韩信将来是万户侯呢？要是能看得出来，借他十个胆，他也不敢让韩信从自己的胯下钻过。

百里奚和蹇叔

要说管仲运气不好，还有一位与他也差不了多少，此人就是百里奚。他也是干啥啥不成，但一旦时来运转，他也像管仲一样，成了一代名相。

《史记》记载，百里奚在虞国当大夫时，晋献公与虞国国君商量借道讨伐虢国，许以宝马和宝玉，虞国国君很心动。虞国在哪里呢？大约在猴王的老家运城市的平陆县境内。虢国呢？就是与平陆隔黄河相望的今河南省三门峡。虞国也是有明白人的，知道这是一个阴谋，力劝国君不要答应，但是虞国国君显然被财宝迷昏了头，还是答应了晋献公，结果人家伐完虢国，顺势来个回马枪把虞国也灭了，这也就是假道伐虢、唇亡齿寒和顺手牵羊这几个成语的来处。虞国灭亡了，百里奚就成了晋国的俘虏。当时秦晋结亲，百里奚又被当作嫁妆"陪"给了秦国；中途他不堪其辱，逃到楚国，结果又当了楚国的俘虏，被逼着放牛，真是点背到家了！有道是否极泰来，秦穆公听说了他的才能，用五张羊皮把他换了回来，时称他为"五羊大夫"。

做了秦国宰相的他不忘推荐他的好友蹇叔：

> "臣不及臣友蹇叔，蹇叔贤而世莫知。臣常游困于齐而乞食铚人，蹇叔收臣。臣因而欲事齐君无知，蹇叔止臣，臣得脱齐难，遂之周。周王子颓好牛，臣以养牛干之。及颓欲用臣，蹇叔止臣，臣去，得不诛。事虞君，蹇叔止臣，臣知虞君不用臣，臣诚私利禄爵，且留。再用其言，得脱；一不用，及虞君难，是以知其贤。"于是穆公使人厚币迎蹇叔，以为上大夫。[3]

这段话的意思是：我曾外出游学，被困在齐国，沦为乞丐，是蹇叔收留了我；我想事奉齐国国君无知，是蹇叔阻止了我，我得以躲过了齐国政变；我到了周王朝，周王子颓喜爱牛，我想给他养牛，蹇叔劝阻我，让我离开了颓，我才没有跟颓一起被杀；事奉虞君时，蹇叔也劝阻过我，我虽知道虞君不会重用我，但心里实在是贪恋爵位和俸禄，就暂时留下了，结果当了俘虏。我曾两次听了蹇叔的话，得以脱险；有一次没听，就摊上了灾祸。

秦穆公一听，这是人才啊！二话没说，赶紧迎来，许以高薪，拜为上大夫。

百里奚夸蹇叔的这段话与管仲夸鲍叔牙的话简直如出一辙,而他们之于秦穆公与管仲和鲍叔牙之于齐桓公也很相似。在百里奚和蹇叔的辅佐下,秦穆公"开地千里,遂霸西戎"[4],成为"春秋五霸"之一。要知道,百里奚给秦穆公当宰相时已经七十岁了,他的朋友蹇叔应该也老大不小了,秦穆公可真是"不拘一格求人才"啊!

后来的商鞅也很仰慕百里奚,他问赵良:"子观我治秦,孰与五羖大夫贤?"赵良曰:"千人之诺诺,不如一士之谔谔。仆请终日正言而无诛,可乎?"商君曰:"诺。"赵良曰:"五羖大夫,荆之鄙人也,穆公举之牛口之下而加之百姓之上,秦国莫敢望焉。相秦六七年而东伐郑,三置晋君,一救荆祸。其为相也,劳不坐乘,暑不张盖。行于国中,不从车乘,不操干戈。五羖大夫死,秦国男女流涕,童子不歌谣,舂者不相杵。"[5]

王导和周颛

导执表流涕,悲不自胜,告其诸子曰:"吾虽不杀伯仁,伯仁由我而死。幽冥之中,负此良友!"[6]

这是《晋书》里的一段话,说话者乃东晋名相王导。

熟悉东晋历史者皆知,东晋偏安江南一隅,是典型的财阀政治。司马家并不能乾纲独断,必须依靠世家望族的支持才能立足,其中最厉害的望族当属王家和谢家,也就是刘禹锡《乌衣巷》一诗里提到的"王谢","旧时王谢堂前燕,飞入寻常百姓家"。谢家最厉害的代表人物是谢安,即指挥侄子谢玄大破前秦苻坚赢得"淝水之战"的那位。那么王家呢?王家有很多著名的人物,比如大名鼎鼎的王羲之,他的《兰亭集序》号称"天下第一行书",还有他的儿子王献之,后人并称其为"二王"。不过,他们的厉害是表现在艺术上的,而在政治上最有成就的则数王导。王导算是王羲之的堂伯,地位相当于宰相。他有一位堂兄名王敦,在荆襄一带做封疆大吏,手握军政大权。两兄弟一个主内,一个主外,形成了

"王与马,共天下"的局面。

这种局面当然不是司马家愿意看到的,晋元帝司马睿开始琢磨削弱王家的势力。王导在朝,不足虑,他怕的是拥兵在外的王敦。王敦不是善茬,果然一言不合就反了,这样就将王导置于尴尬之地。虽然王导第一时间发表声明与王敦划清界限,但还是有大臣建议把王导一家抓了。

> 初,敦之举兵也,刘隗劝帝尽除诸王,司空导率群从诣阙请罪,值颢将入,导呼颢谓曰:"伯仁,以百口累卿!"颢直入不顾。既见帝,言导忠诚,申救甚至,帝纳其言。颢喜饮酒,致醉而出。导犹在门,又呼颢。颢不与言,顾左右曰:"今年杀诸贼奴,取金印如斗大系肘。"既出,又上表明导,言甚切至。导不知救己,而甚衔之。敦既得志,问导曰:"周颢、戴若思南北之望,当登三司,无所疑也。"导不答。又曰:"若不三司,便应令仆邪?"又不答。敦曰:"若不尔,正当诛尔。"导又无言。导后料检中书故事,见颢表救己,殷勤款至。导执表流涕,悲不自胜,告其诸子曰:"吾虽不杀伯仁,伯仁由我而死。幽冥之中,负此良友!"[7]

王导知道大事不好,赶紧率全家到皇宫请罪。当时有一位大臣叫周颢(字伯仁),与王导关系很亲密,正要进宫里去。王导喊他:兄弟,我家上上下下一百多口人都拜托你了。周颢装作没看见,径直入宫。到了宫里,他见了皇帝说:王导这人我了解,绝对忠诚。皇帝"纳其言"。周颢这人很仗义,但就是有个毛病,爱喝酒,且酒量奇大。有一次他与朋友喝酒,睡了一大觉,起来发现对面的朋友死了好长时间,尸体都腐烂了。可想而知他们得喝了多少酒。

> 初,颢以雅望获海内盛名,后颇以酒失。为仆射,略无醒日,时人号为"三日仆射"。庾亮曰:"周侯末年,所谓凤德之衰也。"颢在中朝时,能饮酒一石,及过江,虽日醉,每称无对。偶有旧对从北

来，顗遇之欣然，乃出酒二石共饮，各大醉。及顗醒，使视客，已腐胁而死。[8]

周顗进宫里在皇帝耳边美言了几句，皇上心一软，放了王导一家。本来这事办妥了，按理说，周顗总得告诉王导一下吧。结果他又去喝酒了，直到喝醉了才出宫。王导还在门口跪着，赶紧喊周顗：兄弟，那件事办得咋样了？周顗又不理他，可能是喝醉了，也可能是不便告诉他。周顗出宫后，觉得口头劝谏还不够，又上书司马睿，力挺王导。可惜王导一直被蒙在鼓里，他觉得周顗实在不够意思，遂怀恨在心。

后来王敦打到京城，把前朝的大臣都抓了起来，其中就有周顗。王敦问王导怎么处置他，王导不置可否。结果王敦就杀了周顗。后来王导进宫查看到周顗给皇上写的奏折，才知道没有周顗的力保，他一家的小命估计早就没了，因此感慨地说了开头的那一段话。

古来圣贤皆寂寞，唯有饮者留其名。这句话用在周顗身上还真是意外的贴切。

孔子与子华

《论语》中有这么一段话：

> 子华使于齐，冉子为其母请粟。子曰："与之釜。"请益。曰："与之庾。"冉子与之粟五秉。子曰："赤之适齐也，乘肥马，衣轻裘。吾闻之也，君子周急不继富。"[9]

这段话是什么意思呢？孔子的学生公西华要去齐国出差，另一个学生冉求担心公西华的母亲吃不饱饭，请求孔子给公西华的母亲分点粮食。孔子说：给她一釜。一釜相当于六斗四升。当时一斗约十二斤，一斗又等于十升，即一釜接近八十斤。冉求请求再添一点。孔子说：再给她一庾。一庾是二斗四升，接近于三十斤。一百多斤的粮食足够一位老人过上一段时间了,但是冉求却给了她五秉。一秉是十六斛,一斛是十斗,这就相当于给了公西华的母亲九千六百斤,显然太多了!孔子说:你看子华在外面多风光啊!骑着高头大马,穿着貂裘,君子要救急不添富啊!

真正的帮人是给人以机会。锦上添花不如雪中送炭,授之以鱼不如授之以渔,这才是朋友的"正确打开方式"。

何谓真朋友?猴王赋诗一首以记之:

朋友就像春天里的一朵花,不须艳,只要芬芳。

朋友就像夏天里的一阵风,不须凉,只要清爽。

朋友就像秋天里的一轮月,不须圆,只要豁亮。

朋友就像冬天里的问候,不须多,只要温暖。

注释:

[1][2] 西汉·司马迁《史记》,卷六十二,管晏列传第二。

[3][4] 西汉·司马迁《史记》,卷五,秦本纪第五。

[5] 北宋·司马光《资治通鉴》,卷二,周纪二。

[6]—[8] 唐·房玄龄等《晋书》,卷六十九,列传第三十九。

[9]《论语》,雍也篇。

有朋如张怀民，不亦乐乎？

春来无伴闲游少，行乐三分减二分。

何况今朝杏园里，闲人逢尽不逢君。

当年白居易一个人游曲江时写下这首诗，诗名为《曲江忆元九》。曲江在今西安的南部，唐朝时为皇家园林、游玩胜地，现大唐芙蓉园就在这里。唐朝时对新科进士有"曲江赐宴"的惯例：皇帝在杏园里大摆宴席，款待大唐的这些青年才俊们。才子们酒足饭饱后再集体到大雁塔下"雁塔题名"，这是约定俗成的"保留节目"，就好比在好莱坞星光大道上留下手印。

唐德宗贞元十六年（800 年），白居易高中进士，这年他才二十八岁，是新科进士里最年轻的一位。他高兴地写道："慈恩塔下题名处，十七人中最少年。"可见曲江对白居易而言是个有着特殊情结的地方。

但诗中的白居易似乎并不开心，在乌泱乌泱的游人中，他孤独而行，感觉兴趣索然。他想起了好朋友元稹（家里排行老九），他要是在该有多好啊！

元稹是谁？就是写下"曾经沧海难为水，除却巫山不是云"和"诚知此恨人人有，贫贱夫妻百事哀"的那位诗人。元稹与白居易二人关系很铁，史上并称为"元白"。《唐才子传》里写："微之（元稹字微之）与白乐天（白居易字乐天）最密，虽骨肉未至，爱慕之情，可欺金石，千里神交，若合符契,唱和之多,毋逾二公者。"[1]

什么是真孤独？不是离群索居,而是身处闹市之中却无人可语。

苏轼有一篇很有名的散文《记承天寺夜游》:

> 元丰六年十月十二日夜,解衣欲睡,月色入户,欣然起行。念无与为乐者,遂至承天寺寻张怀民。怀民亦未寝,相与步于中庭。庭下如积水空明,水中藻荇交横,盖竹柏影也。何夜无月？何处无竹柏？但少闲人如吾两人者耳。

苏轼因"乌台诗案"被贬黄州,算来已经是第四个年头。这天晚上,月色撩人,睡意全无。只恨当年没有微信啊！

人生不如意事十之八九,能与之言者唯二三人。苏轼想来想去,只能去承天寺找刚刚被贬至此的张怀民。张怀民来了之后没地方住,只能先借宿于寺庙。就这样,两位大老爷们在皎洁的月光下散步,也许尬聊了很多,也许啥也没说,只是傻傻地走。同样是失眠,却写得这么有诗意,除了苏轼,也是没谁了。

苏轼估计想不到,他这篇短小精悍的"微博文"竟成了千古名篇,被"转发"了上千年。张怀民也不会想到,他会因此名垂史册。

元白之交可遇而不可求,有朋如张怀民,在你失眠时能陪你一起失眠,不亦乐乎？

注释:

[1]元·辛文房《唐才子传》,卷六。

晋商和儒教[1]

优美的环境必陶冶人的情操,激发人的创造力和灵感。当年徐志摩曾有一首著名的诗篇,《再别康桥》。康桥即剑桥。民国时的翻译家很有意思,对西方地名的翻译都很唯美,反映出我们当时对西方文明的欣赏。比如徐志摩把佛罗伦萨翻译为翡冷翠,朱自清把 Fontainebleau 翻译为枫丹白露。在我们学过的《荷塘月色》里,朱自清把 violin(小提琴)翻译为梵婀玲,是不是很有一番禅意?

> 轻轻的我走了,
> 正如我轻轻的来;
> 我轻轻的招手,
> 作别西天的云彩。
>
> 那河畔的金柳,
> 是夕阳中的新娘;
> 波光里的艳影,
> 在我的心头荡漾。
>
> 软泥上的青荇,
> 油油的在水底招摇;

在康河的柔波里，

我甘心做一条水草！

那榆荫下的一潭，

不是清泉，是天上虹；

揉碎在浮藻间，

沉淀着彩虹似的梦。

寻梦？撑一支长篙，

向青草更青处漫溯，

满载一船星辉，

在星辉斑斓里放歌。

但我不能放歌，

悄悄是别离的笙箫；

夏虫也为我沉默，

沉默是今晚的康桥！

悄悄的我走了，

正如我悄悄的来；

我挥一挥衣袖，

不带走一片云彩。

徐志摩对剑桥大学何其眷恋！那里有他的一段刻骨铭心的恋情。在那里，他遇到了林徽因。一个人钟情于一个地方，多半是因为某个特别的人。

剑桥大学出了那么多大师，完全在情理之中。这次我回到母校新校区，看到也有一条河，虽然现在还没有蓄水，但我想未来若蓄水了，两岸遍植花草,春天时桃红柳绿、杏花烂漫,岂不是媲美康桥?我想很多同学在多年后一定会怀揣着一个关于校园的梦。也许这里有初恋,也许这里有心仪的老师和同学,也许就只是因为有这么一条河。

我之前参加了中美低碳生态城市研讨会,住建部的一位官员在会上分享了一个故事:一所中学的校长给他发了一条短信,说经过改造的学校环境优美,师生们都很开心,当年的大学升学率增长了好几倍。可见环境之于人的影响。

今年春节,我陪父母在晋祠国宾馆住了几天,正好遇到下雪。站在桥上看晋祠里的亭台楼榭,像极了一幅水墨画,别有一番韵味。我也填了一首词,步古人之韵脚。

眼媚儿

楼高黄昏梅花寒,雪映小栏杆,一江秀色,两鬓添白,绕梁声残。

绮窗东风卷珠帘,慵懒对春闲,何如旧时,盈盈秋水,淡淡春烟。

环境如此,文化之于人的影响更是不可估量。一个精神世界丰富的人,必是一个强大而有趣的人;一个精神世界丰富的民族,必是一个出类拔萃的民族;一个精神世界丰富的国家,必是一个不可战胜的国家。当然,一个精神世界贫乏的人,必是一个平庸的人;一个精神世界贫乏的民族,必是一个愚昧落后的民族;一个精神世界贫乏的国家,必是一个可怜的国家。

德国有位哲学家叫马克斯·韦伯。此马克斯非彼马克思,虽然都是大胡子。马克斯·韦伯有两部很有影响力的书,一本是《新教伦理与资本主义精神》,另一本是《儒教与道教》。他患有严重的神经衰弱,睡不着觉,但他是一个天才,他用一生的时间来探讨民族文化与民族经济之间的关系。前一部书不错,谈的是自家的事,来龙去脉都比较清楚;后一部书则略有不足,引用的中国历史多牛头不对马嘴。外国人研究中国历史鲜有很明白的,多半是一知半解。

三十功名

111

韦伯在《新教伦理与资本主义精神》中指出：

> 在任何一个宗教成分混杂的国家，只要稍稍看一下其职业情况的统计数字，几乎没有什么例外地可以发见这样一种状况：工商界领导人、资本占有者、近代企业中的高级技术工人，尤其受过高等技术培训和商业培训的管理人员，绝大多数都是新教徒。[2]

这点倒是很好理解。有信仰的人必是有底线的人，他们多半比没有信仰的人更恪守规矩。当然，凡事有度，过犹不及。新教正是因为能够与时俱进、顺应潮流，对旧有的宗教做了世俗化的改良，才成功嫁接了现代的工商业文明；否则，旧的宗教还是旧的宗教，新的商业还是新的商业，风马牛不相及。

关于资本主义的诞生，马克思洞悉得更为深刻，在此不必赘述。我们来了解一下韦伯如何看待中国。

韦伯在《儒教与道教》一书中比较了儒道和新教，他认为我们的儒教是导引不出现代资本主义的。他所处的年代正是中国晚清同治朝到民国的北洋军阀时期，中国的混乱状态似乎给了他有力的注脚。其实，大谬也。什么是资本主义？顾名思义，就是先有资本，然后资本具有不断增值和繁衍的能力，此为主义也。其鲜明特征就在于出现了独立的商业阶层。

中国在唐朝、宋朝及明朝中叶都有很大的商帮，典型的还有清末的晋商，不仅货通天下，而且汇通天下，涉足了现代银行业。这如何解释呢？我个人以为，这与韦伯对中国历史资料的占有程度有关，他多半没有看过描写北宋首都汴梁城风土人情的《东京梦华录》，对明清晋商和徽商等的情况估计并无所知。别说他不知道，就我们而言，对晋商和徽商的历史的梳理也是最近才有的事。

再说一说我们晋商。祁县、太谷、平遥三县的富商巨贾富可敌国，票号和商号遍布全国，甚至开到日本、俄罗斯、欧洲和美国，这难道不像现代意义上的跨国企业？每年年底，各地的掌柜都要回总部述职，完成任务者发奖金，未完成者扣奖金，这就类似绩效考核；各票号和商号会订立次年的任务，有的人被提拔，有的人被罢免；各商号和票号都立有规矩，戒赌、戒嫖、戒贪，这也作为行为准则——完全是一个集团公司的架构。

去各个晋商大院看看，就更明白了，晋商之所以牛，是因为背后有儒家思想在支撑着。在常家庄园的后花园静园里，有一片杏林，孔子开坛讲学的塑像正位于杏林的中心地带，可见儒教之于这个商贾世家的地位。杏林的八卦影壁上还有一副楹联，写得很好：

> 拥林万亩，眼底沧浪，方悟种德若种树。
>
> 存书万卷，笔下瀚海，才知做文即做人。

这哪里像一个商贾世家说的话，分明是知识分子家庭的感觉嘛！

常家不是嘴上说说而已，他们专门辟有书院——石芸轩书院，收藏有稀世珍品《石芸轩法帖》，还有《四十四帝后御笔帖》和罕见的武则天的墨宝。常家庄园里的掌柜们个个都是饱读诗书的儒生，字写得都很漂亮。如果他们去参加科举的话，我想说不定能出个进士。

雍正皇帝曾与一大臣对话说：听说山右一等资质的人从商，末等资质的人考取功名。他的原话如此："山右（今山西）大约商贾居首，其次者犹肯力农，再次者谋入营伍，最下者方令读书。朕所悉知，习俗殊属可笑。"雍正都有点不理解，晋商怎么不按套路出牌呢？可见当初的晋商绝不是一群文盲，而是都具有"干部资质"的人，事业怎能做不大呢？这正说明有信仰者有底线，有底线者前途无限。

儒商，儒商，有文化的商业才能行得远、做得大。晋商之所以能成为明清之际第一大商帮，正是因为儒教在背后支撑着。

说到晋商，还得提到一个人物：王琼。不知有谁在晋祠里注意到了这位人物。在南老泉的不远处，有一处王琼祠，祠堂门前有一副对联，是王琼的十四世孙王惠等立的。

> 举朝汹汹,谁知讨擒宸濠,此事已付王新建;
>
> 公论啧啧,试看总督甘陕,厥功何如杨应宁。[3]

这副对联概括了王琼一生的主要功绩。第一件事是慧眼识英才,推举了千古"牛人"王阳明,平定了宁王之乱。当时宁王朱宸濠在南昌叛乱,朝堂上下都很慌乱,时任兵部尚书的王琼站出来说:大家别慌,我早有准备,有王阳明在,朱宸濠不足为虑。结果正如他所言。

《明史》里记载:"兵部尚书王琼素奇守仁才。十一年八月擢右金都御史,巡抚南、赣。"[4]"诸君勿忧,吾用王伯安赣州,正为今日,贼旦夕擒耳。"[5]可见的确早有安排。

第二件事是西北筹边,边境晏然。

其实,王琼还有一个功绩,就是治理漕运。他精打细算的本事在此事上尽得发挥,上千公里的漕运,每一处都清清楚楚,有章可循,有据可查。在任户部尚书时,他对钱粮数字非常敏感,了然于胸。

> 琼为人有心计,善钩校。为郎时悉录故牍条例,尽得其敛散盈缩状。及为尚书,益明习国计。边帅请刍糗,则屈指计某仓、某场庤粮草几何;诸郡岁输、边卒岁采秋青几何,曰:"足矣。重索妄也。"人益以琼为才。[6]

这段话什么意思? 算盘打得精! 有守边的将帅要求再拨点粮草,王琼"掐指一算":上次的补给足够了,再要是什么意思? 难道你要贪污不成!

王琼历四朝,担任过户部、兵部和吏部尚书,算是财政部部长、国防部部长和组织部部长都干过,这在明朝是"独一份"。山西人算账理财的能力在王琼身上表现得淋漓尽致,要说王琼是晋商的精神领袖,我看亦很恰当。

王琼字德华——没错,就是刘德华的"德华";号晋溪,晋祠的晋溪书院正来源于此。

且不说晋商，就说一千年前的唐朝。朱雀大街宽近一百五十米，双向十几个车道；长安有一百零八坊，也就是 108 个小区；还设有东西共九市，也就是商业区。要说那时候就有一定程度的资本主义，我觉得也有道理。中国几千年来并没有一种固定的政治和经济形态，基本是"混合所有制"，有封建分封的成分，也有中央集权的成分，有农耕文明的成分，也有商业社会的成分。

北宋的首府是东京汴梁。11 世纪的汴梁有一百多万人口，就好比如今的纽约或上海。那时候纽约还不存在，巴黎和伦敦都还是起步中的小城市。宋仁宗时期打破了坊市界限，商业愈发繁荣。我在《抱憾大宋王朝》里提到两个人，一位是张择端，《清明上河图》的作者，一位是词人柳永。张择端用画笔记录了汴梁城的繁华盛景，柳永则用诗词记录了杭州城的富庶。

望海潮

东南形胜，三吴都会，钱塘自古繁华。烟柳画桥，风帘翠幕，参差十万人家。云树绕堤沙，怒涛卷霜雪，天堑无涯。市列珠玑，户盈罗绮，竞豪奢。

重湖叠巘清嘉。有三秋桂子，十里荷花。羌管弄晴，菱歌泛夜，嬉嬉钓叟莲娃。千骑拥高牙，乘醉听箫鼓，吟赏烟霞。异日图将好景，归去凤池夸。

试问马克斯·韦伯读过柳永的词吗？恐怕没有。不读中国的诗词歌赋和文人笔记，怎能算是读懂了中国？就好比没读莎士比亚和狄更斯，怎么能说读懂英国了呢？

梳理中国的商业文明，你会发现，其鼎盛时期恰恰与儒教鼎盛时期相重合，怎么能说儒教导引不出资本主义呢？

中国在近代落后的真正原因是什么？我在《历史岂有底稿》里写得

很清楚:非文化,而是环境使然。看看乾隆之后的中国疆域有多大,群山环抱,大海簇拥,背山临水,以当时的驿站和快马的管理模式,这么大的帝国,如何管理得过来?自然很难。皇帝下一道诏书发到西域,得需要几个月才能送到吧?这么舒服的环境下,不睡大觉还等什么?还需要怎样开疆拓土?生于忧患,死于安乐。穷则思变,富了就会沉迷于安逸。中国近代的落后与文化本身没有多大关系,再先进的文化一旦停滞了,就好比龟兔赛跑里的兔子,结局都一样——输。

谁都有打盹的时候,文化也是。

而一旦它醒来呢?拿破仑早就说过了,地球人都知道。

注释:

[1]2015 年 3 月 28 日作者应邀回母校太原理工大学做了一场演讲,此文即根据演讲整理而成。

[2](德)马克斯·韦伯《新教伦理与资本主义精神》,于晓、陈维纲译,北京:生活·读书·新知三联书店,1987 年版。

[3]王阳明曾被封为新建伯;杨应宁为明朝著名将领杨一清,字应宁。

[4]清·张廷玉《明史》,卷一百九十五,列传第八十三。

[5][6]清·张廷玉《明史》,卷一百九十八,列传第八十六。

信用·格局·运气[1]

　　此次受邀来昆山参加"晋昆论坛"，我感到与有荣焉。一个曾是明清两朝的第一商帮，一个是当今中国经济百强县(市)之首，这种对话可谓是穿越历史和时空的对话。要说起昆山与山西的渊源，必绕不开昆山人顾炎武与山西人傅山之间的友谊。

　　很多人都知道，昆山人顾炎武和山西人傅山是铁哥们。顾炎武一生曾三次来山西拜访过傅山，他最后的岁月也是在山西曲沃度过的。他在曲沃完成了最著名的作品《日知录》。千古名句"天下兴亡，匹夫有责"，正是出自《日知录》第十三卷"正始"。

　　关于傅山先生，大家都知道他是诗书画的大家，其实他还身怀绝技，不仅有拳法存世——梁羽生先生的《七剑下天山》里，"莫问剑"傅青主的原型即是傅山——而且是一代名医，尤其对妇科和儿科很有研究。我母亲也是老中医，是傅山的"粉丝"，有一年特意让我带她去晋祠拜谒傅山的雕像，把手放在傅山的手上合张影，这样就会"妙手回春"。

　　顾炎武在六十岁的时候还没有孩子，很着急。傅山给他号脉，说：您虽是六十岁，却是三十岁的身体状态，生孩子没有问题。顾炎武很高兴，就纳了妾，结果还是未有所出，他写了一篇文章"埋怨"傅山。这是两人之间的有趣故事。

　　顾炎武与傅山虽然志同道合，志趣相投，但毕竟山西与昆山之间相隔数千里,两人见面不太容易。如果说还有什么因素促成二人走到一起,我想这个因素就是晋商。

于明朝崛起的晋商打通了南北的商路,山西与江南之间商队不绝于路,顾炎武与商队同行自然就能顺利往返于山西和昆山之间。

那么晋商是如何崛起的呢?细细梳理历史,无外乎两个主要因素。一是政策因素。明朝初年,朱元璋为了对付北方蒙古的残余势力,将百万军队屯守于北方长城一线。这些军队每天要吃要喝,后勤如何保障?光靠政府的划拨实在不足。这时候有大臣建议"国退民进,军民融合",发动民间的力量把粮草运到边境,然后商人从边境的官吏手上领取"盐引"——相当于贩卖食盐的许可证,去各地盐运司领取食盐,再把食盐卖掉,获取其中的差价。这就是早期晋商的第一桶金,这个政策叫"开中制"。你看昆山何以能成为百强县(市)之首?正是因为有了改革开放的政策,有了浦东开发的政策,昆山抓住了机遇,顺势而为。

二来,明朝洪武和永乐年间的大移民也是晋商崛起的因素之一。我们都听过"山西洪洞大槐树,大槐树上老鸹窝",那么明初的大移民究竟移出多少人口呢?我细细梳理了《明史》和《明实录》,发现在五十年里,山西总共移出了大约百万多人口,这还是官方记载,民间自发的移民不在此列,总计应该在几百万之巨。这些移民无形中形成了晋商经商的网络。试想,到处有熟人,焉有做不成生意的道理?

除了以上因素,还有什么成就了晋商呢?冀北和陕北离北方长城也很近,为什么那里没有产生大型商帮?我认为这里面还有如下几个关键词。

信用

我观察了很多经商的朋友,有的白手起家却干得风生水起、游刃有余,有的条件优越却总是捉襟见肘、焦头烂额。两个背景差不多的人,一个人的口袋里只有一万元,另一位的口袋里却有百万元;但前者比后者调用各方面资源的能力更强,最后一万变成了一百万,而后者的一百万则变成了一万。这不是玩笑话,我见多了辛辛苦苦赚了钱,却一夜(念)之间回到"解放前"的。

晋商守信的故事和案例不胜枚举,只举一例就一目了然——那就是我们熟知的票号。票号是一种准银行信用体系,冲破了只能在熟人间做生意的藩篱,使陌生人之间往来生意成为可能,这是一个多么了不起的创举!这一信用体系的建立不是一年两年就能够完成的,必然是经年累月的信用累积的结果。试想,一个人在太原的票号里拿上银票,到苏州的票号里就能取出银子——人们凭啥要相信这张纸呢?

让别人相信自己是一门大学问。我在《历史岂有底稿Ⅲ》里写过一篇文章:《紫禁城为什么要修那么高?》。根据经验判断,这个问题貌似很好回答——紫禁城修那么高当然是为了安全。猴王不否认,但认为不尽然,紫禁城修那么高其实是皇权对臣民的一种"信用保证":我住在这里面,你难道不信我吗?说实话,每次游览故宫,我都会被深深震撼,站在那高耸的城墙之下,"我真的信了"。

> 假如刘邦入了咸阳,不是这般仁义,而如项羽那般"屠烧咸阳秦宫室,所过无不残破。秦人大失望,然恐,不敢不服耳",估计所谓的大汉王朝早就如过眼云烟了。你看红军长征时,虽是亡命天涯,但很注意形象,所到之处皆留下了"好口碑",所以才能以区区三万人马变成席卷中国的燎原之势。信用是一国一家一团体一个人安身立命的根基。要我说,(刘邦入咸阳后)"约法三章"(善待秦朝遗老遗少,善待老百姓)可谓是中国最早的"契约论",比之英国的所谓"大宪章"不知道要早多少年。中华文明之所以能绵延无断绝,刘邦开了一个好头。[2]

格局

现代社会分工越来越细,想"包打天下"基本不可能。马云如果不是采用"十八罗汉"这种合伙人制度,无论如何也做不到今天这样的业绩;任正非如果不是采用轮值 CEO 和轮值董事长这种制度,靠他一个人,也不可能在短短几十年内把华为带到世界之巅。格局大的人善于与人共享利益,收益往往超过预期;格局小的人看重眼前利益,总想吃独食,结果常常是累得半死却赚不到钱。

> 高祖置酒雒阳南宫。高祖曰:"列侯诸将无敢隐朕,皆言其情。吾所以有天下者何?项氏之所以失天下者何?"高起、王陵对曰:"陛下慢而侮人,项羽仁而爱人。然陛下使人攻城略地,所降下者因以予之,与天下同利也。项羽妒贤嫉能,有功者害之,贤者疑之,战胜而不予人功,得地而不予人利,此所以失天下也。"高祖曰:"公知其一,未知其二。夫运筹策帷帐之中,决胜于千里之外,吾不如子房。镇国家,抚百姓,给馈饷,不绝粮道,吾不如萧何。连百万之军,战必胜,攻必取,吾不如韩信。此三者,皆人杰也,吾能用之,此吾所以取天下也。项羽有一范增而不能用,此其所以为我擒也。"

刘邦自己也承认其运筹帷幄不如张良,治国理政不如萧何,将兵打仗不如韩信,那他何以能战胜项羽呢?因为这三位能人都信他。所以,不论干什么,首先要想想自己的信用建立起来了吗?如果没有建立起来,那就赶快建立,否则,肯定走不远。[3]

运气

运气往往取决于前两个因素,没有信用,也没有格局,哪里来的运气呢?

注释：

[1] 此文根据作者于 2019 年 3 月 29 日在"晋昆论坛"上的演讲整理而成。

[2][3] 侯兴国《历史岂有底稿Ⅲ》,《紫禁城为什么要修那么高?》,杭州:浙江大学出版社,2018 年版。

一邑一乡,不可以无信义,况大国乎!

上周末,我细细参观了庆祝改革开放 40 周年大型展览。虽然我认为自己不算孤陋寡闻者,但还是被震撼到了——在我所不知道的很多领域里,有很多"牛人"在默默耕耘且成绩斐然。

谦虚绝不是一种姿态。分工越来越细,跨学科融合越来越多,你只能成为你所擅长的某些领域的专家,想做全知全能者越来越不可能;甚至有些职业,你好不容易熬到了专家级别,结果这个职业却被取代了,不谦卑行吗?

国家和个人一样。当你寂寂无闻时,别人会小看你;当你小有成就时,别人会羡慕你;当你名满天下时,别人会嫉妒你。国与国之间的相处之道与人与人之间的相处之道差不多。

贸易战打来打去,特朗普没占到便宜,美国贸易逆差更是一再创下历史新高。料想在这样的背景下,美国两党的政客们或许要"病急乱投医"、"乱出牌"了,孟晚舟女士被扣押或许就是一个信号。

几千年来,我们的王朝兴替太多了,兴亡轮替不是一厢情愿,也不以少数人的意志为转移。老革命会遇到新问题,新革命也会遇到老问题。

西晋时,司马炎欲伐东吴,派羊祜驻守襄阳,东吴末帝孙皓派大将陆抗与之相对。羊祜和陆抗虽各为其主,却惺惺相惜。《晋书》载:"抗称祜之德量,虽乐毅、诸葛孔明不能过也。"[1]陆抗竟夸奖羊祜堪比乐毅和诸葛亮,这哪里像两军对垒?

> 抗尝病,祜馈之药,抗服之无疑心。人多谏抗,抗曰:"羊祜岂鸩人者!"时谈以为华元、子反复见于今日。抗每告其戍曰:"彼专为德,我专为暴,是不战而自服也。各保分界而已,无求细利。"孙皓闻二境交和,以诘抗。抗曰:"一邑一乡,不可以无信义,况大国乎! 臣不如此,正是彰其德,于祜无伤也。"[2]

陆抗病了,羊祜遣人送药,陆抗立马服药,一点都不怀疑。部下都劝他小心一点,他说:羊祜不是投毒的小人,他这么做就是要树立威望,如果我们小肚鸡肠,岂不是不战就服了? 陆抗与羊祜"演"的这一出让孙皓起了疑心:这俩在玩什么呢? 陆抗说:一乡一镇之间,不能不讲信义,何况大国之间呢? 如果我不讲信义,岂不是显得羊祜形象更高大了,人家并无损伤啊!

正是羊祜运筹帷幄,不急不躁,大打舆论攻势,占据了信义的制高点。陆抗去世后没几年,司马炎即发大军讨伐东吴,"金陵王气黯然收","一片降幡出石头",孙皓举手投降了。

目前来看,华盛顿的"中国通"还是太少,能读懂中国历史的估计更是凤毛麟角。中国正是因为在近现代师夷长技有了今天,欧美也应学学别国的长处。如此这般,世界才会大同。

一个人能否行稳致远主要看他从爹妈和老师那里学到了什么,一个国家能否行稳致远也要看它从自身的历史深处汲取到了什么。

> 今夫佩虎符、坐皋比者,洸洸乎干城之具也,果能授孙、吴之略耶? 峨大冠、拖长绅者,昂昂乎庙堂之器也,果能建伊、皋之业耶? 盗起而不知御,民困而不知救,吏奸而不知禁,法斁而不知理,坐縻廪粟而不知耻。观其坐高堂,骑大马,醉醇醴而饫肥鲜者,孰不巍巍乎可畏、赫赫乎可象也? 又何往而不金玉其外、败絮其中也哉!

这是明朝开国功臣刘伯温著名的《卖柑者言》,被收录进我们的中学语文课本。虽过了六百多年,文章今日读来依旧振聋发聩。不只是我们要读一读,全世界都应该读一读,特别是美国白宫和参众两院的那些"大佬"们,更应该读一读。

注释:

[1][2] 唐·房玄龄等《晋书》,卷三十四,列传第四。

家信：从钱学森到孟晚舟

　　我在国家博物馆给小猴王正式地讲了一遍"复兴之路"（大型主题展览），上次应邀给北京八中素质班的孩子们讲过，但只是浮光掠影、浅尝辄止，要是细细讲解，讲上几天几夜都讲不完。因为每一件展品背后，都有长长的故事。

　　历史就像苏东坡笔下的庐山，"横看成岭侧成峰，远近高低各不同。不识庐山真面目，只缘身在此山中"。当局者迷，旁观者清，身处其中的历史人物不一定了解自己所处的时代，我们这些后来人只有不断地看、多角度地看，心中才渐渐会有清晰的画面。历史又像辛弃疾笔下所写，"七八个星天外，两三点雨山前。旧时茅店社林边，路转溪头忽见"。古今之间难免会"穿越"，总是有那么点"似曾相识燕归来"的感觉。比如在展品中，有一张华罗庚在中国民航的扇子上演算数学公式的照片，一下子就打动了我。之所以打动我，是因为我也有类似的经历。在万米高空中，突然有了灵感，手头却没有纸和笔，怎么办？赶紧问空姐要了一支笔，将灵感写在清洁袋上。对于很多事，只要把自己放在与历史人物相同的情境之下，自然就心领神会了。这可能也是研究历史的一种方法或窍门吧。

　　在展品中，我还看到了一份珍贵的史料，是在美国遭拘留的钱学森于 1955 年 6 月 15 日写给时任全国人大常委会副委员长陈叔通的一封信。猴王将信件内容抄录如下：

叔通太老师先生：

自一九四七年九月拜别后未通信，然自报章期刊上见到老先生为人民服务及努力的精神，使我们感动佩服！学森数年前认识错误，以致被美政府拘留，今已五年。无一日、一时、一刻不思归国参加伟大的建设高潮。然而世界情势上有更重要更迫急的问题等待解决，学森等个人们的处境是不能用来诉苦的。学森这几年中惟以在可能范围内努力思考学问，以备他日归国之用。

但是现在报纸上说中美交换被拘留人之可能，而美方又说谎谓中国学生愿回国者皆已放回，我们不免焦急。我政府千万不可信他们的话，除去学森外，尚有多少同胞，欲归不得者。从学森所知者，即有郭永怀（Prof. Yong-huái Kuo, Cornell University, Ithaca, N. Y.）一家，其他尚不知道确实姓名。这些人不回来，美国人是不能释放的。当然我政府是明白的，美政府的说谎是骗不了的。然我们在长期等待解放，心急如火，惟恐错过机会，请老先生原谅，请政府原谅！附上纽约时报旧闻一节，为学森五年来在美之处境。

在无限期望中祝您

康健

钱学森谨上

一九五五年六月十五日

钱学森在信末还附了一份 1953 年 3 月 6 日《纽约时报》关于他的特别报道。猴王翻译如下。

驱逐出境搁浅，只因对美国"有害"

加州理工学院著名火箭专家钱学森 3 月 5 日在洛杉矶被驱逐回中国，但是他又被命令不能离开美国，因为他的离开"对美国核心利益是重大损害"。这一矛盾的消息是由美国移民局地区副局长阿尔伯特披露的,此时钱学森博士仍留在加州理工学院。

钱学森博士于 8 月被捕。当时他试图将 1800 磅的技术资料运往"红色中国"。

他被下令遣送回他的祖国,但由于美国政府不承认中国,驱逐令乃一纸空文。

联邦机构人员检查了这些资料,没有发现任何机密文件。

陈叔通是何许人也?

他是晚清进士、翰林院编修,与钱学森的父亲钱均夫相熟,说起来还算是钱均夫的老师,所以钱学森称呼他为太老师。新中国成立后,陈叔通出席了中国人民政治协商会议第一届全体会议,担任了全国人大常委会副委员长和政协全国委员会副主席。

拘禁中的钱学森无时无刻不在关注着国内的情况,自然不会放过任何有关新中国的新闻报道。1955 年 5 月,钱学森在媒体上看到一则报道,毛主席在北京天安门广场主持庆祝五一劳动节典礼,与会者中有一个熟悉的名字映入眼帘,此人就是陈叔通。他如获至宝,遂与妻子蒋英配合,机智地摆脱了 FBI 的监视,将此信成功塞入了邮筒,寄给了远在比利时的蒋英的四妹蒋华。蒋华收到信后心领神会,再寄回国内。陈叔通收到信后立即转交周恩来总理。在周总理的亲自过问下,钱学森冲破重重阻力回到祖国。钱学森信中提到的郭永怀教授,也于 1956 年秋天回到祖国的怀抱,后来成为"两弹一星"元勋之一。

半个多世纪之后。

2018 年 12 月 1 日,加拿大警方应美国当局要求,在加拿大温哥华逮捕了孟晚舟。

2018 年 12 月 12 日,当地时间 11 日下午 3 点多,加拿大不列颠哥伦比亚省高等法院法官宣布,准许孟晚舟女士获得保释。

2019 年 10 月 25 日,华为创始人任正非 75 岁生日这天,远在加拿大的孟晚舟在朋友圈发了一封署名"猪儿"的贺信。

父爱如高山,巍峨而绵延……

父爱如天空,深远而宽厚……

父爱如大海,永恒而深邃(只是偶尔会咆哮)……

她还手书一封信,全文如下:

老爸:

又是你的生日了,不知不觉中,你又年轻了一岁。

往年你的生日,我们都会团聚在一起。你这个寿星总是会亲自下厨,做我们喜欢吃的各种菜菜。总是会从下午四点就开始追命连环 call,催着我们赶紧回家。今年,女儿无法陪在你的身边,尝你的饭菜,听你的唠叨,摸你的皱纹,亲你的笑脸,还有,受你的批评!这些,都请你先欠着哈,等我回来,你再慢慢地还哈!

亲爱的老爸,生日快乐!

猪儿

2019 年 10 月 25 日

不知道任正非是因何给女儿孟晚舟起这个名字的,感觉来源于李清照的《如梦令》:"常记溪亭日暮,沉醉不知归路。兴尽晚回舟,误入藕花深处。争渡,争渡,惊起一滩鸥鹭。"孟晚舟女士在加拿大遭此一劫,果如词中所述,结局是有"惊"无险。

从钱学森到孟晚舟,历史何其相似乃尔!

谁是美国的"中国通"?

　　某天下午,我在一朋友群里闲聊,误以为林徽因只有一个儿子。昨晚与夫人又聊起林徽因,她看过《林徽因传》,提醒我林徽因还有一个女儿。还好,我赶快在群里更正了一下,以免贻笑大方。

　　夫人说:《林徽因传》里总是提到一对来自美国的朋友,是夫妻俩,中文名叫费正清和费慰梅,你了解他们吗?

　　我说:那是必须了解的,不了解费正清,虽不能说对中美关系无知,但也差不多了。要想研究中美关系,就绕不过费正清。

　　我从书柜里给她找了费正清的《中国回忆录》,这些天她正在认真地研读。费正清的作品很多,比如他的作品《美国与中国》,是美国中国学的经典著作。当然,他主持编写的《剑桥中国史》更为著名,是世界公认的经典之作。

　　在近现代美国,论"中国通",费正清首屈一指。哈佛大学就有费正清中国研究中心,成立了60多年,专门研究中国乃至东亚问题,培养了一大批"中国通"。2018年4月20日,中国驻美大使崔天凯在那里做了一场演讲。

　　崔大使的演讲里有这样一段话:

　　　　不久前,费正清中心出版了《中国问题》一书,提出了关于中国的36个重要问题,这些问题很可能塑造美国未来的中国观。对这

三十功名

129

些问题，我并没有现成的答案。但是我非常赞同宋怡明教授在该书前言中所说的话："正如美国对华贸易存在赤字，美国对中国的理解也存在赤字。"

这段话的言外之意：美国还是不了解中国，或者说美国的"中国通"还是太少了。

2015 年 5 月，我联合中美能源合作项目（ECP）的朋友们促成了第一届中美（山西）分布式能源研讨会，想为桑梓之地做点事情。在参加嘉宾访谈时，我特意提到这位费正清先生和他的妻子费慰梅，谈到他们与山西的一段渊源，结果台下的中美两国官员都一脸茫然，显然大家都不太了解，看来"两国理解赤字说"十足可信。

有兴趣的朋友可翻翻拙作《历史岂有底稿 Ⅱ》，里面有一篇文章：《汾阳峪道河，一段被遗忘的传奇》。当年梁思成和林徽因赴晋汾考察古建筑时，正是与费正清夫妇结伴而行，而且他们俩的汉语名字还是梁思成起的。

我不妨引用其中一段：

当时她和梁思成正在山西找寻宋金时代及以前的建筑，最好能找到唐朝时的木制建筑，因为日本人当时扬言，中国大地上已经没有唐朝以前的木制建筑了，而日本却有。同行的还有另一位在此居住的"牛人"费正清和他的妻子费慰梅，现在的那些活跃的"中国通"，比如史景迁、傅高义全都出自他的门下。基辛格 1972 年访华前特意去请教他，并声称与费正清的谈话改变了历史。邓小平也曾举杯对他说：为你为恢复中美关系所做出的贡献表示感谢。在《费正清中国回忆录》里费正清也对峪道河的状况有所描述：

还有更多的事发生在 1934 年的夏天，梁思成夫妇同我们一起来到山西的滹沱河，再一次住进了小峡谷中的恒慕义博士的磨坊。我们住的房屋宽敞而凉爽，位于溪流的上游。这是一个由十几户传教士家庭组成的小社区,他们居住在这个山谷的其他磨坊。

与费正清同时代的"中国通"还有谁?当然还有大名鼎鼎的埃德加·斯诺,他与毛泽东及其他中共领导人的亲密关系奠定了他的特殊地位。他的《红星照耀中国》(*Red Star Over China*)一书(或另一个更为人所知的名字《西行漫记》)让他在美国乃至西方名闻遐迩。要了解中国当时的面貌,就绕不过斯诺的书。新中国成立以后,斯诺成为少有的能接近中国权力核心的美国人之一。

除了斯诺,还有几位"中国通":约翰·S.谢伟思、大名鼎鼎的司徒雷登、鲍大可。鲍大可和斯诺一样曾是记者,而谢伟思和司徒雷登都是外交官,前两者代表美国民间,后两者则代表美国官方。

1944年7月,美军派遣以驻华使馆人员包瑞德、戴维斯、谢伟思等组成的"美国军事观察小组"进驻延安,谢伟思被委任为军事观察小组的"政治顾问"。在此之后半年多的时间里,谢伟思与延安的中共领导们建立了密切的联系,他将有关延安的报告不断呈递给白宫和当时的富兰克林·罗斯福总统。他所起的作用与斯诺异曲同工,斯诺影响的是普罗大众,谢伟思影响的则是最高决策者。为了尽快决定对中共的态度,罗斯福决定将他召回华盛顿以当面询问,结果很不巧,1945年4月12日,当谢伟思抵达华盛顿时,恰逢罗斯福在佐治亚州去世,美国白宫和延安的接触就此戛然而止。史学家们感叹,如果谢伟思能早一些时日返美,也许中美之间的历史就要改写一部分了,或许会避免朝鲜战争,也可能会避免冷战的铁幕。历史真是一出充满惊喜和遗憾的戏剧,一气呵成,没有彩排,不能返场。

司徒雷登则是"土生土长"的杭州人,1946年任美国驻华大使,1949年8月黯然离开中国。毛泽东的一篇《别了,司徒雷登》让他在中国家喻户晓。猴王在《历史岂有底稿》里也特意写了一篇《您好,司徒雷登》,还原了一位夹在中美两国之间的外交官的尴尬窘境。正如猴王在其他文章里提到的一句话:在对抗的国际关系中,想左右逢源,很难。

鲍大可在中国的知名度似乎低了一些,但是在中美两国政界和学术界人士眼里,他与费正清难分伯仲,甚至有人认为他的名气有过之而无不及。为什么? 那句有名的"围堵而不孤立"的对华新政策就是由鲍大可一手设计的,从而推动了尼克松总统的对华接触政策。他有两位得意门生:李侃如和迈克尔·奥克森伯格。前者曾担任克林顿政府国家安全委员会特别助理、亚洲政策资深主任,后者曾担任卡特总统的白宫首席中国专家,直接经手中美关系正常化的事宜,同中方进行磋商,最终促成了中美建交。

那么在费正清和鲍大可之后,谁是"中国通"呢?

基辛格绝对排第一位。他虽然地位很高,但似乎汉语不太灵,当然这不妨碍他写出了扛鼎之作——《论中国》。甚至有美国读者评论说:"当你读到这样一本书时,你会比 98% 居住在中国的人,以及 95% 居住在美国的中国人更了解中国。"虽然夸张,但基辛格凭借他与中国几届领导人的密切关系和他对中国事务的深入了解,可以算得上美国历史上最厉害的国务卿之一了。

那么,著名汉学家史景迁和傅高义算"中国通"吗? 当然算,而且他们俩都有过硬的作品。这两位汉学家目前都健在,虽然都是八十多岁的老人了。他们写的关于中国历史的书很热卖。史景迁在耶鲁大学任历史系和东亚研究中心主任,其代表作有《追寻现代中国:1600—1949》等。傅高义也担任过费正清东亚研究中心主任,代表作有《邓小平时代》等。

特朗普身边有没有"中国通"? 尚不太清楚。看看他之前派来中国的贸易谈判代表团,其成员中,好像只有白宫贸易顾问彼得·纳瓦罗勉强算一个。为什么说"勉强"呢? 因为他有关于中国的作品。但是,与费正清、史景迁和傅高义不同,他并没有很深的中国文化根底,其作品的说服力自然大打折扣。不过,他有商学院教授的"敏锐感",了解什么时间说什么话题更"卖座",这是其他"中国通"不具备的"能力"。

纳瓦罗,鹰派,哈佛大学毕业,曾任加利福尼亚大学教授,著有《致命中国》和《即将到来的中国战争》两本书,鼓吹对中国采取激进的贸易立场。猴王猜想,美方公布的第一份价值500亿美元的征税清单或许是其心血之作。因为这份清单竭力避免纳入居民日用消费品,以求尽可能减少对美国普通民众日常生活的影响。可见至少在贸易上,他是个"中国通"。但特朗普突然提出额外的价值1000亿美元的商品征税清单,据说没有与白宫的其他幕僚商量就武断发布了。这份额外的清单,不可避免地要影响到美国普通民众的生活。这些幕僚们坐不住了,只能走一趟,为他们任性的老板"买一笔单",才有了这个史上最"豪华"的贸易谈判代表团。

贸易代表罗伯特·莱特希泽,强硬派,发起依据"301条款"调查中国的始作俑者,坚持中国应该放弃对工业的补贴政策并减少政府对经济的干预。

商务部部长威尔伯·罗斯,毕业于耶鲁大学和哈佛大学,温和派,资深银行家,企业并购重组的"老手",建议中国采购美国天然气以减少美国的贸易逆差。

美国国家经济委员会主任拉里·库德洛,来自华尔街的经济学家,鹰派人物。

财政部部长斯蒂文·姆努钦,毕业于耶鲁大学,前高盛公司银行家,温和派,喜欢投资拍电影,出品了《美国狙击手》等多部电影,还为特朗普竞选筹集了不少款项。他不希望美国与中国发生贸易战,建议协商解决贸易争端。

但他们似乎都不是"中国通"。

如果非要在特朗普身边找一位"中国通"的话,大概是他那位能熟读《三字经》的外孙女阿拉贝拉了。

中国近代史就是一段见证各种"甩锅"事件的历史

鸦 片

1835 年 2 月,中国近代史上第一份英文报纸《广州纪录报》刊登了一篇文章《对华战争》,文章宣称:如果清政府"切断我们的合法贸易",那就意味着对英国"宣战",英国应该采取行动,"只有通过公开的宣战才能使其平息"。这篇文章距离林则徐虎门销烟尚有四年多时间,与其说它具有预见性,不如说它吹响了鸦片战争的前奏。

《广州纪录报》(*Canton Register*)于道光七年(1827 年)11 月在广州创刊,发行人是英国怡和洋行的创始人之一、鸦片商人詹姆斯·马地臣(James Matheson)。

在商言商,作为鸦片商人,詹姆斯·马地臣当然要极力为鸦片贸易辩护了。1828 年 2 月,《广州纪录报》发表评论:鸦片就像葡萄酒、烈性酒,喝酒存在饮酒过量的情况,但也没见酒商为此怀有负罪感,鸦片消费也一样,问题关键在使用的度上,鸦片滥用不应该靠限制销售来实现,只能依靠人们的"美德和自制能力"。1838 年 6 月,该报发表评论说:鸦片并非十足的脏物,它的效果也并非总是有毒,如果说它有时毁灭生命的话,它有时也拯救生命。

在中英进行鸦片贸易之前,英国就好比一个走街串巷的商人,中国就好比一户家底丰厚的人家。商人整天待在这户人家门口想推销工业品给他,可是这户人家过着田园牧歌式的生活,对工业品不是很感兴趣;相反,商人对这户人家所产的丝绸、茶叶和瓷器却垂涎三尺。商人不仅没能赚了这户人家的钱,倒是买了很多人家的产品,生意越做越亏。到十九世纪三十年代初,中英贸易每年中国的顺差都有两百万到三百万两白银。这就类似如今的中美贸易,巨额顺差让特朗普耿耿于怀,他所能想到的解决办法就是在中国对美国的高科技产品尚有需求的时候多收点关税。当时英国人面临的恰恰就是这样的情况,彼时大清国压根就不想和他做生意,英国提高关税无异于断了贸易之路,他需要找到"更好"的办法。什么办法呢?唯有鸦片。

鸦片贸易的确"立竿见影",大清国从每年顺差两三百万两白银变成每年逆差六百万两白银。正如马克思描述的那样:"浸透了天朝的整个官僚体系和破坏了宗法制度支柱的营私舞弊行为,同鸦片烟箱一起从停泊在黄埔的英国趸船偷偷运进了天朝。"[1]道光皇帝在紫禁城里终于坐不住了,他决定派林则徐去广东禁烟。

1839 年 3 月,林则徐抵达广州后,大刀阔斧,短短几个月里就收缴了英商的全部鸦片,在虎门海滩付之一炬,全部销毁。这算是断了大部分英国商人的财路,正如《广州记录报》所言,英国终于找到了对大清国宣战的借口。

消息传到英国,"主战派"英国外相辉格党人巴麦尊联合陆军大臣麦考雷说服了首相迈尔本,派遣一支舰队远征大清国。但不是所有大臣都支持对华战争,财政大臣巴尔宁就表示反对,原因很简单——账上没钱。因为英国财政已经连续三年赤字达百万英镑。反对党托利党也表示反对,其领袖罗伯特·皮尔爵士向国会提交了弹劾议案。

1840 年 4 月,"雾都"伦敦阴冷潮湿,英国国会内,"演说家"们一个个口若悬河——议员们就罗伯特·皮尔爵士的议案进行辩论。

反对党托利党议员威廉·格拉斯顿慷慨激昂:"他们(中国政府)警

告你们放弃走私贸易,你自己不愿停止,他们便有权把你们从他们的海岸驱逐,因为你固执地坚持这种不道德的残暴的贸易……在我看来,正义在他们(中国人)那边,这些异教徒、半开化的蛮族人,都站在正义的一边,而我们,开明而有教养的基督徒,却在追求与正义和宗教背道而驰的目标……这场战争从根本上就是非正义的,这场处心积虑的战争让这个国家蒙上了永久的耻辱,这种耻辱是我不知道,也从来没有听说过的。现在,在贵族老爷(麦考雷)的庇护下,我们的国旗成了海盗的旗帜,她所保护的是可耻的鸦片贸易。"[2]

然而道义终究未能敌过利益的诱惑。最终,皮尔爵士的议案投票结果出炉,271 票反对,262 票支持,没有获得通过。

马克思在《鸦片贸易史》中写道:"……人为地隔绝于世并因此竭力以天朝尽善尽美的幻想自欺。这样一个帝国注定最后要在一场殊死的决斗中被打垮。在这场决斗中,陈腐世界的代表是激于道义,而最现代的社会的代表却是为了获得贱买贵卖的特权——这真是任何诗人想也不敢想的一种奇异的对联式悲歌。"

就这样,英国人用鸦片这口"锅"甩开了中国的大门,又甩出一个《南京条约》。过了二十年,他又如法炮制,用这口"锅"把大清国最美的花园——圆明园给砸没了。与上次不同的是,这次他还带来一个同伙,其人名曰法兰西。

1949 年 4 月 20 日拂晓,国共谈判的最后期限将至,渡江战役即将打响。在江苏泰兴以南七圩港江面,解放军第十兵团的特种兵纵队炮兵第六团一营三连发现了英国"紫石英"号军舰由下游闯入人民解放军预定的渡江江段。人民解放军多次警告,"紫石英"号一意孤行,人民解放军果断炮击,"紫石英"号随即开炮还击。炮战中,"紫石英"号重伤搁浅。随后,解放军炮兵又将先后赶来增援的英国海军远东舰队"伴侣"号驱逐舰、"伦敦"号重巡洋舰、"黑天鹅"号护卫舰击退。

"紫石英"号事件的消息传回英国,舆论哗然,前首相丘吉尔宣称要派航空母舰到远东"实行武力报复",但应者寥寥。多数议员认为:"紫石英"号这口"锅"太大,实在甩不出去。

让人大跌眼镜的是,1950年1月5日,英国于西方国家中率先宣布承认刚刚成立的中华人民共和国。真理确实是在大炮的射程范围之内。

志村菊次郎

1937年7月7日下午,侵华日军华北驻屯军步兵旅团第一联队第三大队第八中队向靠近卢沟桥中国守军的地区集结。

晚7时30分,日军开始进行夜间演习;晚10时40分,日军演习部队突然宣称遭受中国军队射击,导致一名士兵失踪,这位士兵是刚刚入伍不久的二等兵志村菊次郎。日军要求进入宛平城搜查,守卫宛平城的中国守军第二十九军第三十七师第一一〇旅第二一九团严词拒绝。

晚上12时左右,日本驻北平特务机关长松井太久郎给冀察当局打来电话交涉:若中方不允许,日军将以武力强行进城搜查。此时,拉肚子掉队的志村菊次郎早已归队,但日军隐而不报。日军第三大队大队长一木清直在1938年6月30日东京《朝日新闻》发表的采访中说:"当时接到报告,士兵(志村菊次郎)已经回来了,没有异状。"志村菊次郎并没有因为开小差受到任何"惩戒",只能说他这口"锅"来得真是及时。早在六年前的1931年的9月18日,日军就是用沈阳城外的一段铁轨制成的"锅"成功敲开了东北军的北大营,继而敲开了整个东北。而为了敲开华北,他们正在苦苦寻找一口新"锅"。

1937年7月8日晨4时左右,时任侵华日军中国驻屯军步兵旅团第一联队联队长牟田口廉也赶赴第一线直接指挥部队。他威胁中方谈判代表,时任宛平县县长王冷斋,再次要求进入宛平城搜查失踪士兵,被严词拒绝。

4时23分,牟田口廉也下令向宛平城开炮,守卫卢沟桥和宛平城的第二一九团第三营在团长吉星文和营长金振中的指挥下奋起反击。

就这样,日军用"志村菊次郎"这口"锅"甩开了北平城,自此,偌大的华北,已经无法安放一张平静的书桌。

1944年10月,志村菊次郎在滇缅战场上被孙立人率领的中国远征军新编第一军击毙,这次他算是真正"失踪"了,而一木清直则在1942年太平洋战争的瓜岛之战中兵败切腹。1944年,牟田口廉也兵败东南亚,被解除军职,羞怒之下自杀未遂,1946年9月被移送至新加坡受审。

中国近代史,就是一段见证各种"甩锅"事件的历史。中国人的脑袋为啥这么硬? 就是承受各种"甩锅"事件的结果啊。

注释:

[1]中共中央马恩列斯著作编译局《马克思恩格斯选集第2卷》,北京:人民出版社,1972年版,第26页。

[2](美)特拉维斯·黑尼斯三世、弗兰克·萨奈罗《鸦片战争》,周辉荣译,杨立新校,北京:生活·读书·新知三联书店,2005年版,第89—90页。

旧时王谢

太原公子

> 存勖,克用长子也。初,克用破孟方立于邢州,还军上党,置酒三垂岗,伶人奏《百年歌》,至于衰老之际,声甚悲,坐上皆凄怆。时存勖在侧,方五岁,克用慨然捋须,指而笑曰:"吾行老矣,此奇儿也,后二十年,其能代我战于此乎![1]

在欧阳修编写的《新五代史》里,太原公子李存勖是以一副"英雄出少年"的形象闪亮登场的。而在欧阳修编纂的《新唐书》里,李世民的出场也堪称"霸气侧漏"。

> 生而不惊。方四岁,有书生谒高祖曰:"公在相法,贵人也,然必有贵子。"及见太宗,曰:"龙凤之姿,天日之表,其年几冠,必能济世安民。"……乃采其语,名之曰世民。[2]

二人虽然时隔三百年,何其相似乃尔。

李存勖五岁,李世民四岁,就都露出了龙凤之姿。如果说这是"事后诸葛亮"的附会之语,那么其后二人的作为诚可管窥一二了。

> 存勖年十一,从克用破王行瑜,遣献捷于京师,昭宗异其状貌,赐以鹥鶒卮、翡翠盘,而抚其背曰:"儿有奇表,后当富贵,无忘予家。"[3]

李存勖十一岁时就随父亲李克用东征西讨,为唐王朝建立功勋,在到长安城献俘虏时,连唐昭宗都说他一表人才,前途无限。

> 大业中,突厥围炀帝雁门,炀帝从围中以木系诏书,投汾水而
> 下,募兵赴援。太宗时年十六,往应募,隶将军云定兴,谓定兴曰:
> "虏敢围吾天子者,以为无援故也。今宜先后吾军为数十里,使其
> 昼见旌旗,夜闻钲鼓,以为大至,则可不击而走之。不然,知我虚
> 实,则胜败未可知也。"定兴从之。军至崞县,突厥候骑见其军来不
> 绝,果驰告始毕可汗曰:"救兵大至矣!"[4]

李世民十六岁即少年从军,曾去雁门关成功营救了被突厥围困的
隋炀帝,真可比当年英姿勃发的周郎了。

> 天祐五年正月,即王位于太原。叔父克宁杀都虞候李存质,幸
> 臣史敬镕告克宁谋叛。二月,执而戕之。[5]

李存勖上位也不是那么简单的。遭逢叔父作乱,他不得不"手足相
残"。那么李世民呢?地球人都知道他是通过"玄武门之变"诛杀兄弟
逼父退位才上位的。这样来看,李存勖简直就是李世民的"复刻版"。

李存勖继位后和李世民继位后所面临的天下形势也大体相同——
军阀割据,强敌环伺。太平盛世从来不是从天上掉下来的,必须东征西
讨、南征北战。

> 梁夹城兵闻晋有大丧,德威军且去,因颇懈。王谓诸将曰:"梁
> 人幸我大丧,谓我少而新立,无能为也,宜乘其怠击之。"乃出兵趋
> 上党,行至三重岗,叹曰:"此先王置酒处也!"会天大雾昼暝,兵行
> 雾中,攻其夹城,破之,梁军大败,凯旋告庙。[6]

在宿敌朱温眼里,李存勖不过是个娃娃,能有多大能耐?所以他趁
着李克用葬礼之际,大举讨伐后唐。可惜他低估了李存勖的韬略。李
存勖出奇兵,在三垂冈一战中大败了朱温,开启了天下一统的节奏。随
后他犹如李世民附体,击败了盘踞燕云十六州的刘仁恭和刘守光父子,

向北击溃了契丹,向南灭了朱梁,再向西南兼并了岐国、前蜀,得凤翔、汉中及两川之地。其父李克用临终前交代他的三件大事,他都办得非常漂亮。

李世民呢?先后讨伐了薛仁杲、刘武周、窦建德、王世充等割据势力,还攻灭了东突厥与薛延陀。

如果按照三百年前李世民的既定轨迹,李存勖理应开启另一个盛世才对。如果他不犯宠幸伶人这个"低级错误"的话,后唐重现大唐气象会是一件大概率的事件,历史可能就会被改写了。前有西汉东汉四百年,后有前唐和后唐六百年,就没有宋朝什么事了。可惜他"及长,善骑射,胆勇过人,稍习《春秋》,通大义,尤喜音声歌舞俳优之戏"[7]。他尚未完成统一大业就匆匆开启了乱世的篇章,过得实在有点太着急了。

> (同光末,萧墙有变,乱兵逼宫城,近臣宿将,皆释甲潜遁,惟全斌与符彦卿等十数人居中拒战。庄宗中流矢,扶掖归绛霄殿,全斌恸哭而去。)是时,帝之左右例皆奔散,唯五坊人善友敛廊下乐器簇于帝尸之上,发火焚之。[8]

刚刚当了三年皇帝,李存勖就败光了所有政绩,十面埋伏,四面楚歌。一代雄主在宫廷政变中死于非命,最后是身边的伶人把乐器堆在他身上一把火烧尽。"娱乐至死",李存勖不是第一人,倒是最令人唏嘘的一位。在他的身上,可以看到三个人的影子:李世民、李隆基和杨广。

《旧五代史》里是这么评价他的:

> 史臣曰:庄宗以雄图而起河、汾,以力战而平汴、洛,家仇既雪,国祚中兴,虽少康之嗣夏配天,光武之膺图受命,亦无以加也。然得之孔劳,失之何速?岂不以骄于骤胜,逸于居安,忘栉沐之艰难,徇色禽之荒乐。外则伶人乱政,内则牝鸡司晨。靳客货财,激六师之愤怨;征搜舆赋,竭万姓之脂膏。大臣无罪以获诛,众口吞声而避祸。夫有一于此,未或不亡,矧咸有之,不亡何待!静而思之,足

以为万代之炯诫也。[9]

　八百年后的一天,清朝人严遂成路过三垂冈,留下一篇著名的咏史诗《三垂冈》。猴王亦路过三垂冈数回。其位于今山西省长治市北郊,史上记载的森林茂密之山如今已变成一座平淡无奇的土包。

> 英雄立马起沙陀,
>
> 奈此朱梁跋扈何。
>
> 只手难扶唐社稷,
>
> 连城犹拥晋山河。
>
> 风云帐下奇儿在,
>
> 鼓角灯前老泪多。
>
> 萧瑟三垂冈下路,
>
> 至今人唱《百年歌》。

注释:

[1] 北宋·欧阳修《新五代史》,卷五,唐本纪第五。

[2] 北宋·欧阳修等《新唐书》,卷二,本纪第二。

[3] 北宋·欧阳修《新五代史》,卷五,唐本纪第五。

[4] 北宋·欧阳修等《新唐书》,卷二,本纪第二。

[5]－[7] 北宋·欧阳修《新五代史》,卷五,唐本纪第五。

[8]－[9] 北宋·薛居正等《旧五代史》,卷三十四,唐书十,庄宗纪八。

清谈与治国

朱雀桥边野草花，乌衣巷口夕阳斜。

旧时王谢堂前燕，飞入寻常百姓家。

唐朝诗人刘禹锡吟咏乌衣巷时，那里已然是一片废墟。隋唐帝国是不会容许江南有小朝廷存在的，金陵王气也就黯然收了起来。想到朱雀桥边野花寂寞开放，乌衣巷口一抹落日余晖，燕子在青砖黛瓦的江南民居上飞来飞去，诗人不得不感慨世事沧桑如白云苍狗。

东晋是典型的门阀政治，表面上是司马家的天下，其实是司马和王、谢三家共治的天下。为什么会是这样的局面呢？那是因为西晋"玩"砸了，丢了北方，其遗老遗少"衣冠南渡"创立了东晋，这种局面犹如后来的南宋。初到江南根基不稳的司马家只能依靠世家望族的势力来维系其统治，门阀政治由此发端。

王、谢两家不愧为世家望族，人才济济，挤满了朝堂。大名最如雷贯耳者莫过于两人——王羲之和谢安。

王羲之的大名不必多言，其"书圣"的地位无人能出其右。他在政治上的建树远不及王导，但是历史上名相很多，"书圣"只有一个。

身在好清谈的魏晋，王羲之也不例外。他的那篇代表作《兰亭集序》表面上看是一件书法作品，其实也是一篇清谈之作。

仰观宇宙之大，俯察品类之盛，所以游目骋怀，足以极视听之娱，信可乐也。

　　夫人之相与，俯仰一世。或取诸怀抱，悟言一室之内；或因寄所托，放浪形骸之外。虽趣舍万殊，静躁不同，当其欣于所遇，暂得于己，快然自足，不知老之将至；及其所之既倦，情随事迁，感慨系之矣。向之所欣，俯仰之间，已为陈迹，犹不能不以之兴怀，况修短随化，终期于尽。古人云："死生亦大矣。"岂不痛哉！

　　每览昔人兴感之由，若合一契，未尝不临文嗟悼，不能喻之于怀。固知一死生为虚诞，齐彭殇为妄作。后之视今，亦犹今之视昔，悲夫！

魏晋名士个个都是雄辩的大哲学家，有这么多饱学之士，国家岂能不强盛？可惜，理想很丰满，现实却很骨感。这就好比哲学家与船夫一同过河，哲学家在舟上问船夫：你懂哲学吗？船夫说：我不懂。哲学家摇头叹息：你失掉了一半生命。过了一会儿，他又问船夫：你懂数学吗？船夫说：不懂。哲学家又叹息：你失去了 80% 的生命。这时风急浪高，船要倾覆。船夫问哲学家：你会游泳吗？哲学家说：不会。船夫说：你将失去整个生命。

"竹林七贤"们的清谈没能让西晋这艘大船乘风破浪，直济沧海，它反而失去了方向，触冰山而倾覆。东晋时的大将军桓温北伐时就发过一段感慨："温自江陵北伐，行经金城，见少为琅邪时所种柳皆已十围，慨然曰：'木犹如此，人何以堪！'攀枝执条，泫然流涕。于是过淮泗，践北境，与诸僚属登平乘楼，眺瞩中原，慨然曰：'遂使神州陆沈，百年丘墟，王夷甫诸人不得不任其责！'"[1]

王夷甫是谁？就是"竹林七贤"之一的王戎的堂弟王衍，西晋后期实际的宰相。论辈分，应该是王羲之的叔伯辈。

王衍和他堂哥王戎一样，也是一位清谈高手，且有过之而无不及。"竹林七贤"另一位人物山涛就说过："何物老妪，生宁馨儿！然误天下苍生者,未必非此人也。"[2]山涛的眼光还是很老辣的,王衍身为宰相,不为国家大局着想,而只打着自己家族的小算盘。"衍虽居宰辅之重,不以经国为念,而思自全之计。说东海王越曰:'中国已乱,当赖方伯,宜得文武兼资以任之。'乃以弟澄为荆州,族弟敦为青州。因谓澄、敦曰:'荆州有江、汉之固,青州有负海之险,卿二人在外,而吾留此,足以为三窟矣。'识者鄙之。"[3]在国家危如累卵之时,想的不是如何挽狂澜于既倒,而是构建自己的"狡兔三窟",将两位弟弟安排在重要的位置上。用时下流行语来说,真是一个"精致的利己主义者"。

可惜,精致的利己主义者大多目光短浅,只低头看眼前的蝇头小利,却不抬头看时势和大局。俗话说"覆巢之下,岂有完卵",后赵石勒起兵造反,王衍被俘,他立马摇尾乞怜,还劝石勒称帝,连石勒都看不下去了。

> 衍自说少不豫事,欲求自免,因劝勒称尊号。勒怒曰:"君名盖四海,身居重任,少壮登朝,至于白首,何得言不豫世事邪!破坏天下,正是君罪。"使左右扶出。谓其党孔苌曰:"吾行天下多矣,未尝见如此人,当可活不?"苌曰:"彼晋之三公,必不为我尽力,又何足贵乎!"勒曰:"要不可加以锋刃也。"使人夜排墙填杀之。衍将死,顾而言曰:"呜呼!吾曹虽不如古人,向若不祖尚浮虚,戮力以匡天下,犹可不至今日。"[4]

王衍死到临头才悔恨自己清谈误国,可惜晚矣!

王羲之深知前朝之鉴,对好友谢安说过一段肺腑之言。当时谢安在东晋扮演的角色与王衍之于西晋差不多。

《晋书》记载了他们之间的这段对话。

> 尝与王羲之登冶城,悠然遐想,有高世之志。羲之谓曰:"夏禹勤王,手足胼胝;文王旰食,日不暇给。今四郊多垒,宜思自效,而虚谈废务,浮文妨要,恐非当今所宜。"安曰:"秦任商鞅,二世而亡,岂清言致患邪?"[5]

王羲之以大禹和周文王励精图治的典故劝谢安:现在我东晋政权四面楚歌,应该戒空谈,务实务。谢安答曰:你看秦朝任用的商鞅,很务实吧! 结果呢? 秦朝二世而亡是因为空谈误国吗? 一句话就把王羲之给顶回去了。若论抬杠,谁能抬过魏晋名士? 他们可都是经过专业"训练"的。

谢安说的倒是也有道理。空谈能亡国,暴政亦能亡国,世间万物难就难在度的把握上。那么,谢安把握得如何?

四十岁之前的谢安只有一个字:玩。

> 寓居会稽,与王羲之及高阳许询、桑门支遁游处,出则渔弋山水,入则言咏属文,无处世意。

> 尝与孙绰等泛海,风起浪涌,诸人并惧,安吟啸自若。舟人以安为悦,犹去不止。风转急,安徐曰:"如此将何归邪?"舟人承言即回。众咸服其雅量。

> 安虽放情丘壑,然每游赏,必以妓女从。[6]

很多重臣邀请他出山做大官,他都婉言谢绝。李白曾令孟浩然"红颜弃轩冕,白首卧松云",但孟浩然隐居山野,其实并非不想做官。谢安则不然,四十岁之前,他的的确确不想做官。李白的这句诗,形容谢安倒是更贴切一点。但是,一旦他玩够了,想要出仕了,就"一路高歌"做到了宰相。该清谈的时候就尽情清谈,该治国理政的时候就心无旁骛地治国理政,这还真是"开挂"的人生。

谢安一生最大的政绩有两件,一件是阻止权臣桓温篡位,另一件是改变历史进程的淝水之战,大败前秦苻坚。《晋书》里有一段记载了他在淝水之战中运筹帷幄的样子,"玄等既破坚,有驿书至,安方对客围棋,看书既竟,便摄放床上,了无喜色,棋如故。客问之,徐答云:'小儿辈遂已破贼'"[7]。

潇洒若此,亘古一人!

注释：

[1]唐·房玄龄等《晋书》,卷九十八,列传第六十八。

[2]—[4]唐·房玄龄等《晋书》,卷四十三,列传第十三。

[5]—[7]唐·房玄龄等《晋书》,卷七十九,列传第四十九。

真朋友何必饭局?

《晋书》里有一段话：

> （徽之）尝居山阴，夜雪初霁，月色清朗，四望皓然，独酌酒，咏
> 左思《招隐诗》，忽忆戴逵。逵时在剡，便夜乘小船诣之，经宿方至，
> 造门不前而返。人问其故，徽之曰："本乘兴而行，兴尽而返，何必
> 见安道邪！"

王羲之的第五个儿子名叫王徽之，居山阴（即现在的浙江绍兴，而非山西的山阴县）。一夜，大雪初霁，月色撩人，王徽之睡不着，开门、酌酒、赏雪、吟诗，一套动作，一气呵成。如此美景，独酌不免有点落寞，他忽然想起远方那位会弹琴、善作画的好朋友戴逵（字安道），要是他在该有多好啊！他立马唤上僮仆：走，咱们找戴逵约饭去！

戴逵当时住在剡县，即今浙江嵊州境内，距绍兴有上百多公里远，舟行须一夜才能到达。王徽之兴致正高，全然不顾，果断出发。乘舟行走了一夜，第二天一早，终于到了戴逵家的门口，王徽之却吩咐打道回府。有人问何故，他说："我本来就是乘着兴致去的，兴致尽了就返回，何必一定要见到戴逵呢？"

料想王徽之若是生在当代，锦衣华服，在江南雪霁的月色之下，全程来个微信直播或者拍几段抖音小视频，一定会粉丝"爆棚"。

王徽之本人并没有多大的能耐，但出身显赫，出身于东晋两大世家

之一的琅琊王家。王家是东晋开国元勋，当时号称"王马共治"，即王家和司马家共治天下。与皇家平分秋色，你看厉害不厉害！

都说魏晋时期是中国最讲贵族"范儿"的时期，的确如此。论历史上讲出身的年代，首推魏晋时期。那时所谓的"魏晋风度"只属于贵族圈子，贫寒子弟只管填饱肚子。没有温度，哪来的风度？

有道是"有其父必有其子"，王徽之的父亲王羲之不仅书法写得好，而且是饭局的高手，《兰亭集序》就是他在饭局中随手写的一幅字，结果成了"天下第一行书"。套用今日的一句话：明明可以靠背景，却偏偏靠才华。

《晋书》里还有一段王羲之的故事：

> 时太尉郗鉴使门生求女婿于导，导令就东厢遍观子弟。门生归，谓鉴曰："王氏诸少并佳，然闻信至，咸自矜持。惟一人在东床坦腹食，独若不闻。"鉴曰："正此佳婿邪！"访之，乃羲之也，遂以女妻之。

太尉郗鉴派人到王家来提亲，派的人回来禀报说：王家的公子都不错，只是一听说提亲，大都表现得很矜持，只有一位公子躺在东厢房的床上袒胸露腹在那里吃东西，满不在乎。郗鉴说：找的就是他！就这样，王羲之当上了太尉的女婿。这也是"东床快婿"一词的由来。

写下这段文字时，听说江南正大雪纷飞，忽然想起上海的朋友们正在饭局，便乘坐京沪高铁向上海奔去，但见一路上雪景美不胜收。到了上海虹桥站，大雪初霁，晴空万里，我立马买返程票原路返回。乘兴而去，兴尽而归，真朋友何必饭局？——请容我虚构一回，哈哈。

注释：

[1]唐·房玄龄等《晋书》，卷六十，列传第五十。

裴家最好的风水在哪里？

2019 年的夏天暑热难耐，猴王与同学好友同游了家乡山西省闻喜县的宰相村——裴柏村。在前几部《历史岂有底稿》里，猴王对裴家是不吝笔墨。评注《三国志》的史学家裴松之、经略西域的外交家裴矩、降伏东西突厥的儒将裴行俭、中兴大唐的裴度、出使日本的裴世清，还有王维诗里总提到的那位友人裴迪，皆出自这裴柏村。

辋川闲居赠裴秀才迪

寒山转苍翠，秋水日潺湲。

倚杖柴门外，临风听暮蝉。

渡头余落日，墟里上孤烟。

复值接舆醉，狂歌五柳前。

如果你通读二十四史，更是绕不过裴家。裴家历史上总共出了 59 位宰相、59 位大将军，皆能单独立传，不简单啊！至于宰相和大将军以下的人物，更是多如繁星。人常说"富不过三代"，但裴家却鼎盛上千年，这在历史上是绝无仅有的。北宋时欧阳修便有评价："天下无二裴。"

中国人有讲究风水的传统，一方水土养一方人，一地之所以人文风流，总有钟灵毓秀的风水做呼应，裴柏村也不例外。传言围绕裴柏村的几座山形成了"九凤朝阳"的格局。此次实地造访，猴王立于村头高处的裴氏家庙俯瞰整个裴柏村,怨猴王眼拙,并没有看出个所以然。中午与裴柏村的杨书记一起用午餐,并与礼元镇的马镇长茶叙,聊起了风水及裴氏家训等。风水是迷信吗?需要具体问题具体分析。孟子早就说过:君子不立危墙之下。其实这说的也是风水。

猴王以为,风水就是古人对一地气象、水利、地质和地理条件的综合判断,即所谓堪舆也。郦道元有《水经注》,顾祖禹有《读史方舆纪要》,都是关于风水的大作。风水重要吗?很重要。裴家所处的闻喜县处于中国古文明的发源地之一河东地区,很早就是政治、经济和文化的中心地带,自然风水很好。试想,若裴家处于穷乡僻壤之地,怎会孕育出诗礼簪缨的望族?当然,河东大地名门望族多矣,为何独"钟情"于裴家呢?为什么不是司马(光)家、柳(宗元)家、王(维)家,甚至李家、孙家、赵家呢?

《资治通鉴》里有这么一段记载:

> 行俭有知人之鉴,初为吏部侍郎,前进士王勮、咸阳尉栾城苏味道皆未知名。行俭一见,谓之曰:"二君后当相次掌铨衡,仆有弱息,愿以为托。"是时勮弟勃与华阴杨炯、范阳卢照邻、义乌骆宾王皆以文章有盛名,司列少常伯李敬玄尤重之,以为必显达。行俭曰:"士之致远者,当先器识而后才艺。勃等虽有文华,而浮躁浅露,岂享爵禄之器邪!杨子稍沉静,应至令长;余得令终幸矣。"既而勃渡海堕水,炯终于盈川令,照邻恶疾不愈,赴水死,宾王反诛,勮、味道皆典选,如行俭言。行俭为将帅,所引偏裨如程务挺、张虔勗、王方翼、刘敬同、李多祚、黑齿常之,后多为名将。[1]

司马光说:裴行俭有知人善任的慧眼。他曾任唐高宗朝的吏部侍郎,相当于现在遴选人才的组织部副部长。有一次他碰到前进士王勮,也就是王勃的哥哥,还有任职咸阳尉的苏味道(咸阳尉相当于咸阳市的公安局局长),二人都不是什么显赫的职位,他却向二人道贺:二人将来都是宰辅之材。当时"初唐四杰"王勃、杨炯、卢照邻和骆宾王风头正劲,裴行俭的同事李敬玄也很看重这四位,觉得人才难得,将来必飞黄腾达。裴行俭却不这样认为,他觉得王勃虽有文才,但太心浮气躁了,难堪大任;杨炯还沉稳一点,将来最高也不过做个县令而已;其余二位更是马马虎虎了。

后来的发展果然如裴行俭所料,《旧唐书》里记载:"勃恃才傲物,为同僚所嫉。有官奴曹达犯罪,勃匿之,又惧事泄,乃杀达以塞口。事发,当诛,会赦除名。时勃父福畤为雍州司户参军,坐勃左迁交趾令。上元二年,勃往交趾省父,道出江中,为《采莲赋》以见意,其辞甚美。渡南海,堕水而卒,时年二十八。"[2]

想不到,写出"落霞与孤鹜齐飞,秋水共长天一色"这般好文章的王勃竟然藏匿罪犯,犯事后还不敢担当,害怕事情泄露,遂杀人灭口。好在他遇大赦幸免于死,但连累他老爹被贬至交趾(即今越南)。他去看老爹,却不幸堕水而亡,时年仅二十八岁。王勃任性、自大、唯我独尊,情商不高,这点裴行俭看得很清楚。

杨炯只做到盈川县令;卢照邻患病多年,投水而死;骆宾王则参与徐敬业起兵,下落不明。

王勃的哥哥王勔和苏味道呢?双双拜相。一如裴行俭所预言。

裴行俭这句话与东汉蔡邕的一段话有异曲同工之妙:"夫书画辞赋,才之小者,匡国理政,未有其能。"[3]什么意思?书画辞赋乃雕虫小技,治国理政用不上啊!

裴家多治世的名相和将军,而少雪月风花的文人墨客,裴行俭这句话传承一千多年,这或许才是裴家最好的"风水"。

注释:

[1]北宋·司马光《资治通鉴》,卷二百三,唐纪十九。

[2]后晋·刘昫等《旧唐书》,卷一百九十上,列传第一百四十,文苑上。

[3]南朝宋·范晔《后汉书》,卷六十下,蔡邕列传第五十下。

齐鲁青未了

济南

唐玄宗天宝四年(745年),杜甫到山东的临邑县看望弟弟杜颖,路过济南,拜会忘年交李邕。李邕在大明湖中的历下亭设宴款待杜甫,作陪的有很多当时的济南名士。

文人们喝酒自然是要写诗的,杜甫即席赋《陪李北海宴历下亭》诗一首,其中有一句"海右此亭古,济南名士多"。

仁者乐山,智者乐水。有山水必有文人骚客,名士自然很多。

其中大名鼎鼎者当数李清照。上次过济南行色匆匆,时间有限,仅去了大明湖畔的辛稼轩祠,写了篇《真心英雄辛弃疾》(详见《历史岂有底稿》)。此次到访济南城,必是要去李府拜会一下的。

没想到,李清照故居竟然紧邻"天下第一名泉"趵突泉,目前已经成为趵突泉公园的一部分。其门口也有一名泉:漱玉泉。李清照的词集《漱玉集》正由此得名。

济南"坐拥"两大名人,男有辛弃疾,女有李清照,都是"男神""女神"级的人物。古人说"文思泉涌",说不定是从这里来的。猴王从泉水边走过,文思也得到了激发,想出一副对联,只是不知道该书于何处。

稼轩长短句诉尽天地英雄气
易安漱玉词道完古今儿女情

《历史岂有底稿Ⅲ》里专门写了李清照,这次是专程来向"女神"致敬的。

大明湖畔不仅有才子佳人,还有铮铮铁骨的汉子。这位汉子名叫铁铉。

1399年,燕王朱棣与侄子朱允炆为争夺帝位昏天暗地地打了三年战争,直到1402年才分出输赢,其间让朱棣倍感挫折的就是济南。济南处于北京与南京之间,南北交汇之处,得济南则可直逼徐州进而威胁南京,而济南的守将正是铁铉。

铁铉时任山东参政和布政使,一介文人,几曾识干戈?但他受命于危难之秋,内在的军事才能被激发了出来。济南城防得当,守军战法灵活,且众志成城,朱棣不仅没有攻下济南,还差一点把命栽在这里。后来,在谋臣姚广孝的建议下,朱棣不得不绕过济南直取南京,击败建文帝后再掉头解决济南。济南这才被攻破,铁铉被俘,继而被押往南京。

燕王即皇帝位,执之至。反背坐廷中嫚骂,令其一回顾,终不可,遂磔于市。年三十七。[1]

《明史》里记载他宁死不屈,大骂不已,就是不承认朱棣这个皇帝,把朱棣气得够呛,最后朱棣将他以磔刑处死。济南人民佩服他,在大明湖畔建了铁公祠。其正门处有一副楹联,为清代文人严正琅所撰。

湖尚称明问燕子龙孙不堪回首
公真是铁惟景忠方烈差许同心

不知为何,铁公祠前的荷花长得与众不同,猴王也是第一次看到如此饱满的荷花,也许荷花也通了灵性。

关于燕王朱棣与侄子朱允炆争夺帝位的是非曲直,历来议论很多,猴王则认为，要怪就怪朱元璋，只怪他选接班人太过草率，也太过机械。立储要有严格的制度，但也要兼具灵活性。不自信的朱允炆一上来就削藩，搞得鸡飞狗跳，燕王朱棣也是被逼无奈。朱元璋为了孙子朱允炆的江山稳固，不惜干掉了很多开国元勋，结果当燕王朱棣起兵造反时，朱允炆身边几无可用之将。像铁铉这样的布政使都兼任了兵部尚书，可见是不得已而为之啊！

来济南之前，猴王特意给小猴王讲了当年解放战争期间在济南发生的一件趣事。

1948 年 7 月，许世友和谭震林率领的华东野战军山东兵团攻下了潍县，士气如虹，势如破竹，喊出了"打到济南府，活捉王耀武"的口号。9 月中旬，解放军兵临济南城下，虽有老蒋不断督战，但国军仅仅坚持了 8 天，济南即城破，王耀武不知去向。几天后，寿光群众来报，在野外发现了不明纸张，并火速送到了济南。经鉴定后发现，这是从美国进口的高级手纸。料想能用到这么高级的手纸的一定是高级官员了，遂以此纸为原点在方圆几里内拉网排查，终于将化装成商人的王耀武活捉。一张从美国进口的手纸将王耀武与人民群众隔离开来，他焉能不失掉济南？

绿皮火车

从济南去泰安，我们选择了坐绿皮火车。因为泰安的高铁站离泰山很远，而绿皮火车可以直达泰安的老站，即现在的泰山站，这样距离泰山就非常近了。

泰山站还保留着当年德国人修筑的老站房，是一座典型的德式建筑，也算是一页珍贵的历史底稿。

坐上久违的绿皮火车，像是遇到了久别重逢的老朋友。我们在餐车享用了一顿高铁上享用不到的早餐，一份只需 15 元。我们一致的评价是味道不错,服务更是不错。餐车长是位淳朴的山东大姐,笑容可掬,热情洋溢,总是过来问我们要不要加个馒头、加碗粥、加点小菜。我们快到站了,她又问我们为什么不再多待一会。记忆中坐飞机和高铁好像都没有像这样被礼遇过,我大受感动。也许要不了多久,绿皮火车就会成了"奢侈品",想坐都不一定能坐得上了。姜文的电影《让子弹飞》里,葛优、冯小刚和刘嘉玲坐在绿皮火车上吃着火锅,唱着李叔同的"长亭外,古道边,芳草碧连天……"。我想,这种需求总是有的,就看哪位商家灵机一动了。

泰山

泰山的绝对海拔并不高,玉皇顶上海拔 1500 米多一点;但相对海拔很高,齐鲁大地上没有比它更高的山了。孔子说:登东山而小鲁,登泰山而小天下。杜甫则举双手赞成:会当凌绝顶,一览众山小。

齐鲁大地上山脉纵横,泰山和沂蒙山将山东自然分成鲁西南和鲁东北两大块。鲁西南即为鲁国,以曲阜为中心;鲁东北即为齐国,以临淄(今淄博)为中心。一条齐长城从今天济南的黄河边沿着泰沂山脉一直往东,直到黄海之滨的青岛,长达 680 公里,将齐鲁两国分开。齐长城是中国最古老的长城,比秦长城还要早约 400 年。传说中孟姜女哭的应该是齐长城,而不是秦长城,与秦始皇没有半毛钱关系。

泰山最大的魅力在于日出和日落,云蒸霞蔚,气象万千,但是能不能看到得看运气。历代帝王都趋之若鹜,来此地封禅"上瘾",总想偶遇美景,获得上天眷顾,然而不是每个帝王都能如愿。

在玉皇顶上有一块碑,是一块无字碑。明末的顾炎武认为这是汉武帝立的,也有一说是秦始皇立的。顾炎武在《日知录》里写道:

> 岳顶无字碑,世传为秦始皇立,按秦碑在玉女池上。李斯篆书,高不过四五尺,而铭文并二世诏书咸具,不当又立此大碑也。

考之，宋以前亦无此说，因取《史记》反复读之，知为汉武帝所立也。《史记·秦始皇本纪》云："上泰山，立石，封，祠祀。"其下云："刻所立石。"是秦石有文字之证，今李斯碑是也。《封禅书》云："东上泰山，泰山之草木叶未生，乃令人上石，立之泰山巅。上遂东巡海上。四月，还至奉高。"上泰山封，而不言刻石，是汉石无文字之证，今碑是也。《后汉书·祭祀志》亦云："上东上泰山，乃上石，立之泰山巅。"然则此无字碑明为汉武帝所立，而后之不读史者误以为秦耳。

顾炎武的意思是：《史记》已经说得很清楚了，秦始皇封禅泰山不仅立石，而且还刻上了字，而《封禅书》里只是说汉武帝立了石，没有提及是否刻字。

但是，"有很多人认为"如何算是证明呢？中国历代帝王上泰山封禅的多了，怎么就能断定必是汉武帝所立？且汉武帝个性张扬，何以如此低调？咱们且不管是谁立的这块无字碑，权且认可"汉武帝说"。猴王以为原因很简单：朕没看到日出，无语。

不过猴王比汉武帝运气好，看到了泰山日落的壮观美景，一如古人笔下的诗：

> 登高壮观天地间，
>
> 大江茫茫去不还。
>
> 黄云万里动风色，
>
> 白波九道流雪山。[2]

第五次来泰安城，感觉环境大变。绿荫大道干净整洁，出租车司机自豪地说，这儿被评为国家卫生城市，这两天正在复查呢。说话间，前面有行人横穿马路，司机把车停了下来，示意让行人先走。看看旁边的车，也都如此，的确有进步。当我们从山上下来时，从天外村走到乘出租车处还有很远一段路，我看到一辆出租车停了下来，便走过去问师傅走不走，师傅说早就看见我们了，特意在这里等我们。真是一股暖流啊！

帝王封禅泰山喜欢刻石以立,历代文人墨客和高官显贵也多有墨迹遗存,猴王也来上一首诗记之:

五登泰山有感

戊戌(2018)年初秋携小猴王登泰山,乃第五次登临东岳也,
仿杜工部而作。

巍巍南天门,五岳独我尊。

山辉使川媚,路转云无心。

我辈复登临,拾级怀采薇。

会当凌绝顶,只为与君饮。

注释:

[1]清·张廷玉等《明史》,卷一百四十二,列传第三十。

[2]唐·李白《庐山谣寄卢侍御虚舟》。

山西游记

灵空山

本来说好是要去芦芽山的，很多朋友正静待"直播"，结果前方"探马"来报，芦芽山几位股东闹意见，封山了。不能确定消息真伪，若驱车几百公里，吃了个闭门羹怎么办？宁可信其有，不可信其无。

与朋友商量之后转战灵空山。灵空山地处山西省长治市沁源县，是太行山之一部，名不见经传，但是具备不输任何名山大川的所有元素，有飞瀑流泉，有古木参天，有古寺名刹，却没有游人如织。

几年前我们来时，这里的山路甚至还保持着原始状态；这次来，台阶已经砌好，基础设施正在完善中，不过目测游人不过百十来号。这么少的人坐拥这么美的山水，的确是一种享受。说实话，一旦基础设施完善，便会失去乡间野趣，乌泱乌泱的人流定会有煞风景。

从沁源县城驱车一小时即上了山，山路弯弯，峰回路转，景色宜人。可能是车辆少的缘故，野鸡竟在路中间闲庭信步，开车的朋友眼尖，及时把车停了下来，我们目睹了野鸡一家穿过马路的"壮观"场景。野鸡妈妈带路，野鸡爸爸殿后，自信地昂着头，一副无所畏惧的样子，分明在说：孩儿们，有我在，大胆地过马路吧！他目送野鸡宝宝们一个个穿过马路,最后才走,离开时还瞥了一眼我们的汽车,我们都纷纷给他手动"点赞"。

山上有一家饭店,我们事先预订好了午饭,有野鸡、野兔、野猪和野蘑菇。还好,他们已经炖上了,显然不是眼前的这家野鸡。阿弥陀佛!

灵空山不仅有勇敢的野鸡,还有热情的猴子。几年前我们第一次来时,还只有寥寥几只,与游人也没有多少互动,只是远远地趴在树枝上窥视"不速之客"。这次我们发现猴子数量激增,而且与游人积极互动,其"热情劲"丝毫不输峨眉山的猴子。但凡你背着包包,它们定要翻开看看,如果有好吃的,不全留下是不会轻易放过你的;而且对美女格外"青睐",我们前面的一位美女就被挠伤了,真是一群"流氓猴"。

灵空山上有一座寺庙——圣寿寺,依崖而建,香火鼎盛。据说日寇当年炮击太岳游击队时,炮弹落到寺庙里竟没有炸,都说是佛祖保佑,日本人也信佛,也就没敢再来造次。

我给小猴王讲了一个故事。北宋的宋徽宗开创了皇家画院的先河,网罗了很多知名画家,每年还会举行比赛。有一次他出了一个题目——"深山藏古寺",最终排名第一的画师画了如下情景:在流水潺潺的深山溪流边,有一个和尚正在挑水。画面中并没有寺庙,但已经巧妙地把"深山藏古寺"的意境表达了出来。

这次还偶遇一位先生,他已经在这山里住了十来天,吹得一手美妙的萨克斯曲,自得其乐。高手在民间,好山好水不一定非得见经传。

霍州七里峪

第一次发现七里峪还是很早以前的事,且是偶然相遇。那次我们从灵空山上下来,一出山门不远,发现左手边有一条小道,勉强只能通过一辆车,我们就顺着这条小道前行。穿过一道山口后,眼前豁然开朗,就像爱丽丝梦游仙境,不小心撞进了一条画廊,且这条画廊足够长,足足有几十公里。

两边山上植被繁茂，乔木、灌木、草甸、野花错落有致，牛羊似珍珠般散落其间，一条溪流沿着小路，忽左忽右，拍打岩石发出"哗哗"的声音，清新悦耳。我告诉随行的朋友，瑞士有一个著名的音乐项目"班得瑞"，专在阿尔卑斯山的山林里采集流水、鸟鸣、风雨这些天籁之音，看来来此地也一样可得。朋友不由得哼起歌曲《泉水叮咚》，一下子就"暴露了年龄"。

那次来时，一路上没有遇到几辆车，七里峪就像不曾被人踏足的处女地。而这次来，车辆明显多了起来，三三两两地随意停在路旁，游人们在树林里或草地上扎着帐篷小憩，很多孩子在溪水边追逐打闹。越往深处，车辆越多，竟然开始堵车了。有需求就有供给，路边有了饭店，有了宾馆，有了小别墅，还有了狩猎场。感觉这炎炎夏日里，附近的城里人都倾巢而出，钻进了这条画廊里纳凉。

当地人都称七里峪是"小九寨"。料想到深秋时节，七里峪的色彩会更丰富。美景得来全不费工夫，七里峪真是上苍赐予三晋人民的礼物。

穿过七里峪便是霍州市，气候转而炎热起来，我们仿佛从空调房一头扎进了热浪里。朋友问霍州市有什么好玩的，猴王答：有一处古州衙，算是仅存的州衙。古县衙现存不少，比如河南内乡县衙、山西平遥县衙，但比县衙高一级的州衙仅此一处。这里有一位著名的学正，名曹端，他树有一座碑，碑上有一段名言：吏不畏吾严，而畏吾廉；民不服吾能，而服吾公；公则民不敢慢，廉则吏不敢欺；公生明，廉生威。当年的朱镕基总理很喜欢这段话，在公开场合不止一次提到它。

曲沃南林交村

顾炎武于康熙二十年(1681年)从陕西华阴来到山西曲沃，后客死于此,在最后的岁月中完成了他最著名的作品《日知录》。

> 抱疾来河东,息此浍水旁。
>
> 寒禽绕疏枝,百卉沾微霜……
>
> 一身殉社稷,自古无先皇。
>
> 与君同岁生,中年历兴亡……

从《日知录》的第十三卷"正始"衍生出了千古名句:"天下兴亡,匹夫有责。"

曲沃是一个有故事的地方。

据考证,曲沃的南林交村一带是《诗经·唐风》篇的发生地。孔子曾言:诗三百,一言以蔽之,曰"思无邪"。《诗经》中不少篇与爱情有关,爱情也需要"催化剂",这个"催化剂"就是山水。猴王一行慕名造访,果然山水绝佳。山水有清音,不作诗都难。

《史记》里记载,远在公元前745年,即有曲沃这个地名,当时昭侯的叔叔(文侯之弟)桓叔受封于此地。桓叔好德,百姓多拥戴他,晋都反而被冷落了。《诗经》是民间诗歌总集,反映的是民意;群众的眼睛可是雪亮的。

漫步于奔流不息的泉水边,荷塘秀色怡人,"小荷才露尖尖角,早有蜻蜓立上头"。一位小"膀爷"闲庭信步,此情此景让人想起了《桃花源记》里的一句:白发垂髫,并怡然自乐。

南林交村还有一"镇村之宝"——一棵大约有三千年树龄的古银杏树,七人才能合抱住。看一地的风水,首先看树,树能安然无恙三千年,人想必也能安居乐业。猜想她的根系会有多大,落叶所至即是根系所及吧!料想到了秋天,满树金黄,黄叶撒满一地,一定甚为壮观,令人神往。

中午至曲村,应邀到朋友弟弟开的饭店里吃饭。曲村是晋国博物馆的所在地,有一条仿古街,已建成一定规模,且在完善之中。在古色古香的街边小店吃上一碗味道绝佳的油泼面,实在是一种享受。要说这油泼面有多好吃,小猴王不仅吃完了自己碗里的,还把他"母后"碗里的也吃完了。

山西南部不愧为华夏文明的发祥地之一,祖先的确聪明,早早就占据了这块风水宝地繁衍生息。近三千年来,晋南地区基本风调雨顺,无灾无难,所以能物阜民丰;物阜民丰后,自然能孕育出精神文明,也就成就了人文荟萃。在晋南地区,一个普通村庄里的一位普通农民写一手漂亮的毛笔字并不是一件稀奇的事,在这里,民间书法家和画家比比皆是,有的水平之高甚至可以秒杀大家。猴王的一位同学曾展示过他所收藏的民间字画,每件都可谓珍品,而作者都是普通的村夫野老,名不见经传。

猴王之前就读的中学——康杰中学,最"鼎盛"时,每年考上清华和北大的人可以各组成一个班级。即使今日,每年也有数十人考入清华和北大。此地读书人多,民风淳朴,孔子倡导的礼乐和中庸,在这里的人身上就能看得到。

晋国博物馆

终于能一睹晋国博物馆的风采,博物馆就位于曲村,考古遗址被命名为"曲村—天马遗址"。朋友时常骄傲地提起这里,我却不能一睹其芳颜,今日得以近观,感觉到四个字:恢宏大气。

到过晋祠的人都知道周成王"桐叶封弟"的典故。当时唐国叛乱,周公伐之。一天,周成王与弟弟叔虞在院中玩耍,成王以桐叶剪成玉圭的形状给叔虞,说封他去唐国。过了几天,史官追问成王,怎么还不封叔虞去唐国? 成王说:我是开玩笑随口一说。史官劝道:天子无戏言,说到就要做到。成王便封叔虞到了唐国,也就是今天的晋南地区。

叔虞要去唐国赴任,临行前,周公嘱咐他唐国周边多是游牧民族,施政要因地制宜,"启以夏政,疆以戎索"。这是什么意思呢？就是对汉人和戎狄要实行区别对待的政策。当时周边的大国都是"启以商政,疆以周索",不论对汉人还是戎狄,一视同仁。唐国与众不同,有人说这是最早的"一国两制"。元帝国刚占领中原时,有一位蒙古贵族别迭建议:汉人对帝国没什么用处,可以清空中原,把它变成牧场。耶律楚材不同意,他说:"陛下将南伐,军需宜有所资,诚均定中原地税、商税、盐、酒、铁冶、山泽之利,岁可得银五十万两、帛八万匹、粟四十余万石,足以供给,何谓无补哉？"蒙古皇帝窝阔台很信任他,让他做个试点,结果效果非常好。要是真听了别迭的建议,那真是生产力的大倒退。耶律楚材这一方案也算是"一国两制"吧。

晋国延续了 600 多年,晋文公重耳执政时期是发展鼎盛之时。晋国疆域包括今日山西省全部、河南省北部、河北省西部、内蒙古南部等广大地区。都说"若非三家分了晋,统一六国未必秦",事实证明,秦国正是在长平之战击败强赵,才奠定了统一六国的霸气,而赵国只是三晋中的一支而已。如果不是晋国后期六卿干政,三家分晋,何至于秦国能轻易渡过黄河,跨过太行山？中国历史的经验,一言以蔽之:凡中央强于地方则国强,凡地方强于中央则国弱。当然我们希望二者都强,那才是盛世的节奏。

晋文公重耳逃亡诸侯国 19 年,重返晋国成为国君时已经是 62 岁的老人了,但是老骥伏枥,志在千里,他开创了晋国 150 年的霸业。

给我们做讲解的小姑娘还在安徽读大学,趁暑假来此做实习生,学的是理科,却喜欢读历史,讲得很好,看得出来不是照本宣科,还偶有发挥。千万莫小看博物馆的讲解员,当年王岐山就在陕西省博物馆当过讲解员,他雄辩幽默的口才想必与这一段经历有关。现在的年轻人有想法、有担当,后生可畏亦可期,值得手动"点赞"。另外,博物馆的孙馆长还亲自出来做了讲解,一看就是有情怀的人。在文物局局长任上时,他力促建此博物馆。一辈子干这样一件大事,足矣！

在曲沃，我们下榻的是曲沃宾馆。早上散步时，我看到宾馆的墙壁上挂着一幅标语，颇有感慨。

今天再晚也是早，明天再早也是晚，

三步并作两步走，一年干成两年活。

几天内游历了几个县，一路上绿水青山，古风犹存，基础设施亦很全面。虽只是走马观花，但彻底颠覆了我之前对基层县乡的印象。最近网上在热议吾国是否超越了美国，其实何须做如此比较？要比就与自己比，今天超过昨天，明天超过今天，"苟日新，日日新"嘛！同行的小猴王已经下了结论：小县城比大北京好。

记得在去灵空山时，我们曾路过武乡——抗战时期八路军总部所在地，见识了一下久违的英雄气。男儿若没有一点家国情怀，那就像随风摇摆的蒲公英，飘到哪里算哪里。

徐霞客曾有一句名言——"大丈夫当朝碧海而暮苍梧"，比那句"鸡汤"——"生活不只眼前的苟且，还有诗和远方"大气多了。

徐霞客的高祖徐经是位富家公子，赚钱有道，与唐伯虎结伴参加科考，结果被人告发偷了试题，双双落榜不算，还惹了官司。自此，徐家后人对科举就很不"感冒"，到了徐霞客这一代，更是个性鲜明，对出仕一点兴趣都没有。与苏东坡、王维等寄情于山水而内心仍有政治抱负不同，徐霞客是单纯地喜欢山水，没有任何功利想法。喜欢就是喜欢，需要理由吗？

有人说，徐霞客之所以能当"背包客"，是因为家里有钱，衣食无忧。其实，有钱不一定就有"诗和远方"，君不见很多富人所谓的旅游，不过是换了一个地方睡觉、换了一个地方喝酒、换了一个地方打牌、换了一个地方玩手机而已。

湘西印象

　　对凤凰古城的初印象是从水边的一片捣衣声中产生的。晨起，从阳台望去，晨雾弥漫；沱江边，一位早起的主妇正在洗衣服，"啪啪"的捣衣声在两岸之间回响。忆起小时候，村里的妇女们也是如此洗衣服。她们三五结伴来到村中间的小池塘，将皂角放在衣服上，用棒槌捣碎，聊着家长里短，这是难得的社交时间。不同的是，北方缺水，池塘里的水是不流动的，而此处的水是流动的。沱江的水并不深，水底的水草清晰可辨，鱼儿穿梭其间，悠然自得。靠江的居民近水楼台，在江中洗衣洗菜，也算是一景。料想如果是一个晴朗的夜晚，一轮明月高悬，情景就如李白笔下的诗句：

　　　　长安一片月，万户捣衣声。

　　　　秋风吹不尽，总是玉关情。

　　凤凰美景四时皆有特点，就如杭州西湖，有"晴湖不如雨湖，雨湖不如雾湖，雾湖不如雪湖"之说。此次来凤凰古城，不仅领略了雨中和雾中的凤凰，还窥得了雪中的凤凰，当然最美还数华灯初上时。

　　沱江上有很多桥，形态各异，有云桥、风桥、雾桥、虹桥、雪桥、风雨桥等，倒映在水里，如长虹卧波。入夜后，桥体霓虹闪烁，如苗族女郎华丽的头饰。沿江的吊脚楼亦灯火璀璨，像坠落凡间的星河。远处的群山影影绰绰，近处的水流泛着柔波，游人们在桥上驻足拍照。若徐志摩在此会不会说,他也甘愿成为沱江里的一条水草? 沈从文写过:我这一辈子走过许多地方的路,行过许多地方的桥,看过许多次数的云,喝过许多种类的酒,却只爱过一个正当最好年龄的人。他这高超的"撩妹"技巧,估计也是拜这湘西美景所赐吧。

晚上有人在风桥上吹竖笛,吹者入迷,听者也入迷。一曲侠骨柔情的《铁血丹心》,再一曲《滚滚红尘》,还有婉转悠扬的《女儿情》和《琵琶语》。在寂静的夜色中,此等音色颇具穿透力,坐在那里静静地欣赏一会儿,真是绝美的享受。游人听得高兴,也会不吝打赏。

猴王忽然想起宋朝姜夔最著名的一首词《扬州慢》:"杜郎俊赏,算而今、重到须惊。纵豆蔻词工,青楼梦好,难赋深情。二十四桥仍在,波心荡、冷月无声。念桥边红药,年年知为谁生?"词中的"杜郎"指的是唐朝诗人杜牧,他在《寄扬州韩绰判官》一诗里写尽了扬州的风月:"青山隐隐水迢迢,秋尽江南草未凋。二十四桥明月夜,玉人何处教吹箫?"想来不就是眼前这样的景致吗? 时光过去了一千多年,在湘西的凤凰山城里听到这样的曲子,猴王也想写几句诗,可惜眼前有景题不得,前人珠玉题在先啊!

古城有几种游法。

一种是走街串巷,游目骋怀,在铺着青石板的幽长幽长的小巷中穿行是一种享受。如果是雨夜,你会在巷口偶遇自弹自唱的小伙子。若迎面走来一位丁香一样的结着愁怨的姑娘,可不就是戴望舒笔下的《雨巷》了吗?

沈从文故居是"文青"和"网红"们必到的"打卡地",看不看沈从文的文章另说,必须先拍一张照。关心政治的人必到民国第一任内阁总理熊希龄的故居瞻仰一番。民国短短几十年,总理却有二十多位,如走马灯一样,能被后世记住的不多,不过熊希龄拔得头筹,自然意义不一般。俗话说"山不在高,有仙则灵。水不在深,有龙则灵",一地若只有风景而无人文内涵,就会逊色不少。

一种是泛舟沱江,也很惬意。顺流而下,且走且停,阅尽两岸山色。高兴时可以高歌一首:"小小竹排江中游,巍巍青山两岸走……"

还有一种是坐在江边的茶馆里享受"慢生活",来一壶下午茶,且看黄昏日落,且看风卷云舒,一如苏轼笔下的感觉。

> 落日绣帘卷,亭下水连空。知君为我新作,窗户湿青红。长记平山堂上,欹枕江南烟雨,杳杳没孤鸿。认得醉翁语,山色有无中。
>
> 一千顷,都镜净,倒碧峰。忽然浪起,掀舞一叶白头翁。堪笑兰台公子,未解庄生天籁,刚道有雌雄。一点浩然气,千里快哉风。[1]

凤凰古城最经典的景观数北门城楼。北门外有一处跳岩(桥),矮小的石墩被次第放置于江中,每个石墩顶上离水面不过几十厘米,水从脚下流,踏石而过,有一种"摸着石头过河"的感觉。在 1987 年版《乌龙山剿匪记》和电影《湘西剿匪记》里,这里是土匪与解放军血战的主要战场,土匪们蜂拥着踩着石头跑过,扬言要踏平凤凰县城,解放军小分队在北门前架起机枪扫射的镜头至今令我印象深刻。今天站在这里,满眼青山绿水,怎么都不能把钻山豹和田大榜这些土匪与沈从文笔下这座秀美的山城联系在一起。

猴王以为,为害湘西几百年的匪患表面上看是匪患,其实是民生问题——此地可供耕种的良田实在是太少了,老百姓吃不饱穿不暖,自然会被逼上梁山,落草为寇。在农耕文明时代,好风景没法当饭吃啊!饿着肚子何来诗意?都说湘军骁勇,而湘军中最骁勇者正是湘西人,本事都是被逼出来的。

猴王入住的酒店的老板很客气,我们临走时,他送了两件麻阳冰糖橙,可惜我们的行李不少,实在带不了,只能领了心意。到一地旅游,欣赏美景之余,不能不体验其风土人情,考察其文化和经济,就好像交朋友一样,握手寒暄或者单次饭局是不可能了解对方的,要做朋友,必须从价值观处入手。

湘西基本以农业为主,少工业,凤凰县算是比较特别的,上苍恩赐的绝佳山水让旅游业成了它的支柱产业,而旅游业又会带动文创产品的销售,比如苗服盛装,号称中国各民族服饰中最复杂者,还有超级漂亮的民族手工包包,乃真正的奢侈品。附近的麻阳县则以种植冰糖橙为主,远近闻名。离凤凰不远的花垣县十八洞村即是习总书记提出"精准扶贫"的地方,现在以种植猕猴桃和生产少数民族手工艺品为主。因为从事清洁能源产业,猴王特别关注能源供应状况。此地的电力供应基本依赖临近的贵州的水电,采暖多采取小电暖,放在桌子底下,四周用布帘子围起来,把腿脚伸进帘子里。俗话说"凉从脚底生",腿脚暖和了,周身也就暖和了。

在东部沿海地区实现了工业化之后,西部地区的青山绿水反而成了"摇钱树",能提供有别于东部发达地区的差异化的产品、服务和体验,这也正是西部特有的优势。独特性意味着稀缺性,稀缺性就意味着能卖个好价钱。工业化社会的显著特点是流水线式、千篇一律的,如果能提供个性化和差异化的产品与服务,你想不赚钱都不行。

注释:

[1]北宋·苏轼《水调歌头·黄州快哉亭赠张偓佺》。

见证上海风云者,和平饭店也

2019 年 7 月 30 日傍晚,上海外滩游人如织,和平饭店门口,各路记者扛着"长枪短炮"守在这里。

接近 7 点,几辆黑色轿车缓缓驶来,停在饭店门口,从车上下来了几位重要的客人。

晚上 8 时许,刘鹤副总理与美国贸易代表莱特希泽、财政部部长姆努钦登上了和平饭店九楼的露台饱览浦江夜景。

第十二轮中美经贸高级别磋商从北京移师上海,在和平饭店举行。其中深意,别具意味。

说起和平饭店,猴王的拙作《历史岂有底稿》一书里有这么一篇文章——《贵族精神》,正是在和平饭店的大堂里完成的。

文章开篇这样写道:

> 在南京东路靠近外滩处有一家酒店,和平饭店。在它的大堂里,陈列着许多当年知名住客的照片,其中有一张照片吸引了我,应该是钱学森与蒋英当年结婚时的请柬,抑或是公开登在报纸上的那种结婚告示。请柬的右半部分是两人的婚纱照,拍得很有范,以现在的眼光来看,也是很时尚的,特别是蒋英,美貌不逊于知名影星赵雅芝。左半部分是文字部分,写得更是文采飞扬,抄录如下:

维中华民国三十六年九月十有七日，杭州市钱学森与海宁县蒋英，在上海沙逊大厦举行婚礼。懿歟乐事，庆此良辰，合二姓之好。本是苔岑结契之交，绵百世之宗，长承诗礼传家之训，鲲鹏鼓翼，万里扶摇；琴瑟调弦，双声都荔。翰花陌上，携手登缓缓之车，开径堂前，齐眉举卿卿之案，执柯既重以永言，合卺延成夫嘉礼。结红丝为字，鸳牒成行；申白首之盟，虫飞同梦。盈门百尔，内则之光片石，三生前因共证云尔。

莫说时下人们都喜欢在大酒店里办婚宴，其实当年即是如此。不仅钱学森在此办过婚宴，1944 年，著名画家刘海粟的婚宴也是在和平饭店(时称华懋饭店)里举办的。

和平饭店的大堂两边陈列着来此下榻过的名人的照片，这些住客的名字个个如雷贯耳，把他们串联起来几乎就可还原中国的近现代历史。

1933 年，鲁迅先生在此拜访过客人。这位尊贵的客人是谁？猴王猜想一定是当时正在访华的爱尔兰剧作家萧伯纳。相较于同样访问过中国的印度诗人泰戈尔，鲁迅与萧伯纳更投缘一些。前者更受新月派诗人们的喜爱，徐志摩和林徽因全程陪同，胡适和陈西滢也忙得不亦乐乎。鲁迅虽然也参加了一些活动，但并不是很积极，严格地说有点冷眼旁观的架势。萧伯纳则和他很像，幽默、风趣，专事揭露那些高高在上的"正人君子"们的虚伪面，鲁迅自然乐于登门拜访。

鲁迅的照片旁边是卓别林的照片。1936 年，他曾携女友宝莲·高黛来此小住。时年，鲁迅先生逝世。

《西行漫记》的作者，大名鼎鼎的斯诺先生曾于 1960 年 6 月来此下榻，之后去北京拜会老朋友毛泽东主席。当时，斯诺在美国正受 FBI 的调查，后避祸于瑞士。毛泽东没有忘记他这位老朋友，邀请他来华访问。

日本女排教练大松博文于 1965 年 4 月来访，下榻和平饭店，周总理亲自接见。这可称为"排球外交"吧！猴王不禁想起当年风靡一时的日剧《排球女将》，想起小鹿纯子的"晴空霹雳"……曾经为我们的排球女将遇到这样的对手担心过，后来证明，这种担心确是多余。1971年，美国乒乓球代表团访问中国时也下榻此处。"乒乓外交"开创了中国外交的新局面。看来，和平饭店真能带来和平。

乔治·马歇尔于1945年12月20日入住华懋饭店。彼时抗战刚刚胜利，重庆谈判签订的《双十协定》墨迹未干，国共两党摩拳擦掌，冲突不断，马歇尔此行是为调停国共内战而来。当然，调停不会一蹴而就，他必须待上一段时间，没想到一待就是一年多。在这一年多时间里，他不能总住在酒店，便搬到了今太原路160号的马歇尔公馆，现为瑞金宾馆的太原别墅。毛主席在20世纪60年代也曾在此小住。

调停的结果如何？涛声依旧。马歇尔前脚刚走，没过两年，风云变幻。"萧瑟秋风今又是，换了人间。"

1936年1月，陈纳德入住华懋饭店。同年6月3日，宋美龄任命他为中国空军顾问，帮助建立中国空军。飞虎队的滥觞发端于和平饭店也。

1960年，蒙哥马利元帅入住和平饭店。他此行是想看看东方大国到底是什么样子，尤其是在朝鲜战争中重挫以美国为首的联合国军的中国军队到底是一支怎样的军队。当然，对于这支军队的统帅，他更为好奇。

蒙哥马利元帅于1960年5月24日第一次到访中国。5月27日晚上，毛泽东主席在上海会见了他。他与毛主席一见如故，相谈甚欢，意犹未尽。第二年，他又应邀访华，走了更多地方。

二战时期的三位风云人物都在此下榻过！可见和平饭店还真是非同一般。

来此下榻过的重要人物还有惠特拉姆，中澳关系的奠基人。当时，他只是澳大利亚工党领袖。他于1971年7月下榻和平饭店。1972年年底,他刚刚出任澳大利亚总理,就宣布与中国建交,并于 1973 年正式访华。和平饭店可以说是中澳关系的见证者。

1909 年诺贝尔物理学奖获得者、无线电通信的奠基人马可尼于 1933 年 12 月下榻华懋饭店。他不仅是一位科学家,也是一位商人。上海滩商机无限,无线电通信大有市场。

1998 年 3 月,时任上海市市长徐匡迪在此宴请美国前总统乔治·布什。同年 6 月,徐匡迪在此宴请时任美国总统克林顿及其夫人希拉里。此次刘鹤副总理选择在此宴请美国贸易谈判代表,大有深意。过不了多久,他们在和平饭店觥筹交错的照片就会挂在大堂的走廊上了吧。

和平饭店的创始人维克多·沙逊是上海滩的交际红人,喜欢结交海内外影星,和平饭店自然也就很受影视界青睐。英国导演及明星劳伦斯·奥利弗和明星葛丽亚·嘉逊是他的座上宾。劳伦斯·奥利弗何许人也?他曾主演过《呼啸山庄》《傲慢与偏见》《哈姆雷特》等影片,《乱世佳人》中郝思嘉的扮演者费雯·丽是他的前妻;1984 年,英国戏剧及音乐剧最高奖是以他来命名的。葛丽亚·嘉逊是彼时的当红女星,曾与劳伦斯·奥利弗主演过《傲慢与偏见》,还主演过传记片《居里夫人》。华人好莱坞影星黄柳霜及卓别林的女友宝莲·高黛也是和平饭店的住客。黄柳霜英文名为 Anna May Wong,是第一位扬名好莱坞的中国影星。1936 年她回到中国,待了 9 个月,游历了大江南北,受到了很多文艺界名流的接待。抗战期间,她慷慨解囊,鼎力相助,积极支持抗战。1987 年,周润发入住和平饭店,他曾出演的与和平饭店同名的电影,算是港产片的经典影片之一。1987 年,大导演斯皮尔伯格也来到和平饭店,此行是为拍摄电影《太阳帝国》。2001 年,法国电影界"女神"苏菲·玛索也下榻和平饭店。我想,这个名单还会更长。

站在和平饭店的大堂里,欣赏这些光鲜亮丽的照片,不得不感叹上海当年的奢华程度丝毫不逊色于当时的时尚之都伦敦和巴黎。甚至很难将彼时的上海与当时中国的其他地区联系起来。抗战初期,上海还真有"孤岛"的名号,仿佛荒凉沙漠中的一片海市蜃楼。

1923年,犹太人维克多·沙逊将生意从印度孟买果断迁到了上海。他看好上海。1929年,沙逊大厦落成,成为当时上海的地标建筑。新中国成立之前,上海共有28栋超过10层的高楼,沙逊便拥有6栋。

沙逊在彼时的上海滩是一个怎样的存在呢?如果你看过柳云龙主演的电视剧《传奇之王》就能想象,他的形象堪比剧中那位富可敌国的楚先生。据说在1934年,民国政府欲在沙逊大厦旁边建造一座34层高的银行大楼,落成后将成为远东第一高楼,结果由于沙逊从中作梗,这座大楼被迫改为17层,比沙逊大厦矮了30多厘米。这个故事让我想起现在上海滩的三大高楼,号称"厨房三件套"的金茂大厦、上海环球金融中心及上海中心大厦,一个比一个高。高度象征着权威,可不是不能马虎。

沙逊在上海待了25年,可以说,如果要拍一部关于民国上海滩的影视剧,就绕不过沙逊,绕不过他的华懋饭店、仙乐斯舞厅、国泰大戏院。

1948年,沙逊黯然离开了上海。"繁华事散逐香尘,流水无情草自春。日暮东风怨啼鸟,落花犹似坠楼人。"沙逊在上海滩的风流往事早已经被雨打风吹去,只有沙逊大厦矗立在上海外滩,成为上海近现代历史的见证者。

如果你去和平饭店参观,一定要欣赏一下它那旋转的楼梯,仿佛一首乐曲。都说建筑是凝固的音乐,诚哉斯言。当然,和平饭店里还入住过一位小人物,他就是《历史岂有底稿》一书的作者,记住书名就行了,作者的名字就无所谓了。

穿越河西走廊

河西走廊在哪里呢？从我国地图观之，它就像一条纽带，将新疆、青藏高原、内蒙古大草原、四川盆地、宁夏和陕西紧紧地连接在一起，牵一发而动全身。只能说，设立甘肃省，政治家真有眼光。

河西走廊东起乌鞘岭，西至星星峡，绵延 1200 多公里；南侧是祁连山，北侧是龙首山、合黎山和马鬃山，最宽处有几百公里，最窄处只有几公里。黄河从兰州城区穿过，武威、张掖、酒泉和敦煌都处于黄河以西，所以这条走廊被叫作河西走廊，其战略地位不言自明。

2019 年 7 月底，猴王踏上了河西走廊之旅，实地丈量这条人类历史上独一无二的文明走廊。

关外春色晚，暗云覆群山。

谁言陇西远，雨水赛江南。

在从西安到兰州的高铁上，看到的是如上风景。一路上云遮雾罩，细雨绵绵。两千多年前的张骞看到的陇西可也是这样的风景？

兰州的雨水比我想象的要多，黄河也暴涨起来，安全起见，沿河花园已经谢绝游客了，我们只能站在酒店的窗前远观黄河。晚上与研究冰川的博士同学把酒言欢，我们都戏言，看来四海龙王也热得受不了，随着我们到大西北避暑来了。

穿越河西走廊，有一个人不得不提，估计大家都心领神会，即上文提到的张骞。他自告奋勇出使西域。自汉朝的开国皇帝刘邦在大同的白登山被匈奴围困七天七夜之后,在近百年的时间里,汉王朝对匈奴的战争都是输多赢少,中原文明始终笼罩在匈奴的阴影之下。翻开《汉书》,满眼都是匈奴人入侵的记载:

> 夏,匈奴入代,杀太守;入雁门,杀略千余人。
>
> 夏,匈奴入代、定襄、上郡,杀略数千人。
>
> 秋,匈奴入右北平、定襄,杀略千余人。
>
> 秋,匈奴入辽西,杀太守;入渔阳、雁门,败都尉,杀略三千余人。
>
> ……

真可谓血泪斑斑啊!

直到公元前141年,一位年轻的皇帝登基了,他发誓要改变这种局面。这位年轻的皇帝就是汉武帝刘彻。雄才大略的刘彻深知,没有实力的愤怒毫无意义。他开始加强武备,比如从大宛国买回汗血宝马;他还谋求在外交上有所突破。

这一年,他从俘虏的匈奴人那里得知匈奴西扩灭了西域大国大月氏,大月氏不得不西迁到更远的地方。他觉得联合大月氏以夹击匈奴是条上策,因此决定招募能出使大月氏者。要通往西域,河西走廊是必经之路,可惜河西走廊却在匈奴的控制之下。

> 张骞,汉中人也,建元中为郎。时匈奴降者言匈奴破月氏王,以其头为饮器,月氏遁而怨匈奴,无与共击之。汉方欲事灭胡,闻此言,欲通使,道必更匈奴中,乃募能使者。骞以郎应募,使月氏,与堂邑氏奴甘父俱出陇西。[1]

《汉书》里这段史料没有交待更多细节,比如有多少人应募、张骞何以能脱颖而出。猴王想,此等深入虎穴的苦差事,估计应者寥寥。

司马迁称赞张骞出使西域是"凿空"之旅,很形象。猴王以为这就好比杨利伟上太空,干的都是前无古人的大事。

张骞不是一个人在战斗,汉武帝还给他派了一位得力护卫,"堂邑父胡人,善射,穷急射禽兽给食"。史书里对张骞是浓墨重彩,但是对甘夫(堂邑父)却惜墨如金,只有这么一行字。试想一位归汉的胡人对张骞如此忠心耿耿,不离不弃十三年,其忠义精神不能不令人感动。与玄奘的西游取经相比,张骞的西游更像《西游记》,甘夫也更像传说中的孙悟空。

有汉一代,赏罚分明,不论皇亲国戚还是黎民百姓,皆一视同仁。卫青和霍去病虽为皇上至亲,但也须以军功论赏,不能"走后门"。正是有了严格的制度,才有后世人们发出的"李广难封"的感叹。从西安到兰州的高铁,正好要路过天水市,飞将军李广的故乡正是天水市秦安县。李广虽然骁勇,名气很大,但可惜没有封侯拜将,最后因未能参战愤愧自杀。

为什么呢?猴王以为可能与年少成名有关。张爱玲说过:成名须趁早。但有时过早成名反受其累,凡事最好还是水到渠成。李广早早就声名远播,塞外的匈奴人当然也知道他,他镇守的边关,匈奴人会设法绕道而行,这就未给他建功立业的机会。李广仅有的几次主动出击,要么是没有找到匈奴,空手而归,要么是被匈奴俘虏,乘其不备奔突回来。李广的"坏运气"也"传染"给了张骞。元狩二年(前121年),汉武帝命张骞与李广一起北击匈奴,李广部队伤亡惨重,张骞营救不及时,按律当斩,汉武帝念他出使西域有功,贬他为庶人。

此次带小猴王走河西走廊其实就是为了致敬汉武帝、张骞和霍去病等人。在《历史岂有底稿Ⅲ》里,有多篇文章讲到河西走廊和西域:《汗血宝马和天然气》《拯救大兵耿恭》《刺客傅介子》《裴矩佞于隋而忠于唐?》。遥想当年这些"牛人"是如何凿空拓荒,打通通往西域的道路的。谁的人生容易呢?都不容易。汉武帝兢兢业业五十多年,不敢有丝毫懈怠;张骞一去西域十三年,九死一生,后又再次出使西域;霍去病河西之战一战成名,将河西走廊完全纳入中原王朝的怀抱,可惜英年早逝,未能畅饮胜利的甘甜。他们为了什么?我想,在他们经略西域的征途上,不只有辛勤与汗水,也有幸福感吧。远处皑皑的祁连山雪峰,近处一望无际的油菜花海,牛羊在青青的草原上悠闲吃草,芦管、羌笛、胡笳声声,这一切大概都是他们继续向前的动力。

向前,总能看到不一样的风景

兰新线动车出兰州,路过青海西宁,沿着祁连山南麓一路向西。路边映入眼帘的是一望无际的油菜花海,油菜花海的尽头就是河西走廊的中心位置——张掖。隋炀帝时期,此地曾召开了一场堪比 G20 的盛会。

隋大业三年(607 年),隋炀帝西巡到今甘肃张掖的焉支山下,西域二十七国都来盛装朝贺,焚香奏乐,歌舞喧天,隋炀帝也令武威和张掖的士女们穿着节日盛装,夹道欢迎,以显示当时隋王朝的繁荣昌盛。隋炀帝显然受此盛会鼓舞,一鼓作气,击败了西域的霸主吐谷浑,拓展疆域数千里,将祁连山南麓的青海也纳入了版图。上一次中原之于西域的这般影响力还要追溯到汉武帝元狩二年。元狩二年春,霍去病兵出陇西,越过焉支山一千余里,匈奴浑邪王归降,之后,汉武帝置武威、张掖、敦煌、酒泉四郡。

隋炀帝其实也干了不少大事,他将年号命名为"大业",看得出来是想干一番大事业的。可惜他和秦始皇有点相像,操之过急,适得其反。

来张掖必要看丹霞地貌,好比去北京必要登一下长城。面对如此丹霞美景,猴王怎能不赋诗一首?

> 谁持彩练当空舞,
>
> 谁人种下五色土?
>
> 莫非当年闹天宫,
>
> 打翻炉渣无去处。

游丹霞地貌要注意防晒,很多美女都全副武装,打扮得像中东女郎。丹霞美景以下午六点到八点为最好,夕阳西下,色彩斑斓,是拍照的绝佳时间。另外,有一个小提示:丹霞景点中,最后一处地貌最佳,想拍好片子的可以直接忽略前几站,"直奔主题"。

游完丹霞地貌,夕阳西下,在景区服务站的小酒馆里喝上一杯黄河王啤酒,秒懂 1400 年前隋炀帝驾临此地的心情,三个字:爽歪歪!

从张掖出发,我们选择自驾。大约半小时左右,路过临泽和高台,路边不断闪过西路军纪念馆的标识。此地正是当年红军西路军喋血高台的地方,需特别致敬。1937 年,西路军名将董振堂牺牲于此地,秦基伟将军临危受命,面对"马家军"5 个团 7000 多人的围攻,他率领 300 多后勤兵困守孤城三日,最后胜利突围。有此经历,就不难理解他在朝鲜战争最著名的上甘岭战役中怒怼美军的霸气何来了。有一部影片《惊沙》,讲述的就是高台之战,此片的编剧正是秦基伟将军的儿子秦天。

车过玉门、酒泉,路边出现了绵延不绝的风电场,其中国家能源集团龙源电力的玉门风电场装机 20 多万千瓦,目测有上百台大风车在运转,且已经运转了十多年。酒泉的瓜州号称"世界风电之都"。当然此瓜州非江南的彼瓜洲。其风有多大?眼前风蚀性的雅丹地貌即是证明。所谓的"魔鬼城"其实就是典型的风蚀性地貌,狂风就像水流一样,将戈壁滩打磨成一个个孤立的小山包。这些都是风的经年累月之功,还不足为奇,最直观的是高速路边的指示牌,生生地被大风掀开了一角,可见瞬时风力有多大。

这些风电需要接入电网输送到 1000 公里之外的负荷中心兰州市。目前,酒泉的风电场已达到千万千瓦的规模,妥妥一个"风电三峡"。当然不只是风电,此地的光伏发电和储能也是世界级的,堪称世界可再生能源的宝地。

嘉峪关头望雪山，一眼千年

过了酒泉，就是嘉峪关。在进入关门的路上，可看到一身戎装的冯胜雕像。《明史》里记载："(洪武)五年春正月甲戌，魏国公徐达为征虏大将军，出雁门，趋和林，曹国公李文忠为左副将军，出应昌，宋国公冯胜为征西将军，取甘肃，征扩廓帖木儿……戊寅，冯胜克甘肃，追败元兵于瓜、沙州……冬十月丁酉，冯胜师还。"[2]洪武五年即是1372年，这年，宋国公冯胜追元兵于河西走廊，大败元兵，在嘉峪关修筑关楼，我们现在所看到的嘉峪关正是冯胜的杰作。古人的确很聪明，嘉峪关所处的位置正是河西走廊最窄的地方，在此地修一道城墙的确是"一夫当关，万夫莫开"。

冯胜虽然战功卓著，但有一个毛病，就是贪财，对每次缴获的战利品，他总是要私吞一部分。出身贫寒的布衣皇帝朱元璋对腐败可谓"零容忍"，"时诏列勋臣望重者八人，胜居第三。太祖春秋高，多猜忌。胜功最多，数以细故失帝意。蓝玉诛之月，召还京。逾二年，赐死，诸子皆不得嗣"[3]。《明史》里说他"生时黑气满室，经日不散"，不知是附会还是确有其事，似乎暗合了他的品行和命运。岳飞曾有名言"文臣不爱钱，武臣不惜死，天下太平矣"[4]。岳飞说得还不够全面，武将也不能爱钱啊！

站在嘉峪关的城头，一边是大漠孤烟直，一边是雪山千古冷。猴王在手机里写了一句上联：嘉峪关头望雪山，一眼千年。怎么也想不出下联。直到参观完敦煌莫高窟，下联才脱口而出：敦煌窟里梦飞天，刹那神仙。

敦煌窟里梦飞天，刹那神仙

敦煌就像是一滴泪落在了沙漠里，特别之处在于，这滴泪永不枯竭。发源于祁连山的党河和疏勒河就是孕育它的泪腺。

来敦煌的收获之一是买了一只包包，只需 98 元，感觉"秒杀"那些所谓的国际大牌包，只因包上的配图乃无价之宝——出土于嘉峪关的大约魏晋时期的一处砖雕。这图是现今发现的表现中国古代驿站快马的最早的一幅图，距今约 1700 年。中国邮政已"捷足先登"，将此图作为其形象标识了。

每到一地，猴王必要买一把扇子，到敦煌也不例外，也入手了几把扇子。敦煌折扇上绘的菩萨个个慈眉善目，面相饱满，富态十足，让人想起《三国演义》里罗贯中对刘备面相的描写："面如冠玉，唇若涂脂。"敦煌莫高窟里的雕塑和壁画之所以珍贵，以至于清末以来，西方的文物收藏者和冒险家在一千公里的戈壁荒滩上不知疲倦地纷至沓来，盖因这些作品都不是心血来潮之作，而是绵延了一千多年，每一朝的统治者和最厉害的能工巧匠把自己对时局和人物的看法融入作品之中的心血之作。从中既可以看到传承，也可以看到每个朝代的独特气质，这可能就是敦煌学存在和长盛的原因吧。

到了敦煌，才能了解敦煌的价值。这里天旱少雨，气候干燥，因此成了各种档案的绝佳收藏之地，真正能做到"海枯石烂""不忘初心"。窟里的一篇唐朝时的《放妻书》，竟成了千年后夫妻分手的"范本"。

> 盖说夫妇之缘，恩深义重，论谈共被之因，结誓幽远。凡为夫妇之因，前世三生结缘，始配今生夫妇。若结缘不合，比是怨家，故来相对。妻则一言十口，夫则反目生嫌。似猫鼠相憎，如狼狄一处。既以二心不同，难归一意，快会及诸亲，各还本道。愿妻娘子相离之后，重梳蝉鬓，美扫娥眉，巧逞窈窕之姿，选聘高官之主。解怨释结，更莫相憎。一别两宽，各生欢喜。

在月牙泉边，猴王看到偶有汉服美女流连。现在的"90 后"对传统文化是越来越喜欢了。此情此景，令猴王想起《诗经》里的一段：

> 蒹葭苍苍，白露为霜。
>
> 所谓伊人，在水一方。
>
> 溯洄从之，道阻且长。
>
> 溯游从之，宛在水中央。

河西走廊几乎"包圆"了唐诗里所有的边塞诗，唐朝几乎所有知名诗人都有边塞诗存世。陈陶有一首《陇西行》："誓扫匈奴不顾身，五千貂锦丧胡尘。可怜无定河边骨，犹是春闺梦里人。"说的就是汉武帝时李陵率领五千汉军孤军深入，欲引诱匈奴主力，最后全军覆没的故事。[5]山水派诗人王维也有脍炙人口的"大漠孤烟直，长河落日圆"。还有李益的《夜上受降城闻笛》："回乐烽前沙似雪，受降城外月如霜。不知何处吹芦管，一夜征人尽望乡。"至于岑参、王昌龄、高适、王之涣等，亦是佳作迭出，如汗牛充栋。

史上流传一个"旗亭画壁"的故事。开元中，天寒微雪，王昌龄、高适和王之涣三位诗人同游，共到一家酒楼喝酒。这时忽有梨园伶官十数人登楼会宴，所唱竟是这三位诗人的作品，最后压轴的正是王之涣的《凉州词》："黄沙直上白云间，一片孤城万仞山。羌笛何须怨杨柳，春风不度玉门关。"三人会心大笑。后人将第一句记为"黄河远上白云间"，其实，在玉门关是看不到黄河的，只能看到漫漫黄沙。

要说今日可有边塞诗？其实也是有的。比如《十五的月亮》，比如《小白杨》，比如《血染的风采》，比如《花儿为什么这样红?》，等等。古代诗词也多谱成曲子，传唱一时。古今皆然。

从敦煌回兰州，我们选择乘坐绿皮火车，夕发朝至，很方便。敦煌的火车站很匹配它的名字，盛大辉煌。据说动车很快也要开通了，沿途果然看到有动车在试运行。我们在车上还偶遇一位好学之士，全程看书看得入迷，不禁手动"点赞"。

猴王也不是一个人旅行，除了小猴王和他"母后"外，我们也有一位"甘夫"，三十岁出头的敦煌年轻后生小刘。他是转业军人，一路上既兼司机,又兼导游,与我们聊得很开心。只可惜他要开车,不能陪我喝上几杯。

注释:

[1]东汉·班固《汉书》,卷六十一,传第三十一。

[2]清·张廷玉等《明史》,卷二,本纪第二,太祖二。

[3]清·张廷玉等《明史》,卷一百二十九,列传第十七。

[4]元·脱脱等《宋史》,卷三百六十五,列传第一百二十四,岳飞传。

帝初为飞营第,飞辞曰:"敌未灭,何以家为?"或问天下何时太平,飞曰:"文臣不爱钱,武臣不惜死,天下太平矣。"

[5]东汉·班固《汉书》,卷六,武帝纪第六。

(天汉二年)夏五月,贰师将军三万骑出酒泉,与右贤王战于天山,斩首虏万余级。又遣因杅将军出西河,骑都尉李陵将步兵五千人出居延北,与单于战,斩首虏万余级。陵兵败,降匈奴。

大同蓝

大同蓝

旅游者大都是"外貌协会"会员,总是"以貌取人",到一地总是先看她的"颜值"。大同的颜值最显著的特点是什么?天格外蓝,云也格外白。面对美景,猴王不禁要吟诗一首。

秋游大同有感

> 朝入云中郡,北望单于台。
>
> 愁因薄暮起,兴是清秋发。
>
> 遥问南飞雁,投书洛阳边。
>
> 古来征战地,今日大团圆。

盛唐序曲奏响于大同

大同古称云中郡,多么富有诗意的一个名字啊!"云中谁寄锦书来?雁字回时,月满西楼。"李清照的《一剪梅》用在此处毫无违和感。

顾祖禹在《读史方舆纪要》中有如下记载:"云州,汉云中、雁门等郡地。唐武德六年,置北恒州,七年废。贞观十四年,改置云州于此,亦曰云中郡,领云中县一,今大同府治是也。"

有人说大同是大唐盛世的"接生婆"。何以见得?

这得从定都大同(平城)的北魏王朝说起。北魏王朝留给我们的不只是云冈石窟(当然还有洛阳的龙门石窟),还孕育出了大唐气象。任何乐曲总是分序曲、高潮和尾声三部分,北魏就是大唐盛世这首旷世名曲的序曲部分。

公元494年是一个值得大书特书的年份。这一年,北魏孝文帝做出了一个决定:迁都洛阳。

为什么要迁都洛阳?是心血来潮之举,还是深思熟虑后的选择?别说在当时,即使在当今这样先进的生产力水平下,迁都也是大事一桩。按理说,北魏定都平城已经是"汉化1.0"了,相比其后的元朝和清朝也不落后。元朝和清朝定都的北京与大同基本上在同一个纬度上。那么,为什么北魏一下子要把都城迁到黄河以南呢?洛阳距大同可有千里之遥啊!

北魏建立之初的时代,北方少数民族纷纷踏足中原,史家认为这是一个"斯文扫地,礼崩乐坏,大分裂和大混乱"的时代。南下登场的北方民族有匈奴、羯、氏、羌、鲜卑等,其中鲜卑一族仰慕中原儒家文化,深深为之折服,逐渐汉化。与战国时赵武灵王"胡服骑射"类似,民族间相互学习,取长补短,缔造出的必是一个更加文明和强盛的王朝。古往今来,莫不如此。

孝文帝拓跋宏想:怎样才能进一步汉化呢?没有比恢复西晋故都来得更彻底的吧!当然他可能还有一个雄心壮志:北魏不能只满足于北方,要打过长江去,缔造一个全新的统一的王朝。很遗憾,这个雄心壮志没能在北魏一朝实现,不过,其"衣钵传人"不绝于途,中国的南北统一已箭在弦上,不得不发。

在华严寺的门口,恰逢大同本地文艺团体正在展演北魏时期冯太后执政的故事。冯太后乃何许人也？正是孝文帝的祖母。她于 472 年至 490 年辅佐孝文帝拓跋宏当政，在当政期间，她力主汉化。《北史》里有这样一段记载：

> 文成崩，献文居谅闇，乙弗浑专擅朝命，谋危社稷。文明太后诛之，引允禁中，参决大政。又诏允曰："朕稽之旧典，欲置学官于郡国。卿儒宗元老，宜与中秘二省，参议以闻。"允表：请制大郡立博士二人、助教四人、学生一百人，次郡立博士二人、助教二人、学生八十人，中郡立博士一人、助教二人、学生六十人，下郡立博士一人、助教一人、学生四十人。其博士取博关经典，履行忠清，堪为人师者，年限四十以上。助教亦与博士同，年限三十以上。若道业夙成，才任教授，不拘年齿。学生取郡中清望，人行修谨，堪循名教者，先尽高门，次及中等。帝从之，郡国立学，自此始也。[1]

高允在冯太后的支持下办学。你看，当时的"博士""助教"和"教授"的称谓与当今的表述一模一样，这就是传承啊！孝文帝能做出迁都洛阳的历史性决策，可见深受其祖母影响。要做就做"汉化 2.0"，青出于蓝而胜于蓝。冯太后之于拓跋宏好比孝庄太后之于玄烨，何其相似乃尔。

北魏的汉化带来的一个直接结果就是北方一统，儒家文化与鲜卑的游牧文明"无缝对接"，儒家的礼乐、仁政和孝道与鲜卑民族的尚武和进取的精神合而为一，可谓"文武双全"。这样的王朝当然是要干一番大事的。

北魏迁都洛阳之后，政治、文化和经济中心自然南移，平成开始受到冷落。那些留守北疆的鲜卑贵族远离政治中心，渐渐被遗忘，失落感与日俱增，久而久之，终于酿成了北部边疆的六镇起义。六镇起义导致北魏分裂，变成了东魏和西魏，继而又变成北齐和北周，最终为呼之欲出的隋唐帝国"做了嫁衣"。都说李渊是鲜卑人出身，那么究竟是鲜卑化的汉人还是汉化的鲜卑人？猴王以为应该说是鲜卑人和汉人的"混血"更准确一点。猴王在《国民岳父独孤信》(见《历史岂有底稿》)一文里写了这样一段话：

> 独孤信的长女独孤氏，北周明帝宇文毓皇后，谥号明敬皇后；四女独孤氏，唐高祖李渊之母，追封元贞皇后；七女独孤伽罗，隋文帝杨坚皇后，谥号文献皇后。独孤信是三朝岳父。

独孤信是西魏和北周的"八大柱国"之一，鲜卑人，生于云中郡的盛乐城(今内蒙古和林格尔县)。既然他是鲜卑族，那么作为其外孙的李渊必是有鲜卑血统的。说北魏孕育了大唐，实至名归。

文献总是冷冰冰的，不如实物令人印象深刻。盛唐气象从云冈石窟里就可以管窥一二。一尊尊佛像俯视众生，雍容大度，仪态万千。人人皆可成佛，人心目中的佛相即是其心相，大唐气象显然已经孕育其中。

凤临阁

在从云冈石窟返回的路上，猴王问司机可有好的饭店推荐，司机说大同最好的饭店首推凤临阁。

慕名而至，从外面观之，恢宏大气；推门而入，店内更是别有洞天，雕梁画栋，颇有点皇家气象。

这凤临阁据说已有五百年的历史。单从其名字来看，就可知一定有故事。古代凡是叫"龙"、叫"凤"的地方，定不会是寻常人家。果然，据说凤临阁正是明代正德皇帝"游龙戏凤"的发生地。玩心很大的正德皇帝在大同偶遇貌美的老板娘李凤姐，一见倾心，演绎了一番爱江山更爱美人的桥段。民间戏剧、小说对此多有发挥，比如蔡东藩的《明史演义》，第四十九回"幸边塞走马看花，入酒肆游龙戏凤"说的正是这段野史。

　　一住数日，武宗因路途已熟，独自微行，连江彬都未带得，信步徐行，左顾右盼，俄至一家酒肆门首，见一年轻女郎，淡妆浅抹，艳丽无双，不禁目眩神迷，走入肆中，借沽饮为名，与她调遣。那女子只道他是沽客，进内办好酒肴，搬了出来，武宗欲亲自接受，女子道："男女授受不亲，请客官尊重些儿！"随将酒肴陈设桌上。武宗见她措词典雅，容止大方，益觉生了爱慕，便问道："酒肆中只你一人么？"女子答道："只有兄长一人，现往乡间去了。"武宗又问她姓氏，女子腼腆不言。武宗又复穷诘，并及乃兄名字，女子方含羞答道："奴家名凤，兄长名龙。"武宗随口赞道："好一个凤姐儿。凤兮凤兮，应配真龙。"绝妙凑趣。李凤听着，料知语带双敲，避入内室。武宗独酌独饮，不觉愁闷起来，当下举起箸来，向桌上乱敲，惊动李凤出问。武宗道："我独饮无伴，甚觉没味，特请你出来，共同一醉。"李凤轻詈道："客官此言，甚是无礼，奴家非比青楼妓女，客官休要错视！"武宗道："同饮数杯，亦属无妨。"李凤不与斗嘴，又欲转身进内。武宗却起身离座，抢上数步，去牵李凤衣袖。竟要动粗。吓得李凤又惊又恼，死命抵拒，只是一个弱女子，哪及武宗力大，不由分说，似老鹰拖鸡一般，扯入内室。李凤正要叫喊，武宗掩她樱口道："你不要惊慌，从了我，保你富贵。"李凤尚是未肯，用力抗拒，好容易扳去武宗的手，喘吁吁的道："你是甚么人，敢如此放肆？"武宗道："当今世上，何人最尊？"李凤道："哪个不晓得是皇帝最尊。"武宗道："我就是最尊的皇帝。"李凤道："哄我作甚么？"武宗也不及与辩，自解衣襟，露出那平金绣蟒的衣服，叫她瞧着。李凤尚将信未信，武宗又取出白玉一方，指示李凤道："这是御宝，请你认明！"李凤虽是市店娇娃，颇识得几个文字，便从武宗手中，细瞧一番，辨出那"受命于天既寿永昌"八字，料得是真皇帝，不是假皇帝，且因平时曾梦身变明珠，为苍龙攫取，骇化烟云而散，至此始觉应验。

况武宗游幸宣府,市镇上早已传扬,此番侥幸相逢,怕不是做日后妃嫔,遂跪伏御前道:"臣妾有眼无珠,望万岁恕罪!"……

蔡东藩也说:"游龙戏凤一节,正史不载,而稗乘记及轶闻,至今且演为戏剧,当不至事属子虚。且闻武宗还宫,实由李凤之死谏,以一酒家女子,能知大体,善格君心,殊不愧为巾帼功臣,杨廷和辈,且自惭弗如矣。亟录之以示后世,亦阐扬潜德之一则也。"

都说大同出美女,且都落落大方,正德皇帝在此流连忘返即是明证。猴王猜想,这估计也是鲜卑族汉化的结果。两个民族的优良基因"嫁接"出了靓丽之果。话说其后的大唐长安城,窈窕的西域胡姬更是酒家招徕顾客的"秘密武器",多少大唐的诗人为之倾倒。流连忘返者中当然少不了"诗仙"李白:"五陵年少金市东,银鞍白马度春风。落花踏尽游何处,笑入胡姬酒肆中。"[2]

关于正德皇帝,史书评价两极分化,莫衷一是,只因他太有个性。他既有有为帝王的一面,比如平定安化王和宁王之乱、应州大捷大败蒙古小王子、诛杀宦官刘瑾等,在史上可圈可点;但他又有无道皇帝的一面,比如宠幸宦官、重用奸佞、游乐无度,有点"嬉皮士"的作风。

我们来看看正史里记录的正德十二年(1517 年),正德皇帝都在忙些什么。

> 秋八月甲辰,微服如昌平。乙巳,梁储、蒋冕、毛纪追及于沙河,请回跸,不听。己酉,至居庸关,巡关御史张钦闭关拒命,乃还……丙寅,夜微服出德胜门,如居庸关。辛未,出关,幸宣府……冬十月癸卯,驻跸顺圣川。甲辰,小王子犯阳和,掠应州。丁未,亲督诸军御之,战五日。辛亥,寇引去,驻跸大同。十一月丁亥,召杨廷和复入阁。戊子,还至宣府。[3]

若"游龙戏凤"的故事是真,最可能发生在 1517 年农历十月,正逢蒙古鞑靼小王子犯边的时候。正德一边在大同与凤姐儿行云雨之欢,一边还不忘上阵杀敌,真够忙的。应州大捷可谓是他一生中辉煌的成就之一,我们可不可以这样说:这都是爱情的力量啊!

凤临阁有此传说"坐镇",自然生意火爆,排队吃饭者络绎不绝,甚至一座难求。时下很多饭店也摸得了窍门,纷纷如法炮制,编出史上某某曾到此一游、与此结缘的种种子虚乌有的传说。有道是西施只有一个,东施则有很多。话说凤临阁的百花烧卖外形似百花盛开,味道还真不错,来大同者一定不要错过。

大同大不同

很多年前来云冈石窟时,石窟前的花园还不存在。拉煤的大车在石窟旁的道路上络绎不绝,大煞风景。此番来,观感迥然不同。设施一流,恢宏大气,惊讶的是,里面还有一处全玻璃建成的书屋:云冈书房。试想在大同蓝的映衬之下,于此间书房里捧一本好书,泡一壶好茶,若对面再坐着一位凤姐儿,岂不美哉!

作为中国曾经的"煤都",大同是以煤炭闻名天下的。猴王以前来大同时,云冈石窟不是她的名片,络绎不绝的拉煤车和空气中弥漫着的煤烟味才是她的名片。而此次来大同,如果不特别提醒,我压根不会把煤炭与这座美丽的城市联系在一起。大同市政府正立下豪言壮志,要把"煤都"变成"氢都"。

把煤炭就地转化为氢气,毫无疑问,大同具有得天独厚的优势。不仅如此,其他的可再生能源,如光伏发电和风电等,大同也是得天独厚。494年,北魏孝文帝力排众议迁都洛阳,这种战略性的决策需要非凡的魄力;产业转移也一样。大同再建一座城并不很难,而打造一个泽被后世的可持续发展的经济模式很难。惟其难能,方显可贵。

注释：

[1]唐·李延寿《北史》,卷三十一,列传第十九。

[2]唐·李白《少年行》。

[3]清·张廷玉等《明史》,卷十六,本纪第十六,武宗。

北京的秋天

不逢北国之秋,已将近十余年了。在南方每年到了秋天,总要想起陶然亭的芦花,钓鱼台的柳影,西山的虫唱,玉泉的夜月,潭柘寺的钟声。在北平即使不出门去罢,就是在皇城人海之中,租人家一椽破屋来住着,早晨起来,泡一碗浓茶,向院子一坐,你也能看得到很高很高的碧绿的天色,听得到青天下驯鸽的飞声。

——郁达夫《故都的秋》

为了寻找郁达夫笔下的感觉,猴王把压箱底的照片都翻了出来,勉强找出两张,一张摄于国子监的成贤街上,一张摄于簋街花家怡园的四合院里。1934 年的北平,其规模与现在的北京相比,不可同日而语。你看大北窑这么土得掉渣的地名,现在这里已经是北京最现代化的CBD 了,而在北平时期,这儿大概就是一片农田。不过,北平有一个优势却是现代化的北京无论如何都比不上的,那就是古城墙。

古城墙虽然没了,但城墙里的古迹基本都得以保存,胡同也得到了很大程度的修缮,这多多少少是一件令人宽慰的事情。北海的荷花,钓鱼台的银杏,景山上的月色,胡同里的蝈蝈声,还有槐树叶底一丝一丝漏下来的日光,郁达夫笔下的"故都的秋"依然还是那个韵味,好比茅台或汾酒,不管装在什么瓶子里,味道还是那个味道。

北京的秋天是从何时开始的呢?不知道。反正一场秋雨过后,西山的轮廓就越来越清晰，天上的云彩也越来越高，"未觉池塘春草梦，阶前梧叶已秋声"。

景山

北京的秋天里最适宜的活动是什么？登高望远。在北京城区内，若要选一处登高望远的位置，没有比景山更合适的了。它处于北京城区的中轴线上，乃二环内的最高点。站在山上的万春亭，向南可俯瞰整座紫禁城，巍峨的宫墙尽收眼底。夕阳西下时，余晖洒在红墙碧瓦上，群鸦乱飞，剪影非常漂亮。等最后一批游客散尽，神武门缓缓地闭上，钮祜禄氏、富察氏等终于可以歇息一下了——不知有多少"文青"是奔着她们而来。偶尔有灯光在深巷中闪烁，令人想起唐朝诗人韩翃的那句诗："日暮汉宫传蜡烛，轻烟散入五侯家。"

观西山落照是一件很惬意的事情。与日出相比，太阳落山要慢得多，容你很悠闲地拍来拍去，怎么拍都美，可谓移步换景。夕阳中最美的要数北海的白塔和西山的层峦叠嶂，剪影影影绰绰，极具朦胧之美。景山历来是谈恋爱的绝佳之地，恋人成双入对，卿卿我我也不避人。辑芳亭与中央电视台的电视塔也不甘寂寞，遥遥相望，眉来眼去，只恨不能古今穿越一趟。

向东望去，北京CBD的风光一览无余。华灯初上时，一栋栋摩天大楼好像一座座晶莹剔透的玻璃房子。一轮明月悬于天际，恰好有一架飞机擦着月亮边缘飞过，长长的尾迹云宛如一道切线，猴王不禁想起大一高数课上学过的求导公式。所谓导数，不就是曲线在某点上的切线斜率？摄影还能复习高数知识，想不到吧？

在景山上，可以看到北京城的细微变化，点点滴滴都入了镜头，都是历史的珍贵底稿。看向远处的"中国尊"，从无到有，过几天就是一个样。什么是"中国速度"？一目了然。

到了中秋节,如果天气晴朗,此处乃赏月绝佳之地。北京的摄影爱好者们一定不会放过这里,"长枪短炮",严阵以待,只等一轮圆月从地平线上缓缓升起。如此良辰美景,猴王怎能不赋诗一首以记之?

中秋怀远

塞上秋夜凉,天涯歌未央。

最是中秋月,教人思故乡。

慕田峪长城

登高观秋色,城内数景山,城外就数长城了。长城秋色最佳处则在慕田峪。站在慕田峪的烽火台上,看万山红遍,层林尽染,江山如画,令人如痴如醉。很多摄影发烧友晚上在烽火台搭上帐篷,就为抓拍长城的日出和日落,还有晚上灿烂无比的星空。猴王没有那么讲究,只能"随遇而安",拍到什么算什么。你看,碧蓝的天空中一架飞机飞过,拉起了长长的尾迹云,真是"晴空一鹤排云上,便引诗情到碧霄"啊!发现美不需要太高的成本,只要用心就行。

后海 & 钓鱼台

秋日的后海,荷花已凋谢,树叶也变了颜色,恭王府里的银杏叶在秋风中簌簌落下,来如夏花之灿烂,去如秋叶之静美。这座府邸里不知已经来来去去多少王爷贵胄了,一茬又一茬,走马灯似的,"繁华事散逐香尘"。后海北沿著名的明珠府里(现宋庆龄先生故居),三百多年前某个秋日的午后,纳兰性德公子登楼远眺,睹此秋色,会不会诗情勃发?"人生若只如初见,何事秋风悲画扇。等闲变却故人心,却道故人心易变。""谁念西风独自凉?萧萧黄叶闭疏窗。沉思往事立残阳。被酒莫惊春睡重，赌书消得泼茶香。当时只道是寻常。"

后海的秋色最具贵族气，只因离皇城不远。当然钓鱼台前的银杏大道也很有人气，贵族之气丝毫不逊于后海。

清华园

清华园本是皇家园林的一部分，其秋色也是热烈奔放型的，有"满城尽带黄金甲"之感。从东南门入，矗立在道旁的银杏树好像在参加聚会，盛装华服。金黄色的树叶洒满一地，像铺上了一层锦缎。"谈笑有鸿儒，往来无白丁"，清华园的秋色最具有学术含量，踏着秋叶而来的不是博士就是教授。您看，荷塘边的朱自清先生，莫不是在构思《荷塘月色》吧？

颐和园

颐和园的秋色与杭州西湖的秋色相差无几。玉泉山的宝塔远望很像雷峰塔，昆明湖与西湖浑似表兄弟，西堤更是神似苏堤，苏堤上有六座桥，西堤上也有六座桥。园子里的亭台楼榭也都似是与西湖边的一个模子里做出来的，当年乾隆正是按西湖的模样来"量身"打造颐和园的。要想知道西湖的秋色是什么样子，用不着跑那么远，来颐和园便"得来全不费工夫"。

香山

堪为北京秋色"颜值担当"的，非香山莫属。香山红叶甚至成了一个有特殊含义的词语。小时候，谁如果能收到远方友人寄来的一片香山红叶，一定会招致不少"羡慕嫉妒恨"的眼光。

掩映在一片红叶里的白色建筑就是贝聿铭先生设计的香山饭店。若想在红叶季里观赏香山红叶,不妨住在香山饭店里,这样可以避开游客上下山的高峰期。游客下山,你却上山;大路朝天,各走一边。若逢冬日风雪,在此位置观之,不正是诗中的意境吗?"日暮苍山远,天寒白屋贫。柴门闻犬吠,风雪夜归人。"

香山的双清别墅里有一株千年银杏树,可谓香山的"镇山"宝贝之一。每到深秋时节,它便"黄袍加身",分外妖娆。1949 年 3 月 25 日,毛泽东主席就从西柏坡而来住进这里,在此指挥了渡江战役,写下了《七律·人民解放军占领南京》,筹划建国大业。由于从香山到市区来回时间较长,在开国大典之前,他就搬进了中南海,所以应该没有机会欣赏到 1949 年香山醉人的秋色。以他诗人的眼光,要是看到这样的美景,一定会留下诗篇。

"海日生残夜,江春入旧年。"季节变换,并不是泾渭分明的,总会有一个叠加的状态。有人喜欢醉人的秋色,有人则觉得秋风恼人,萝卜青菜,各有所爱。刘禹锡曾写过:"自古逢秋悲寂寥,我言秋日胜春朝。晴空一鹤排云上,便引诗情到碧霄。"毛主席写了首《采桑子·重阳》,估计受其影响,"人生易老天难老,岁岁重阳。今又重阳,战地黄花分外香。一年一度秋风劲,不似春光。胜似春光,寥廓江天万里霜"。

一曲少林嵩山响，误了多少少年郎

少林，少林

有多少英雄豪杰都来把你敬仰

少林，少林

有多少神奇故事到处把你传扬

精湛的武艺

举世无双

少林寺威震四方

悠久的历史

源远流长

少林寺美名辉煌

千年的古寺

神秘的地方

嵩山幽谷

人人都向往

武术的故乡

迷人的地方

天下驰名

万古流芳

"一曲少林嵩山响,误了多少少年郎"啊!

传说当年的《少林寺》票价仅几毛钱,总票房却超亿元。换算成今天的票价,那票房妥妥超过百亿元了。即使是《战狼》《红海行动》,都自叹弗如啊!

当年有多少"傻小子"坐在电影院里,从早到晚,一场不落?请举一下手,把你的票钱补一下。人家是一分钱掰成两半花,你是一分钱掰成五六瓣花。

自从看了《少林寺》,班里几位男同学就剃成了光头,还在额头上点了几个点。操场连着晒麦场,每天放学后,总有一帮"傻小子"在那里"切磋武艺",什么鲤鱼打挺,什么后空翻,什么扎马步,什么铁砂掌,什么南拳北腿,还有站在木桩上练轻功的。我也是其中一个。

那时候杂志比较少,记得有两款很受欢迎。一款是《大众电影》,全是美女照,大人们喜欢看;一款是《武林》,全是武术套路,是我们这些少年郎的"九阳真经"。小时候没学过美术,唯一的美术启蒙就是照着《武林》画少林武僧,书本的边边角角画的全是舞枪弄棒、飞檐走壁的少林武僧。

学校门口有一家铁匠铺,铁匠的儿子是我的同班同学,每天帮着他爹干活,一身古铜色的皮肤,就像古天乐一样。他的胳膊上满是"疙瘩肉",特别有力气,在班里掰手腕,两个人上场都掰不过他一人。我决定拜他为师,每天抢着他家的大铁锤,没少给他家干活。

有一天早上,铁匠到学校找领导,说儿子前一晚没回家,不知道野到哪里去了。学校领导找同学们了解情况,同学们都不知情。过了两个星期,他被找了回来,原来他与村里的几个"傻小子"结伴去投奔了少林寺,逃票乘车被逮住,被当地的派出所收留。我问他见着少林寺了没,他说见着了,少林寺可大了,还见到了方丈,方丈收他为俗家弟子,还答应教他武功。我们都羡慕极了。

后来又有几位同学"离家出走"投奔少林,毫无悬念都被送了回来。

那几年里,全国各地究竟有多少少年郎奔走在去往少林寺的路上,不得而知。我猜想,一定不是一个小数目。

有一次父亲去洛阳出差,去了一趟登封少林寺,在山门前拍了一张照片,黑白的,两寸大小。我如获至宝,把它揣在口袋里,一有机会就跟同学们"显摆",连铁匠的儿子也对我刮目相看。

那年春节,我分析了一下"市场",小朋友们估计都拿到压岁钱了。我与弟弟果断决策,用压岁钱多买几本《少林寺》小人书,再把家里其他几十本小人书拿出来,在镇上的百货大楼门前摆了一个摊。我们采用阶梯式定价,一般的小人书看一次 1 分钱,《少林寺》则每次 5 分钱,欢迎多看几次,多看一次少收 1 分钱。如我们所料,《少林寺》果然极受欢迎,小朋友们几乎都排着队看《少林寺》。一个人在看,旁边几个小朋友痴痴地守着,这场面,活脱脱一个"饥饿营销"的典型。有几个小朋友几乎是花完了口袋里的压岁钱才恋恋不舍地离开。那个春节,我们不仅收回了投入的成本,还得了不少盈余。只叹春节假期太短,要是再长几日,我们可真能发点小财了。

人总是要长大的,儿时的梦想渐渐变成了柴米油盐酱醋茶。工作后我经常出差,在机场总能偶遇明星,比如李连杰,远远地看过去还是有些激动,还有那位大反派王仁则,不知道本人叫什么名字。

《少林寺》是内地与香港的合拍片,港台的拍摄理念搭配内地的实力演员。听说演员其实都是那几年的全国武术冠军,本色出演,全是真功夫,拳拳到肉,没有替身,一镜到底,不用剪接。这阵容和拍摄手法,可谓空前绝后了。

俄乌"斗气"之后[1]

俄罗斯就像一头体量巨大的北极熊,卧于白雪皑皑的冰盖之上,有时看着西方,有时看着东方,哪里水草丰茂,哪里就是方向。

普京的魅力来自哪里?上可驾战机,下可驭潜艇,徒手擒猛虎,赤膊玩垂钓。太酷了!

可惜治国不是娱乐,不是"俄罗斯好声音",更不是"俄罗斯快男"。没有土豆牛肉,没有黄油面包,民众得不到实实在在的好处,谁跟你玩?

成就普京"大帝"形象的是埋藏在俄罗斯广袤原野下"取之不尽,用之不竭"的油气资源。他的确很幸运,生逢油价狂飙的年代。俄罗斯的"猛男"多了去了,唯独他成为这油气资源的"形象代言人"。

一路飙升的油气价格赐予了普京"无穷的力量",也让俄罗斯人尝到了自苏联解体之后少有的甜头,能源成了仅次于军火的俄罗斯的第二张王牌。普京打起牌来信手拈来,屡试不爽。

乌克兰危机表面上看是政治危机,实际上是俄乌之间在能源上的博弈。

俄罗斯输往欧洲的天然气管道途经乌克兰,当然会给乌克兰一点"买路钱",乌克兰因此长期享受着来自俄罗斯"大哥"的超优惠气价。2005年,每立方米仅0.05美元,合人民币不过三毛多钱。而北京市的气价是多少?民用气价目前是2.28元/立方米,工业气价更贵,3.23

元/立方米。华南地区的气价更是令人咋舌,广州市民用气价达 3.45 元/立方米,工业气价达 4.85 元/立方米。相比之下,可见俄乌兄弟情之深,天然气几乎"白给"。俄罗斯对这个昔日的同胞没得说,的确不薄。不过好景不长,乌克兰爆发"橙色革命"。城头变幻大王旗,俄乌兄弟俩若即若离,渐行渐远。

尤先科、季莫申科、亚努科维奇,或东或西,左顾右盼,都源于一个纠结:既青睐欧盟伸过来的橄榄枝,又不愿放弃"老大哥"的天然气。

普京抡起天然气"大棒"——之前是"大萝卜"——输往乌克兰的气价一路飙升,从 0.05 美元/立方米涨到 0.4 美元/立方米,8 年涨到了原来的 8 倍。终于酿下了一枚苦果:克里米亚危机。俄美剑拔弩张,欧盟忐忑彷徨,因为有一根线被俄罗斯牢牢牵着,那就是天然气管道。没有了俄罗斯的天然气,欧洲过不了冬天。

俄乌交恶,对中国有何影响?众所周知,中俄一直在谋划远东天然气管道的铺设,只是蜗行龟步,原因很复杂,也很简单——气价谈不拢。从 1994 年谈到 2014 年,还是未谈妥,倒是霍尔果斯口岸,来自中亚土库曼斯坦的天然气经乌兹别克斯坦、哈萨克斯坦万里迢迢来到上海。气价如何?据报道是 0.2 美元/立方米,相当于人民币 1.2 元/立方米。反正中石油说它亏得一塌糊涂,所以才有了涨价一说。

俄乌"斗气"下去会有几种可能呢?

第一种可能:大打出手。俄罗斯切断天然气供应,欧美斡旋,几个月后(严格说是 4 个月后,因为乌克兰天然气储备仅供支撑 4 个月)握手言和,克里米亚独立或归俄,普京完胜。

第二种可能:美国联合欧盟制裁俄罗斯,与普京"死磕"。普京为巨量天然气寻找"出路",转头把橄榄枝伸向中国,中国话语权加重,获得比中亚的气价还要优惠的价格,中亚气价应声而落。

第三种可能:普京低下高傲的头颅向西方服软,一切恢复到危机之前,乌克兰亲西方政权上台。

以普京的个性,第三种可能估计不成选项,第一和第二种可能或许会发生。若问我倾向哪一种,当然是第二种。中国正在为笼罩在华北上空的雾霾发愁,大家不约而同地想到了比燃煤更清洁的燃料——天然气,天然气俨然成了香饽饽。可惜,天然气对中国人而言还是奢侈品。

在武汉,在合肥,在长江以南,在那些三线及以下城市,人们望气兴叹。巧妇做饭再好吃,难为无米之炊啊!

天然气分布式能源是中国能源主管部门为治理雾霾而举起的一面旗帜,但高高举起,又轻轻放下。以目前的燃气供应量和高昂的气价来看,天然气分布式能源的大面积"开花"只能是吆喝。理想很丰满,现实很骨感。以进口燃气轮机 20%的发电效率和 3 元/立方米的气价来测算,每度电的发电成本为 1.5 元,即使有后续的余热回收或二次发电,这一发电成本也与"经济性"相去甚远。如以发电效率高出燃气轮机一倍的燃气内燃机来测算(进口的燃气内燃机发电效率普遍在 40%左右),发电的成本相比燃煤发电成本还是要高出很多。加上电网公司对分布式能源采取的暧昧态度,余电不能上网变现,或者采取低价上网然后高价回购的形式,显得很荒唐。因此,天然气分布式能源至今仍是"王谢堂前燕",飞不入寻常百姓家。

俄乌"斗气"会给中国的天然气供应带来转机吗?

我曾造访美国华盛顿卡内基国际和平基金会,与其高级合伙人大卫·柏威尔(David Burwell)先生有一席谈话。大卫先生说他们正游说国会以促成美国对华天然气出口。美国的"页岩气革命"超出预期,光 2014 年页岩气单项的产量就已经超过了中国 2014 年所有气体产量(包括进口的天然气)。美国的气很富余,完全可以考虑卖给中国。据我推测,中国从美国进口液化天然气(LNG)或压缩天然气(CNG)的价格应该比从俄罗斯进口天然气更低些。从信用角度而言,在俄美之间,后者的记录似乎更好一点。但从地缘角度来说,远亲不如近邻。

我个人认为,只要欧盟不放弃东扩,美国不放弃与俄罗斯"死磕",就会有普京务实地掉头往东的一天。

注释:

[1]该文原载于 2014 年第 5 期《分布式能源》。2015 年,中俄东线天然气管道开始建设。2019 年 12 月 2 日,在中俄两国元首的见证下,中俄东线天然气管道正式通气,5 年前的预言终于成为现实。

晋阳湖赋

梦绕边月,心飞故楼。思归若水,乡音悠悠。丙申猴年,晋阳人欲再造晋阳湖。越三年,己亥年夏,猴王携友人再游晋阳湖。古人云:士别三日,当刮目相看。

但见落日熔金,暮云合璧,湖光山色,镜面若磨;万顷方塘,一鉴而开,天光云影,共舞徘徊。而又水草摇曳,柔波缱绻,花木婆娑,倦鸟盘桓;残阳欲染,铺于水间,半江凝碧,半江嫣然。同行者不禁叹曰:浑似苍山洱海。又有友人曰:欲与西湖比美,难分伯仲之间。

信步观湖长廊,临水顾影,怎不生怀旧之情愫,发思古之幽情?登临西山之巅,把酒临风,谁又能不宠辱偕忘,心旷而神怡?往事越千年,遥想(周)成王封弟、晋文(公)称霸、赵氏托孤、汉文(帝)潜龙、司马代魏、隋文(帝)一统,更有太原公子,横刀立马,纵横四海。无数丰功伟业皆源于这一顷碧波,多少英雄豪杰尽付于这苍烟落照,何其壮哉!问世间,何能不朽?何欲不朽?非人亦非物也,唯生生不息之精神哉!

猴王不才,纵无豆蔻词工,亦无丹青妙手,唯愿以镜头忠实记录焉。

时己亥年仲夏于太原。

乱

彈

大话白领[1]

外企,一个特别的术语,一个似乎只有中国才有的特别术语。

白领,一个漂洋过海的"舶来品",圈内人视其为贬义的调侃,圈外人视其却有令人艳羡的光环。

好比钱钟书笔下的"围城",城里城外,心态各异,风景不同。

清晨的北京,薄雾笼罩。东四环路上,由北向南,为了避开早高峰的拥堵,宇飞早早地驾车奔向国贸附近的写字楼。要是再晚上一个小时,迎接他的将是海水一样汹涌的车流,到那时,他就会像一只趴在蜗牛堆里的蜗牛,除了能听听交通台里那两个贫嘴的主持人插科打诨,整个早晨就剩两个字——废了。

七点半左右,他来到办公大楼。电梯里稀稀拉拉的,没几个人,大都是公司的中上层管理人员,个个睡眼惺忪,白衬衫上的领带却分外鲜明。大家习惯性地互致"Morning"(早上好),然后像小鸟归巢一样,各自飞进了自己的办公室。随后的"程序"大多相似,打开电脑,边喝豆浆边看 E-mail(电子邮件);或者边查看电话留言,边冲一杯浓咖啡;又或者是迅速进入到与大洋彼岸的 conference call(电话会议)中:"Are you ready? Are you available? Ok, let's start."(你准备好了吗?你在吗?好,让我们开始吧。)大洋彼岸的会议召集者熟悉的开场白已在宇飞的耳朵里磨出了茧子。

宇飞就职的公司,总部位于大洋彼岸的美国,时差使双方的办公时间不能同步,因此,每天早上的必修课之一便是处理多达三四十封 E-mail,这大约会用掉他一个半小时的时间。这并不算多,也不算复杂,更恐怖的要数休假回来,邮箱里会有几百封甚至上千封邮件,看都看不过来。九点左右,一切似乎处理得当,宇飞才伸了伸懒腰,冲上一杯浓浓的普洱茶。据说此茶可以消除脂肪肝,每次体检的时候,医生总是摸着他隆起的腹部善意地提醒他。宇飞端着茶杯站在宽大的落地玻璃窗前,远方的天际风卷云舒,冲破云层的阳光开始洒满整间屋子,建国门外大街上的风景一览无余。从京通快速路到建国门桥,仿佛一个巨大的停车场,数千辆汽车一字排开,你追我赶,像赶集的牲口,蔚为壮观。

中午十二点,宇飞已经登上了飞往上海的航班,那里有一场重要会议正等着他。

下午三点,入住西郊宾馆。

晚上七点,在外滩 18 号,与一个重要客户见面叙谈。

晚上八点,在新天地酒吧,与几个同事好友觥筹交错,酒酣耳热,一半是为了休闲,一半是为了工作。

晚上十点,与美国上司的电话会议如约开始,口音很重的老美上司常常会使他一夜无眠。

宇飞是一个白领,尤其在外人眼里,是一个标准的白领,有几分神秘,又有几许光环。不过个中滋味,恐怕只有他自己才能体会。

焦虑和危机感

“中产阶级,一个最谨小慎微、了无生气的阶层。他们是企业的螺丝钉,‘可替换的零件’。他们最惧怕‘他人的批评’,因此是为他人而生存的阶层。他们是全社会中最势利的一群人。”《格调》一书的作者保罗·福塞尔不无讽刺地描述所谓的西方中产阶级,我觉得他的描述也很适合中国的白领,这一即将成为中国中产的阶层。

　　他还写道:"如果谁容易变得非常焦虑,这种倾向暗示你是一名中产阶级,你非常担心自己会下滑一个或两个等级梯级。另一方面,上层阶级热衷于谈论这个话题,因为他们在这种事上投入的关注愈多,就愈显得地位优越。贫民阶层通常并不介意讨论这个话题,因为他们清楚,自己几乎无力改变自身的社会地位。所以,对他们而言,整个等级问题几乎就是一个笑话——上层阶级空洞的贵族式的自命不凡不过是一种愚顽和妄自尊大;而中产阶级的焦虑不安和附庸风雅则令人生厌。"看来,做个白领竟是如此不幸。

　　在中国,如何分辨出一个职员算不算白领? 其实很简单,看看他在哪里吃午餐。白领一般都会选择写字楼下的星巴克和上岛咖啡,而非白领就是一碗马兰拉面。

　　白领虽然来到中国不过二十来年的光景,但是已经形成了属于他们的一些身份特征。他们已经习惯于每周上一次高档餐馆,很娴熟地点着相对固定的菜品,并且会很敏锐地发觉菜谱的些小变化。餐馆的侍应生对他们也了如指掌,会很专业地问候他们并推荐他们经常点的菜品。白领们很少用现金买单,他们会在结账的时候亮出自己的金卡,并且会很潇洒地在账单上龙飞凤舞——签名都是设计好的,只有自己可以分辨。白领们一般会在吃完晚饭后,继续到后海或衡山路上泡吧,这样才能显得更"中产"一点。白领们也会经常谈起自己的孩子,谈到自己为了孩子的教育根本不在乎花钱。白领们几乎每个周末都会结伴驾车到郊区度假,他们之间的话题肯定会涉及自己的爱车,每次回来,白领们都会有换掉旧车买新车的打算。白领们总会津津乐道自己刚刚购买的 apartment(公寓),这些楼盘一定是频频登上报端的那种,有大片的绿地、湖泊和休闲会所,而他们绝口不谈为此按揭每月要还多少钱。白领的手机也总是与众不同,别人的手机越来越小,白领的手机的个头却越来越大,大得像台电脑,里面能装下合同文件和各种报表。白领们虽然还没有能力得到一张高尔夫贵宾卡,但他们会很熟悉地描述Tiger(泰格·伍兹)如何挥杆。而这一切的一切都有个前提:钱包充裕。白领们就这样整日胆战心惊、焦虑不安,唯恐一不小心就滑落到这个圈子之外,在别人眼里变得不"白领"起来。

所以白领们要行动起来,为了更有钱、更有气派,必须升职、加薪,而必由之路只有一条,那就是——跳槽。

白领们的办公室里总有一道别致的风景:当手机铃声响起的时候,大大方方接的电话,多半与业务有关,而听到铃声响,匆匆忙忙走出去低声细语的,不是在谈恋爱就是身在曹营心在汉。

白领时代以前,工作单位之于个人,意味着停泊的唯一港湾。

白领时代以来,工作单位之于个人,意味着一个歇脚的驿站。白领就像一匹不知疲倦的奔马,从一个驿站奔向另一个驿站。

如果你没有怀揣一颗随时准备跳槽的心,那么你就不是一个"白领"。

如果你没有被老板炒鱿鱼或炒老板鱿鱼的经历,你就不是一个"资深白领"。

不过,要恭喜你的是,你还没有患上"白领综合征"——跳槽与其说是白领求变的主动选择,不如说是一种心理强迫症,而这种强迫症不仅仅体现在跳槽上,还体现在"过劳"上。

过劳,白领的另一个标签

看过电影《大腕》的人,都记得片尾李成儒的一大段一口气式的精彩独白,京腔京韵,真是把一个疯狂的地产商刻画得淋漓尽致、入木三分,令人叫绝。白领们看后,也感动得"泪流满面",索性把它编成讴歌自己的段子,美其名曰《做就做最优秀的员工》:

天天要求工作

工作量最少也得十几个小时

什么策略呀、创意呀、完稿啊

能干的都给它干喽

早上六点就到,晚上还得加班

公司里全都是工作狂

光干活儿不回家那种

老板一个电话,甭管有事儿没事儿

都得跟人家说"May I help you,Sir?"

一脸地道的奴才相

倍儿想挨抽

每个人都有你的联系电话

墙上是你的详细住址

连厕所门上都是你的手机号码

公司里搁着铺盖

二十四小时候着

就一个字儿——累!

一个月光打的就得万儿八千的

周围同事不是加班到早晨四点就是五点

你要是加到一点

你都不好意思跟老板打招呼

你说这样的员工一个月得挣多少钱?

(我觉得怎么着也得两千多块吧?)

两千多块? 那是一年!

就一百多块,别嫌少,还是税前

你得研究咱优秀员工的工作心理

愿意为了一百多块累到吐血的

根本就不在乎挣多少钱！

什么是优秀员工？

优秀员工就是不管干什么活儿

都干最累的，不干钱多的

所以，我们的口号就是：

不求最好，但求最累！

商业社会的最大特点就是除了竞争还是竞争。竞争就是你追我赶，互不相让；竞争就是有人欢喜，且必然有人发愁。白领注定是竞争机器里的一颗螺丝钉，要想使自己更发光，要想使自己更"白领"，不玩命工作，如何能行？

白领的出现使传统意义上的"劳模"概念黯然无光，白领们开创了一个"过劳模"的时代。

读书、时尚和休闲

从一个人读的书大抵能看出他(她)具有什么样的思想。

从一个人交的朋友大抵能看出他(她)所走的路。

从一个人娶或嫁的人大抵能看出他(她)所拥有的生活。

白领是一群天生为工作而生的动物，因此，他们的读书往往也离不开工作。

虽然于丹的《论语心得》红遍中国，虽然易中天的《品三国》名满天下，但是，这些并不能真正打动他们，因为这些过于"遥远"，也过于"虚幻"，不够"中产"。他们更关注的是现在和未来。不过，他们照样会把这些书买下来，放在精美的书橱里，和《资治通鉴》《史记》一道装点房间，至少给外人传递一个信息：这书我也看。

男白领们会在聚会时津津乐道 GE(通用电气)前 CEO 杰克·韦尔奇的自传，女白领们也不忘买一本 HP(惠普)前总裁卡莉·菲奥莉娜的自白,而"打工皇帝"李开复的《做最好的自己》更是白领圈内风靡一时的圭臬之作,你若不知道,都不好意思说。

白领们更不会放过每一次商业阅读的热点,比如所谓的《基业长青》《从优秀到卓越》,或者《富爸爸,穷爸爸》《成功如此简单》,还有《谁动了我的奶酪》,似乎读了这些马上就能掌握如何点石成金,就能学会如何持久地赚钱。当然,他们也会看一些更"高级"的,比如《水煮三国》,似乎有一点历史的厚重感。在电视访谈节目里,主持人也会很配合地问成功白领都读什么样的书,这时候,白领们会理直气壮地说出以上这些书名,显得自己很现代,至少很有现代感。白领的阅读更倾向于方便面式的速食主义,有没有营养先不说,关键要流行,要新潮,要体面。

白领们可以没有书,但万万不可以没有电脑和网络。白领们天生就像蜘蛛,喜欢在网络里爬来爬去,汲取营养。什么门户时代、搜索引擎时代、博客、播客、Web2.0、Web3.0、MSN,白领们总是在海量资讯里如鱼得水,乐此不疲。不可想象,如果没有了网络,白领们这些"蜘蛛"会有多么寂寞。

白领们的语汇总是介于东方和西方、网络和现实之间,每一个圈子都有其特定的缩写和术语。要想区别一个老白领和一个小白领,很简单,看他们掌握的缩写和术语的多寡即可判断。

正如某位白领总结的那样:"在某个时段内率先由少数人试验,而后来为社会大众所崇尚和仿效的生活样式,就是时尚。"

白领从来都是时尚的领跑者,因此,他们的休闲方式总是比公众快一拍。

当少男少女们为"超女""快男"而尖叫的时候,白领们保持着特有的矜持和冷静,他(她)们往往只喜欢欣赏和旁观,而不会打扰到自己的生活。大多数明星之所以喜欢乘坐飞机旅行,是因为即使不戴墨镜,也没有谁像追逐动物园里的动物那样围着他(她)们尖叫和索要签名,也是因为在他(她)们旁边安静地敲打着电脑或手不释卷、气定神闲的都是白领,他(她)们的悠闲和自信甚至会使这些明星都有点相形见绌。当人们还不了解咖啡的时候,白领们已经习惯于星巴克,习惯于在星巴克的一个安静的角落里边喝咖啡边用电脑工作;而当人们开始接受星巴克的时候,白领们却叫嚷着让星巴克滚出故宫,莫要玷污了传统文化。当人们扎堆于桂林山水和九寨风光时,白领们背上行囊,驾上SUV奔赴西藏;而当乌泱乌泱的人流沿着青藏铁路涌入西藏的时候,他们却开始在内蒙古人迹罕至的大漠里体验生命。曾有这样一位白领朋友,千里迢迢从北京赶赴青海湖,在短信里这样动情地说:"当我看到一望无际的油菜花和烟波浩渺的青海湖时,我禁不住泪流满面。"这就是白领,有那么几分矫情,有那么几分"小资情调",他们留给众人的是一个孤独而骄傲的背影。他们永远活在自己的情感体验里,而不会随波逐流。

处于信条和信仰之间

从严格意义上来说,白领们没有信仰,他们只有信条。他们经历过或他们的前辈们经历过言必称尼采和萨特的浪漫时代,但这些先哲们并没有给他们带来多少现实答案,他们最终捡起的还是现实主义和实用主义的衣衫,因此,白领永远是以现实为中心和自我至上主义者。

白领即使不是旧价值观的颠覆者,也至少是旧价值观的怀疑者。和"新新人类"几乎没有信仰相比,他们的行为总是介于"嬉皮士"和"雅皮士"之间,介于信条和信仰之间。他们会热衷于周星驰式的对白,看似无厘头却有哲学感;醉心于《一个馒头引发的血案》,体验一把"一本正经"被"恶搞"的快感;他们更喜欢《疯狂的石头》甚于那些大片,因为他们更欣赏小人物的贴近生活的喜剧感。

如果政治不去"打扰"他们,他们一般也不会去"打扰"政治。他们大多觉得政治离自己很远，与自己无关。套用经济学的术语，他们不大喜欢主张政府干预的凯恩斯，而比较偏爱倡导自由主义的弗里德曼。不过，这并不妨碍他们以自己的方式表达政治观点。在日本成田机场，白领们会将饮料瓶掷向李登辉，表达自己的愤懑和不满，也会在自己的休假时间登上钓鱼岛宣示主权，这些都完全出于自愿。针对山西黑砖窑事件，白领们会发起排山倒海的网络舆论，对黑心窑主进行批判。白领们也会悄悄地客串一把奥运志愿者，或到穷乡僻壤的大山里默默地当一回"孩子王"。白领们纯粹把这当作一种快乐的"生活体验"，所以不喜欢将它过度拔高和过于渲染。

"成熟是一种明亮而不刺眼的光辉，一种圆润而不腻耳的音响，一种不再需要对别人察言观色的从容，一种终于停止向周围申诉求告的大气，一种不理会哄闹的微笑，一种洗涮了偏激的淡漠，一种无暇声张的厚实，一种并不陡峭的高度。勃郁的豪情发过了酵，尖利的山风收住了劲，湍急的溪流汇成了湖……"

他们似乎永远也达不到作家笔下的成熟境界，但是，他们同样远离幼稚和青涩。这就是白领，他们永远以自己的专业精神处于社会的中间。

理智与情感

嘿，在里面很苦

早知道是这样

就不该有当初

为了一时的幸福那样投入

忘了这一生都会苦

嘿，很难逃得出

自己走过的路

别再说无辜

为了遥远的路途拼命追逐

忘了得不到会孤独

哪边会幸福哪边更苦

越过高墙也许会更无助

生命短促不该追求虚无

所以越狱在今夜趁你外出

哪边会幸福哪边更苦

别再中了来自爱情的毒

谁的痛苦来自谁的束缚

所以越狱在今夜

给彼此留条生路

嘿,在里面很苦

早料到会这样也是会有当初

当初我愿意付出一切去赌

忘了我会输

会得到惩处

　　音乐人小柯简直就是白领"肚子里的蛔虫",寥寥数句就把白领们的小心思一语道破。这首名为《越狱》的歌,不知道出了多少白领内心的迷惘和困惑:婚姻好,还是婚姻错?

　　白领们不屑于前辈们的婚姻,觉得那样没劲。他们总是憧憬着蹦极一般的"心跳的感觉"。

　　白领们的婚姻很实际,没有 100 平方米的房子,没有 10 万元以上的车子,闲话少说,婚姻免谈。

白领们喜欢看冯小刚执导的《一声叹息》,在那里面寻找家以外彩旗飘飘的感觉。当然他们的结局和电影里一样,唉,一声叹息。

白领们也会像《花样年华》里的周先生和陈太太那样,在婚姻、背叛、欺骗的边缘徘徊,最后,只能对着树洞诉说藏在心底的秘密和哀怨。

白领们会经常调侃式地引用《手机》里费墨先生的台词"审美疲劳"和"做人要厚道",为自己一时的冲动开脱。

面对现实的白领们很快又筑巢垒窝,过上了和前辈一样的平淡如水的生活,而那些苦等缘分的白领们直等到流年似水、岁月蹉跎,他们开创了一个前无古人的"北大荒"和"白骨精"的时代。

北京、大龄、"荒"着的,俗称"北大荒";白领、骨干、精英,戏称"白骨精"。在北京的CBD,据说这样的人有30万之多。如果金庸先生要写一部现代武侠剧,建议他把这两个"帮派"也写进去。它们在武林中的地位,虽然比不上华山和武当那样"上层",也比不上峨眉、崆峒"中产",但至少比丐帮强,起码与《武林外传》中的那位秀才是"同党"。

有的人想谈感情,却没时间;有的人有时间,却不敢谈感情;有的人既有时间,又想谈感情,却无缘相谈;有的人干脆不屑地甩下一句:"真是老土,都什么年代了,还谈感情?"这难道就是白领?

MBA 和海归

"学而优则仕",是从古到今的"金科玉律"。

游离于官场之外的白领也不能免俗,更不能例外。

套用一句时髦的俗语——文凭不是万能的,但没有文凭是万万不能的。

按理说,人之思想是这个世界上最复杂的东西,但是,为了判断思想的优劣,人类却用了一个最笨的办法——"一刀切"式的文凭。即使再学富五车,再胸怀锦绣,再妙笔生花,再文韬武略,如果不能外化于文凭,一切皆白搭也。

白领的世界里,如果说刚跨出校园的小白领是"浅白"的话,三四十岁的老白领就是"纯白",而那些漂洋过海的怀揣着MBA烫金证书的白领就是"深白"了。MBA不仅仅是个学位,更是一块货真价实的镶着金边的白领"敲门砖";而"海归",也不仅仅是段经历,它是走向高层白领的法门。MBA诚可贵,海归价更高;若为高薪故,二者皆得要。

"MBA,Married but available:结婚了,但是依旧可以与别人谈情说爱。""EMBA,Even married but available:即使结婚了,但是依旧可以与别人谈情说爱。"这段流传于白领界的笑话,一方面是对某些MBA名不副实的戏谑,另一方面也充满着"吃不到葡萄说葡萄酸"的心理。至于"海归(龟)不成,变成海待(带)",更是对"海归"们水土不服的一种调侃。

不过,戏谑归戏谑,调侃归调侃,MBA若不与实践相连,充其量只是一个空衔。

"海归"若不摆正心态,终究还不如"土鳖"。白领的圈子越来越是"英雄莫论出处"的世界。

黄金时代、白银时代和青铜时代

中国白领的"历史"虽然短暂,但仍像王小波的三部曲那样经历着三个时代:黄金时代、白银时代和青铜时代。

第一代白领正赶上外企刚刚进入中国的时候。他们现在大多已位高权重或已功成身退,他们是白领里的"贵族","黄金一代",白领里的"航空母舰"。

第二代白领适逢外企加速本土化的时代。他们是引领白领风尚的中坚力量,"白银一代",白领里的"战斗机"。

第三代白领的时代,白领不再只是外企里的概念,国企、民企和私企的高管"异军突起",IT 精英此起彼伏,各路"神仙"各领风骚,这是"青铜一代",白领里的"巡航导弹"。

青铜一代以降,白领的光环落入"凡间",不再耀眼。

但是,他们依旧可以组成一支庞大的联合舰队,在浩瀚的历史海洋中浓墨重彩。

如果你有志于成为一名白领,那么就千万别错过这篇文章,它是引领你进入白领世界的入门教材。

注释:

[1]原文刊载于《书屋》2007 年第 9 期。2007 年的夏天,猴王接到一个电话,长沙《书屋》杂志的主编约我写一篇关于白领的文章。当时太太怀孕,正挺着大肚子,趁每天陪她散步之时,我构思这篇文章。大约一星期后,写好了,我就发给主编,再也没有惦记过它。8 月初,小猴王呱呱坠地了。9 月,这篇稿子也刊载在《书屋》杂志上,距今已 13 年了。13 年有多长? 不长。不够怀旧,但够回眸。

《流浪地球》之后呢?

按照惯例,大年初一晚上,大侄子领着"花果山的小猴子们"看了贺岁大片《流浪地球》。去年的大年初一,他们看的是《红海行动》。回来时已经是午夜,但小家伙们还是很兴奋地聊着剧情,看来这部科幻大片获得了成功。

昨天在高铁上看到天边的落日,想起《道德经》里的一句话,"天地不仁,以万物为刍狗",太有道理了。在天地的眼里,不管有机物还是无机物,一视同仁,顺其自然。

太阳并非有意孕育地球生灵,它只不过在经历一场可控的核聚变。与我们所知的原子弹的爆炸机制不同,那是核裂变,目前已经可控。而氢弹是核聚变。氢弹不能自爆,需要用原子弹引燃,在高温高压之下,核聚变才能发生。

用什么容器才能包住如此高温的一团火呢?只有太阳这样个头巨大的恒星才行。

太阳的主要成分是氢和氦,体积约是地球的 130 万倍,质量约是地球的 33 万倍。这么大的质量所产生的重力,使可控核聚变成为可能。

相对分子质量只有 1 的氢在引力的作用下不断聚集发生核聚变,变成质量更大的氦。核聚变产生的巨大能量向外扩散,与向心的引力达至平衡,因此让太阳看起来似乎一万年都未有变化。其实不然,这种平衡终究会被打破。科学家们说,再过 50 亿年,太阳里的氢终有燃尽的一天,落幕时刻就是氦闪(氦聚变),短短几分钟就可以消耗掉目前需要几百万年才能燃尽的燃料,太阳会于顷刻间"香消玉殒",变成一颗黯淡的白矮星。不过,那一天对于你我而言已经没有什么意义,因为那时的人类应已经超越了在大漠深处扔一颗瞬间爆炸的氢弹的文明程度,而是像用电池一样已经将核聚变运用得灵活自如了。

这并不是天方夜谭,人类已经开始行动,且中国人是先行者。

坐落于安徽省合肥市的中国科学院等离子体物理研究所在 2018 年 11 月 12 日发布消息称,我国大科学装置"人造太阳"取得重大突破。这是世界上第一个非圆截面全超导托卡马克核聚变实验装置,被称为"东方超环"(EAST),又被称为"人造太阳"。它实现加热功率超过 10 兆瓦,等离子体储能增加到 300 千焦,等离子体中心电子温度首次达到 1 亿度,获得的多项实验参数接近未来聚变堆稳态运行模式所需的物理条件。

科幻是科学的前奏,没有前奏就不会有高潮。

到那时,人类何止可以让地球去"流浪",或许可以改变太阳系和银河系的排列组合,甚至可以将荒芜的星球改造成地球这般模样。

到那时,地球说不定成了一个"古董",被人类收藏进宇宙博物馆,供远在几百亿光年外的生物参观,就像我们今天参观故宫博物院一样。

到那时,人类的寿命说不定也延长了许多,毕竟只有这样,才能支持漫长的星际旅游。

到那时,或许还有一种可能,我们这些人会被再次"激活",就像激活一台电脑一样简单。我们会在几十亿年后的"朋友圈"里再次相见。但是,不是所有的人都会被"激活",有一个前提:只有善良的人才会被"激活"。若善良"积分"不够,就没有资格被"激活"。所以,勿以善小而不为,勿以恶小而为之;要珍惜当下;做人留一线,日后好相见。

拾荒者·吹笛者·理发者·遛狗者

拾荒者 & 吹笛者

晨练时看到一位拾荒者,她在一个垃圾桶边与另一位拾荒者怼了起来。只见她对着另一位大声地吼道:"你看你都捡了两大包了,我才捡了这么一点。你干吗非跑到我这边来捡呢?"那位拾荒者嘟囔道:"这难道是你家的垃圾桶?"两人推推搡搡了一阵,直到另一位悻悻而去才罢休。

再往前走,遇到吹笛者。往昔其笛声悠扬,穿林樾,绕梁而不绝,猴王每见必竖大拇指以赞之。今睹其踽踽独行,而不闻笛声,问何故。其人不语,以手指墙上告示,上曰:请某吹笛者勿在此扰民,打扰吾等清梦也。

拾荒者可能不会嫉妒住在大房子里的业主,但一定会嫉妒比他拾荒拾得更多者。知音者必赞你,非知音者必厌你,喜汝与嫉汝者俱在尺寸之间(朋友圈)也。

理发者

再往前走,看到树荫底下有两位理发师在支摊,一男一女,设施都很简单,每人面前一条长凳,一面镜子,有点寒碜。猴王怀疑他们能否招揽到生意。事实证明猴王的担心纯属多余,来理发的老头和老太太还真不少,看得出来很多还是老主顾。按一个人理一次发十元钱来算,早上只要有这么几位客人,就能赚个几十元,一个月下来,少说也有一千多元,够买菜钱了。

君不见如今的理发店,一间比一间装修得豪华,门口常站几位个子高挑的妙龄姑娘,笑容可掬地说道"欢迎光临",感觉理个发像坐头等舱一样。店内的理发师则一个个穿着西服小马甲,打着领结,打扮得像小明星似的,头衔不是"首席"就是"总监"。在这样的理发店,理一次发不花百来块钱人们都不好意思进门,那些为买便宜鸡蛋不惜排半小时队的老人们哪舍得消费啊!

仔细想想,什么是好生意?精准地找到客户群的就是好生意。

遛狗者

晨练毕回家,在电梯口遇见一位老太太,牵一黄犬,互致问候,方知来京数日,不胜烦忧。问何故,老太太叹曰:只因犬子及爱媳颇好狗,每日晨起,二人高卧不起,遣我代劳遛之;奈何电梯逼仄,恰逢高峰期,常遇妇孺老弱,唯恐伤之,故小心避让,如履薄冰;此犬正值盛年,腾跃无度,我老身疲弱之躯,追之不及,苦不堪言啊!

猴王想起《论语》里的一段:子游问孝。子曰:"今之孝者,是谓能养。至于犬马,皆能有养,不敬,何以别乎?"孔子他老人家真是有点"少见多怪"了,我们小区里宠物医院都有好几处,你看到过有老人医院的吗?

诺贝尔文学奖的评委们能领略到中文之美吗？

　　林语堂的代表作之一是英文版的《苏东坡传》，读者群以英美人士为主。众所周知，要了解一位作家，必须了解他的作品。很显然，要了解苏东坡，就必须了解他的词，所以，将苏词翻译成英文是避免不了的。那么翻译的效果如何？咱不能武断，举一个例子吧，比如下面这首《临江仙》。

> 夜饮东坡醒复醉，
>
> 归来仿佛三更。
>
> 家童鼻息已雷鸣。
>
> 敲门都不应，
>
> 倚杖听江声。
>
> 长恨此身非我有，
>
> 何时忘却营营。
>
> 夜阑风静縠纹平。
>
> 小舟从此逝，
>
> 江海寄余生。

　　这首词读来朗朗上口，音乐感和画面感都很足，不愧为传颂千古的名篇。那么林语堂将其翻译成英文以后感觉如何呢？大家不妨看一看。

After a drink at night, Tungpo wakes up and gets drunk again,

By the time I come home it seems to be midnight.

The boy servant is asleep snoring like thunder,

And does not answer the door.

Resting on a cane I listen to the murmur of the river,

And feel with a pang that I am not master of my own life.

When can I stop this hustling about?

The night is late, the air is calm,

And the water a sheen of unruffled light.

Let me take a small boat down the river hence

To spend beyond the seas the remainders of my days.

很显然,这段英文平淡无奇得很,从中并不能看出苏东坡的才华。中国诗词里的精髓,诸如格律、韵脚和对仗的美感,皆荡然无存,诗词秒变成散文。

苏东坡的人格魅力多半来自他的作品,其次来自他的生活方式。对于不少美国人而言,苏东坡月下独酌、乘舟行乐的生活方式平淡得很,只不过是一位中国古代"雅皮士"的各种生活花絮,没啥稀奇。至于对他的作品,更是没啥感觉,也真是枉费了林语堂的一片苦心。与其说他的《苏东坡传》是写给英美人看的,不如说是写给中国人看的,与黄仁宇先生的《万历十五年》一样,"墙外开花墙内香"。若论在介绍中国传统文化这件事的效果上,他们未必比得了蜀中女子李子柒,她只凭几段视频就让外国人身不能至而心向往之了。

可能有人会说,苏东坡的词的确很难被翻译成英文,那么苏东坡的散文翻译成英文会怎么样呢?我们就拿苏东坡的名篇《记承天寺夜游》来看。

记承天寺夜游

元丰六年十月十二日夜，解衣欲睡，月色入户，欣然起行。念无与为乐者，遂至承天寺寻张怀民。怀民亦未寝，相与步于中庭。庭下如积水空明，水中藻、荇交横，盖竹柏影也。何夜无月？何处无竹柏？但少闲人如吾两人者耳。

林语堂翻译如下：

A Night Promenade at Chengtien

On the twelfth night of the tenth moon of the sixth year of Yuan-feng, I had undressed and was going to bed, when the moonlight entered my door, and I got up, happy of heart. There was no one to share this happiness with me, so I walked over to the Chengtien Temple to look for Huaimin. He, too, had not yet gone to bed, and we paced about in the garden. It looked like a transparent pool with the shadows of watergrass in it, but they were really the shadows of bamboos and pine trees cast by the moonlight. Isn't there a moon every night? And aren't there bamboos and pine trees everywhere? But there are few carefree people like the two of us.

感觉如何？似乎也没有中文里那种意境美了。汉字的美感无法在英文中呈现，就好比拼音无法代替汉字一样。很有意思的是，林语堂将十月翻译为 tenth moon，不知是笔误还是有什么讲究。

如果用英文翻译马致远的《天净沙·秋思》呢？"枯藤老树昏鸦，小桥流水人家，古道西风瘦马。夕阳西下，断肠人在天涯。"或者白朴的《天净沙·秋》？"孤村落日残霞，轻烟老树寒鸦，一点飞鸿影下。青山绿水，白草红叶黄花。"元曲算是很接近白话文的了，即使如此，英文也很难还原其美。中国汉字本身具有的画面感很难被其他文字复制，因此也才衍生出独特的艺术形式——书法。

比如"突"字。洞穴里跑出来一只犬,多么形象！比如繁体字"獨",蜀犬吠日,太孤独了！再比如繁体字"魚",即使不认识这个字,也能猜出个大概来,有头、有身、有尾,活灵活现。还有"骚"字,马背上一只跳蚤,马躁动的样子就是骚,一个字就是一幅动感的画面。明清时期,晋商的妻子给在外创业的丈夫写信,信中无字,只有两个柿饼和两颗枣,却大有深意——事事如意,早早归来。据说杨绛给钱钟书写过一封信,信里只有一个字:怂。意思是问钱钟书:你心上到底有多少人？钱钟书秒回信,信里也只有一个字:您。意思是:我的心上只有你。

有的朋友可能会说,中文很难被翻译成英文,那么英文翻译成中文呢,会有什么效果？我们来看看泰戈尔《吉檀迦利》里的第42首诗。

Early in the day it was whispered that we should sail in a boat, only thou and I, and never a soul in the world would know of this our pilgrimage to no country and to no end.

In that shoreless ocean, at thy silently listening smile my songs would swell in melodies, free as waves, free from all bondage of words.

Is the time not come yet? Are there works still to do? Lo, the evening has come down upon the shore and in the fading light the sea-birds come flying to their nests.

Who knows when the chains will be off, and the boat, like the last glimmer of sunset, vanish into the night?

泰戈尔不吝笔墨营造了一种意境。大家不妨再仔细读一读苏东坡的《临江仙》,不正与泰戈尔笔下的这种意境相似吗？

长恨此身非我有,

何时忘却营营。

夜阑风静縠纹平。

小舟从此逝，

江海寄余生。

苏东坡只用寥寥数句就把泰戈尔文中的意境表达了出来。

当年胡适和徐志摩等人为什么主张白话文和新诗？大抵与他们留学英美有关。把英文直译过来其实就是白话文。所以新文化运动也是西化的结果，乃中西文明"嫁接"出来的产物。

无论如何，让诺贝尔文学奖的评委们来评判中文作品，其实有点"勉为其难"了。

侠义精神远去的背影

《双旗镇刀客》不知道看了有多少遍。什么是好的电影？和好书一样，百看而不厌的即是。

土得掉渣也很美

黄沙漫漫，黄土村寨，见不到一点绿色。不知道故事发生在何年何月，只知道在荒凉的西部大漠深处有这么一群人。他们不分男女老幼，皆是粗布灰衫，皮肤黝黑，灰头土脸，似乎一年到头都不曾洗脸，唯一鲜艳的颜色就数女主角好妹身上穿的那一抹红色。她站在黄土高台上望夫归的画面是全片的点睛之笔。大漠落日之下，西部的苍凉景色一览无余。

虽然如此荒凉，但视觉冲击却凸显了美感。就好像人吃白面馒头吃腻了，偶尔吃一顿玉米面馒头觉得很过瘾。

英雄出少年

刀客孩哥在片中只亮了三次刀，但都不是他主动出的刀。第一次，他一刀劈开了一匹马，让瞧不起他的老丈人刮目相看，也赢得了好妹的芳心暗许。

孩哥第二次出刀也是被逼无奈,彪悍的土匪二当家要公然霸占好妹,毫无实战经验的他被逼出手。只听到刀与刀之间金属撞击的声音,随后空气似凝固了一般。在大家惊异的眼神中,土匪二爷缓缓地走出了客栈,一头栽倒在地。

第三次出刀即遇到了方圆数百里内"第一刀客"一刀仙。在忐忑不安中,孩哥匆忙出刀,只见飞沙走石,铿铿锵锵,须臾之间,尘埃落定。一刀仙嘴角露出一丝笑意,一脸淡定地问他:你跟谁学的刀法?然后扭头朝回走,踉跄了几步,毙命街头。

没有花里胡哨的打斗场面,没有行云流水的武术套路,更没有吊着威亚飞来飞去,甚至没有一个清晰的打斗镜头,胜负就在一刀之间,更让人有无尽的回味。仔细想一想,生活中哪有那么多套路?成败其实都在一念之间。牛人从来话不多,开口必一言九鼎;反而怂人一天到晚瞎咧咧,废话不停。

李白曾有一首诗:《侠客行》。"赵客缦胡缨,吴钩霜雪明。银鞍照白马,飒沓如流星。十步杀一人,千里不留行。事了拂衣去,深藏身与名。"看了不少武侠小说,也看了不少武侠电影,一直在寻找李白笔下的这一侠客形象,可惜皆不可得。直到看了《双旗镇刀客》,找到了,就是孩哥。

伪侠客

"方圆五百里内若有麻烦事,到干草铺找我沙里飞。"大话说得足够漂亮,行事却如缩头乌龟。沙里飞其实与一刀仙没什么两样,后者靠暴力行走江湖,前者靠谎言混迹市井。

现实社会里有多少"成功人士"如沙里飞一样,经不住仔细推敲。拉大旗做一张虎皮,借一顶"高大上"的帽子戴上,感觉很牛的样子,其实背地里一卸妆,自己知道自己几斤几两。不管在官场、职场、商场,就一个字:装。

匹夫之勇

双旗镇的人见的人多,遇的事也多,都是"人精"。乌合之众也有一套处世哲学。他们自私自利,事不关己,高高挂起。他们遇事又怕事,明哲保身,推诿责任。但关键时候,他们亦有匹夫之勇。平时不爱管闲事的铁匠怒喝一声:慢着,他还是个孩子,你若杀个孩子,有失你大刀客的体面;平时忍气吞声的老丈人为了救女儿和女婿,甘愿与一刀仙拼死一搏;平时懦弱的钉马掌的酒鬼看到沙里飞爽了约,借着酒胆冒死阻拦。虽都知是螳臂当车,但勇气可叹。当好妹拎着大刀要与一刀仙拼命时,孩哥骨子里的刀客之魂终于被激发了出来。乌合之众被逼急了也会有匹夫之勇,正如兔子急了也会咬人,但仅此而已,改变不了弱肉强食的法则。

故事情节简单得不能再简单,却告诉我们一个质朴得不能再质朴的道理:强者生存。

幸福的最高境界

家门口有一家超市,每次我晨练完了都会去买点菜。早上的菜比较新鲜,色泽饱满,充满生机。有篇文章里说,有一个人失业且失恋了,十分郁闷,在家里宅了几天后出来买菜,看到鲜活的蔬菜和忙碌的市井之人,郁闷竟然烟消云散了。

超市里有两位年轻的收银员,一位长相一般,但是很和善,总是一脸笑容,嘴也很甜,让人感觉特别舒坦。有时她会主动帮忙把菜放到购物袋里,虽是举手之劳,但让大家觉得很开心。后来她升为主管。另外一位长得较好,却整天板着脸,态度生硬,经常与购物者发生争吵。好几次看到她被顾客骂得哭鼻子,没多久就看不见她了,据说被老板炒了鱿鱼。

《韩非子·说林上》中有这么一段文字,与猴王观察到的情况颇为相像。

> 杨子过于宋东之逆旅,有妾二人,其恶者贵,美者贱。杨子问其故。逆旅之父答曰:"美者自美,吾不知其美也;恶者自恶,吾不知其恶也。"杨子谓弟子曰:"行贤而去自贤之心,焉往而不美。"

这段话意思是:杨朱路过宋国东边的一家旅店,店主有两位小妾。奇怪的是,长得丑的那位地位反而高,长得漂亮的那位地位反而低。杨朱不解其故,问店主,店主说:"长得漂亮的那位自以为很漂亮,但我不觉得她漂亮;长得丑的那位自以为很丑,我却不觉得她丑。"杨朱明白了,他教导弟子说:不要太把自己当回事,这样大伙往往会把你当回事。

可以想象一下,店家的那两位妾,长得美的那位肯定很臭美,整天趾高气扬、冷若冰霜,不可爱,长此以往,反而令人生厌;而长得丑的那位,总是能放低身段,热情待客,招人喜欢,给店主招揽了不少生意,久而久之,自然赢得了店主的疼爱。审美总有疲劳的一天,网友们不是常说:好看的皮囊千篇一律,有趣的灵魂万里挑一。就是这个道理。

杨朱是谁呢?就是说过"损一毫利天下,不与也"的那位。孟子为此还批评过他:"杨子取为我,拔一毛而利天下,不为也。墨子兼爱,摩顶放踵利天下,为之。"其实,杨朱这句话的后面还有一句话:"悉天下奉一身,不取也。人人不损一毫,人人不利天下,天下治矣。"也就是说,天下的好处都给一个人享用,那也不行;人们既不要损己利人,也不要损人利己,天下则大治。仔细想想,还真有点中庸之感。

衣食无忧曰福?

汉字"福"有"口"有"田"。衣食无忧即为福。

古时候生产力低下,人们要求不高,衣食不愁就满足了,那么现代人呢?

一个人的幸福感与社会的发展水平有什么关系?日本可谓高度工业化了,为什么自杀率居高不下?美国在很多人眼里是"自由文明的灯塔",为什么枪击和暴力犯罪仍那么猖獗?一个沉迷于电子游戏的人会比在野外淋着雨吟诗作赋的人更开心吗?一个整天待在恒温室里衣冠楚楚的人会比那些栉风沐雨地在户外活动的人更开心吗?科技发展水平与个人的幸福感究竟是不是正向关系?一个人的幸福感究竟有多少是来自社会、来自科技、来自他人,又有多少是取决于自己的呢?

工业化社会一定能带来幸福感吗?要是能带来,就不会有马克思的阶级斗争理论,就不会有两次世界大战,就不会有殖民地战争的血与火,就不会有巴尔扎克和马克·吐温,就不会有卓别林的讽刺喜剧《摩登时代》了。在《摩登时代》里,工人查理受不了在工厂机械般的工作,发了疯,进了精神病院。这是美国二十世纪三十年代经济大萧条的真实写照。那时候工人们不开心,资本家也开心不到哪里去。而今天呢?君不见,特朗普一条推特就能让股市鸡飞狗跳,股民心惊肉跳。

自由之身曰幸

"圄"意为监狱。去掉外面的框是"幸"字。获得自由即是"幸"。

有时间却没钱,有了钱却没时间;有自由却没归属感,有了归属感却不自由。想去掉"幸"字外面的那个框还真不容易。

历览前贤国与家,幸福感比较高的社会是什么样的社会呢?是那种比较接近中庸之道的社会,是那种既不那么快,又不那么慢,既不那么动荡,又不那么死板,既鼓励奋发有为,又重视享受生活的社会。有朋友会问:你说得这么热闹,这样的社会有过吗?有过。比如生于贞观和开元年间的唐朝人就比较幸福。王安石就有诗曰:

> 愿为五陵轻薄儿,生在贞观开元时。
> 斗鸡走犬过一生,天地安危两不知。

王安石说,他的理想生活就是成为长安街头的一个混混,前提条件是生在唐朝的贞观和开元年间,一生在斗鸡遛狗中潇洒度过,天下安危与他无关。王安石变法说不定也是奔着这个目标去的,让老百姓们都能过上贞观和开元年间的生活,可惜变法失败,事与愿违。

幸福的最高境界是什么?

穷则独善其身,达则兼济天下。独乐乐不如众乐乐。老家山西晋祠里有一副对联：

> 同声相应，同气相求，同人共乐千秋节。
>
> 乐不可无，乐不可极，乐事还同万众心。

"采菊东篱下，悠然见南山"的陶渊明可以很快乐，"安得广厦千万间，大庇天下寒士俱欢颜"的杜甫也可以很快乐。快乐的最高境界是什么？不仅自己乐，还能助人为乐。

很多人可能不太理解雷锋，觉得不可思议。雷锋的快乐从哪里来？其实，有心理学家做过测试，同样是 100 元钱，花在自己身上与花在你看重的人身上，所获得的快乐感是明显不同的，后者要远高于前者。所以"我奉献，我快乐"是有科学依据的。若你有使别人快乐的能力，那么你会更快乐；相反，总是算计别人，得了便宜却依然欲求不足者往往会陷入痛苦。

不过，助人为乐并不代表着不计成本也不计回报。《吕氏春秋》里记载了一个孔子与弟子讨论助人为乐的故事。

> 鲁国之法，鲁人为人臣妾于诸侯，有能赎之者，取其金于府。子贡赎鲁人于诸侯，来而让，不取其金。孔子曰："赐失之矣！自今以往，鲁人不赎人矣。取其金则无损于行，不取金则不复赎人矣。"子路拯溺者，其人拜之以牛，子路受之。孔子喜曰："鲁人必拯溺者矣。"[1]

这段话的意思是：鲁国颁布了法令，国人在外国如遇到自己人沦为奴隶，将其赎回者必有奖赏。子贡赎回一些鲁国人，却没有去领赏。孔子说：你这做得就不对了，如果都像你这样，就没有人去做好事了。子路救了一位溺水者，那人送给他一头牛表示感谢，子路接受了。孔子很高兴，说：这就对了，以后做好事的人会越来越多。

猴王在《历史岂有底稿》的封面上写有一句话："最好的时候就是现在，我在写书，您在捧读，一笑莞尔，甚好！"若我的文字能让你快乐，我自然很快乐!

　　欲望多过能力则为小人,能力大于欲望则为君子。人情越淡漠,人们越依赖于金钱,以为金钱能带来安全感和幸福感,但是到头来发现,金钱带来的安全感和幸福感有限,真正的安全感和幸福感来自于爱。

注释:

[1]战国·吕不韦《吕氏春秋》,卷十六,察微。

油腻与牢骚满腹

北魏时期,有一位僧人慧觉编译了一部佛学经典《贤愚因缘经》,里面记载了这么一个故事。

波斯匿王在讨伐鸯仇摩罗时路过祇洹精舍,精舍里有一名比丘,声音异常美妙,他正在诵经,官兵们都听得入了迷,连军中象马也都竖起了耳朵,止步不前。

波斯匿王很好奇,就对佛陀说:我想见见这位诵经的比丘,希望与他相识,并且愿意布施他十万钱。佛陀告诉他:你先给他钱,然后才可以见他;如果你见过他的人,就会打消给钱的念头。

当佛陀将那位比丘带到波斯匿王面前时,波斯匿王见比丘身体矮小,异常丑陋,大失所望,果然不想再给他布施了。波斯匿王问佛陀:为什么他长得这么丑陋,他的声音却如此美妙,这其中有什么因果吗?

佛陀告诉波斯匿王:以前有位国王,名叫机里毗,他收集了迦叶佛的舍利子,想造一座宝塔来供奉。他任命了四位监工,各自主管一部分工程。其中三个监工很卖力,工期如期完成,剩下的那位监工却很懈怠,拖了后腿。国王很生气,要惩罚他,他发牢骚说:"这宝塔实在是太庞大了,何年何月才能完成?"宝塔最后竣工了,这位监工后悔自己发的牢骚,便拿一个金铃安放在宝塔尖上,祈求:愿我来生有一副美妙的嗓音。

你现在看到的这位声音美妙但长相丑陋的僧人正是当年的那位监工。因为他牢骚满腹，所以在五百世中，他的形相就一直矮小丑陋，但他能最终忏悔并供养金铃在塔尖上，祈求我赐他美妙的嗓音。因此，在五百世中，他都有着极其美妙的嗓音。

发一句牢骚就变得很丑陋，真有这样的因果？

有位作家曾经说：中年男人要忌油腻、勤锻炼、勤洗澡、勤换衣服，要保持健美的体型。其实，作为中年男人，外表是否油腻不太重要，重要的是内心不能油腻。内心油腻免不了会牢骚满腹。为什么？

第一，牢骚太盛防肠断，风物常宜放眼量。俗话说：怒伤肝，愁伤胃。牢骚会影响脾胃肝肠，会导致消化不良。而消化不良会导致营养不良，营养不良会让人形容枯槁，面容猥琐。所谓"相由心生"，不仅是佛学概念，也与医学相关。

第二，牢骚满腹说明智慧"余额"不足。从婴儿被阻止吮吸手指头的那一刻起，他就开始体会这世上的沧桑和悲凉。发牢骚是婴儿的本能，若到了中年还像婴儿那样动不动要本能，就有点"发育不良"了。

第三，婴儿发牢骚有人抱，中年男人发牢骚，没人抱得动啊！

洛阳亲友如相问,就说我在"996"

"996",意为朝九晚九,一周工作六天。这个话题若是传到了古人的耳朵里,引起他们的共鸣,怕是他们会纷纷改诗吐槽。

@王昌龄

长期"支边"的王昌龄深有感触,于灯下一口气改了好几首诗。

> 秦时明月汉时关,万里长征人未还。
>
> 但使飞将九九六,不教胡马度阴山。
>
> @《出塞》

> 闺中少妇不知愁,春日凝妆上翠楼。
>
> 忽见陌头杨柳色,悔教夫婿九九六。
>
> @《闺怨》

> 寒雨连江夜入吴,平明送客楚山孤。
>
> 洛阳亲友如相问,就说我在九九六。
>
> @《芙蓉楼送辛渐》

@西鄙人

北斗七星高，哥舒夜带刀。

将士九九六，谁敢过临洮？

@《哥舒歌》

西鄙人提醒王昌龄说：你不站岗，我不站岗，谁保卫咱祖国，谁来保卫家？

@李商隐 & 元稹

君问归期未有期，夜夜加班归期迟。

何当不再九九六？却话巴山夜雨时。

@《夜雨寄北》

若使俸钱过十万，哪用天天九九六？

诚知此恨人人有，贫贱夫妻百事哀。

@《遣悲怀》

李商隐和元稹二位都号称"爱妻狂魔"，二人一问一答很是默契。

@王安石

京口瓜洲一水间，单位离家并不远。

春风又绿江南岸，九九六中不能还。

@《泊船瓜洲》

王安石绝对属于"事业型"了，一心扑在工作上，但也免不了吐槽几句。吐槽惊动了皇上，宋神宗赶紧表态：诸位爱卿莫要埋怨，加班有诸多好处，俺爹有诗为证！

@宋真宗

富家不用买良田,加班自有千钟粟。

安居不用架高楼,加班自有黄金屋。

娶妻莫恨无良媒,加班自有颜如玉。

男儿欲遂平生志,此时不加待何时?

@《励学篇》

很多"大咖"支持这一意见,比如大书法家颜真卿。

@颜真卿

三更灯火五更鸡,正是男儿立志时。

黑发不知九九六,白首方悔加班迟。

@《劝学诗》

官媒"汉乐府"也是支持的。

@汉乐府

青青园中葵,朝露待日晞。

阳春布德泽,万物生光辉。

常恐秋节至,焜黄华叶衰。

百川东到海,何时复西归?

少壮不努力,老大九九六。

@《长歌行》

李白生性不喜加班,自从到了唐玄宗和杨贵妃身边,感觉浑身不自在,他也想借机吐个槽。

@李白

吾羡孟夫子,不用九九六。

红颜弃轩冕,白首卧松云。

人生得意须尽欢,安能摧眉折腰九九六?

天生我材必有用,不用加班就来钱。

杜甫表示很羡慕李白,改其《饮中八仙歌》。

@杜甫

李白斗酒诗百篇,长安市上酒家眠。

天子呼来不上船,自称臣从不加班。

欢迎您也来编!

李子柒与格蕾塔

最近,有一位女孩子很火,就是来自北欧的那位"怼天怼地怼特朗普"的格蕾塔(Greta Thunberg),她还因此上了2019年《时代周刊》的封面,成为有史以来登上《时代周刊》封面年龄最小的一位。或许有人问:她何德何能上此封面?很简单,她所走的正是欧美人习以为常的"街头路线",小小年纪辍了学,喊着漂亮的口号号召世人应对气候变化的威胁。

在一篇文章里,猴王曾这样感叹:将黄沙遍地的塞罕坝变成了芳草碧连天的人间美景,塞罕坝人民没有喊一句口号,也压根没想过上什么杂志封面,但他们为应对气候变化做出了实实在在的贡献。不只是塞罕坝,中国在治理荒漠方面的成就足够令世人惊艳,比如毛乌素沙漠已经披上了绿装,行将从地球上消失。但中国的治沙人无意走到聚光灯下,更无意走上街头,因为"没空"。倒是那些每天把"环保"和"减碳"挂在嘴上却过着"高碳"生活方式的人,总在台上和街头尽情"表演",毕竟他们"有空"。

还有很多驻村的扶贫干部,一天到晚为农户们脱贫绞尽脑汁,他们没有时间写出漂亮的扶贫调研报告,也从没想过凭几篇扶贫调研报告获得任何奖赏。

最近,还有一位女孩子很火,她就是来自中国四川的"90后"妹子,李子柒。她凭借一己之力,只用了 100 多条关于各种传统美食制作的短视频,就获得了很多大牌媒体积几十年之功才能在社交媒体上"收割"到的流量。据说李子柒在 YouTube 上的订阅用户已经超过 1000万,而在国内社交媒体上,她更是坐拥几千万的粉丝量,而实现这一切,她只用了短短三年。为什么?原因很简单,她完美呈现了几千年中国农耕文明的精华所在,这些精华被近代的工业化浪潮所掩盖,甚至一度被嘲笑为落后的生活方式。然而在历史上的太平年景,这些画面其实是普通中国人日常生活中的典型场景。有人可能不太相信,空口无凭,有诗为证。

过故人庄

唐·孟浩然

故人具鸡黍,邀我至田家。

绿树村边合,青山郭外斜。

开轩面场圃,把酒话桑麻。

待到重阳日,还来就菊花。

清平乐·村居

宋·辛弃疾

茅檐低小,溪上青青草。

醉里吴音相媚好,白发谁家翁媪?

大儿锄豆溪东,中儿正织鸡笼。

最喜小儿无赖,溪头卧剥莲蓬。

游山西村

宋·陆游

莫笑农家腊酒浑,丰年留客足鸡豚。

山重水复疑无路,柳暗花明又一村。

箫鼓追随春社近,衣冠简朴古风存。

从今若许闲乘月,拄杖无时夜叩门。

正如猴王在《猪肉颂》里写的,苏东坡在黄州时发明了"东坡肉"。当时虽然没有视频,但并不妨碍它的迅速传播。毕竟苏东坡的"粉丝"上至太皇太后下至贩夫走卒,流量的力量可是不分古今中外的。

开门七件事,柴米油盐酱醋茶。所有关乎衣食住行的方方面面皆仰人力打造,一切皆取法自然,这正是中国几千年来男耕女织的田园生活,比不上工业化社会的高效率,但是自有"慢生活"的乐趣。要说什么是低碳生活,还有比这更低碳的吗?当然,身处工业化时代的我们不是非要(也没有必要)返回农耕文明时代,只不过,李子柒的视频告诉我们,两者其实可以水乳交融,相得益彰。

关于理想中的生活,现代诗人海子也写过一首著名的诗:

从明天起,做一个幸福的人

劈柴,喂马,周游世界

从明天起,关心粮食和蔬菜

我有一所房子,面朝大海,春暖花开

这首诗被借用为如今无数楼盘的宣传文案。为什么?因为它契合了人们对美好生活的定义。李子柒的短视频则完美诠释了这个定义,并把它具象化了。她不仅满足了中国人对美好生活的向往,也满足了中国以外的人对美好生活的向往。

在默默劳作的李子柒和于街头呐喊的格蕾塔之间,我毫不犹豫地选择前者。

管理的境界

一

职场有两大定律,至今还未有例外。

媚上者必欺下

护下者必犯上

古往今来,把皇帝、老板哄好,然后祸害朝野的大有人在。古往今来,岳家军、杨家将都没有好下场,一旦有此名号,就离"倒霉"不远了。不过,替恩师出头申冤的也大有人在,比如我的山西老乡傅山(傅青主)。在崇祯九年(1636 年),傅山 29 岁那年,他干了一件大事,《清史稿》里有记载:

> 提学袁继咸为巡按张孙振所诬,孙振,阉党也。山约同学曹良直等诣通政使,三上书讼之,巡抚吴甡亦直袁,遂得雪。山以此名闻天下。[1]

《明史》里也有记载:

> 巡抚吴甡荐其(袁继咸)廉能。而巡按御史张孙振以请属不应,疏诬继咸赃私事。帝怒,逮继咸,责甡回奏。甡贤继咸,斥孙

振,诸生随至都,伏阙诉冤。继咸亦列上孙振请属状及其赃贿数事,诏逮孙振,坐谪戍,继咸得复官。[2]

山西提学相当于省教育厅厅长。袁继咸在提学任上主持三立书院,与傅山有师生之谊。老师蒙冤,学生理当为其申冤。傅山率领同学们与阉党势力张孙振及温体仁等周旋,不断"上访",到处散发"传单",甚至"伏阙诉冤",最后胜出,老师得救,奸佞被惩。其人有胆有识,可见一斑。想想晚清时康有为发动"公车上书"要求变法的动议,是不是受到傅山的"伏阙诉冤"启发,亦未可知。

二

会当领导的人一点都不累,运筹帷幄,决胜于千里之外。比如毛泽东,没怎么玩过枪,却能指挥千军万马,且从不耽误赋诗填词。蒋介石亲临前线督战,又是骂娘,又是换将,忙得焦头烂额,结果却一败涂地。毛泽东一直闲庭信步、不慌不忙,一边打仗,一边写诗;蒋委员长永远一身戎装,却失败于战场。

三

无能的领导最喜欢开会,只有在开会时,他才像个领导。能干的领导则不需要开会,他随时随地都是核心。

四

当一个企业露出败相时,其文化必然是阿谀、奉承和攀附。当一个企业走向辉煌时,其文化必然是欣赏、仰慕和追随。企业如此,国家也是如此。

五

管理有四个境界。

其一,以势压人。有多大作用力,必有多大反作用力。

其二,以利诱人。面对利益,人都是"属蟑螂"的,耐药性特别强。

其三,以理服人。你讲理,他也讲理,但难免有点冷冰冰。

其四,以情动人。士为知己者死,还有什么搞不定?

管理就是做人。管理失败者,一言以蔽之:做人失败而已。

注释:

[1]民国·赵尔巽《清史稿》,卷五百一,列传第二百八十八。
[2]清·张廷玉等《明史》,卷二百七十七,列传第一百六十五。

中国式大家庭，都挺好，都挺不好

孔子曾说："其为人也孝悌，而好犯上者，鲜矣。不好犯上，而好作乱者，未之有也。"什么意思呢？孔子的意思是：一个人如果能孝敬父母、兄弟和睦，那么是不可能犯上作乱的。孔子很睿智，了解家庭稳定是国家稳定的基础。儒家思想对孝悌很重视，认为孝悌是仁的根本。

不可否认，中国漫长的历史中不乏世家望族，比如猴王老家运城闻喜的裴家，号称"天下无二裴"，历史上出了五十九位宰相、五十九位大将军；比如晋城的陈廷敬的陈家，一门九进士，三世六翰林；比如浙江钱塘的钱家，上千年人文风流，俊杰辈出……这些家族无疑都是孔子学说的忠实践行者和受益者。

当然，这些家族是传说中的"别人家"，更多家族的情况是什么样的呢？

我们中国人有一些"糟粕"讲究，值得探讨一下。

第一，家丑不可外扬。你看我们喜欢吃的食物是什么？包子和饺子，馄饨和汤圆。甭管啥东西，都能做成馅，剁碎了搅和在一起。外面来看是一团和气，里面其实已经"水深火热"了。

第二，"清官难断家务事"。一句话就将家庭判定成可以不用讲理的"法外之地"，一切矛盾在亲情的幌子下都可以大事化小、小事化了。

第三，饿死事小，失节事大。讲究面子，讲究形式；面子重于里子，形式大于内容;死要面子活受罪。

第四,多年的媳妇熬成婆。你折磨我,我折磨她,一代又一代,无穷尽也。

进入市场经济时代以后,家庭又出现了新的情况。什么情况呢?马克思在《共产党宣言》里说得很透彻:

> 资产阶级在它已经取得了统治的地方把一切封建的、宗法的和田园诗般的关系都破坏了。它无情地斩断了把人们束缚于天然尊长的形形色色的封建羁绊,它使人和人之间除了赤裸裸的利害关系,除了冷酷无情的"现金交易",就再也没有任何别的联系了。它把宗教的虔诚、骑士的热忱和小市民伤感情绪,通通淹没在利己主义打算的冰水之中……资产阶级撕下了罩在家庭关系上的温情脉脉的面纱,把这种关系变成了纯粹的金钱关系。

古板的封建礼教加上伪善的算计,在这样的背景之下,中国式大家庭的面貌可想而知。就像刘姥姥眼里的大观园,表面上和和气气、美美满满,关起门来说不定吵翻了天。当你不小心看到了美满家庭的另一面,不要紧,中国人总是有回旋余地的,他会扔给你一句话,让你自个儿去琢磨:家家都有本难念的经。

疫情随想录

霍去病 & 辛弃疾

多年来养成了一个习惯，床头边放一本辛弃疾的词集，睡前翻一翻，这叫"念念有词"。最近有人把霍去病和辛弃疾的名字编成了一副对联。有朋友可能知道，辛弃疾的祖父辛赞很崇拜霍去病，希望孙儿能成为大将之才，因此给他起名"弃疾"。所以这副对联的"原创作者"其实应该算是辛弃疾的祖父辛赞。

很遗憾，霍去病没能因名得寿，英年早逝。史书中对其死因没有明确记载，《史记》里只有这么一段话："元狩六年而卒。天子悼之，发属国玄甲军，陈自长安至茂陵，为冢象祁连山。"有史家猜测，霍去病是因瘟疫而逝，但仅属猜测，真相不得而知。在他去世前一年，他射杀了李广的儿子李敢。汉武帝觉得家丑不可外扬，就说李敢是随他打猎"鹿触杀之"，即是被一头鹿撞死了。李敢好歹是李广的儿子，也是一代名将，生前随霍去病征战多年，获封关内侯，比他爹运气好一点，但就这么"挂了"，也是"窝囊"了些。我们知道，李广一辈子都未曾封侯，但是人气超旺，从汉文帝时起就声名远播，不输卫青和霍去病。霍去病次年就神秘地死了，会不会是李广的"粉丝"所为？不是没有这种可能。汉武帝估计觉得这也不是啥光彩的事,就秘而不宣,不了了之了。

牛顿 & 薄伽丘

1666 年,牛顿为避瘟疫回到了家乡伍尔斯索普庄园,在苹果树下发呆,看到苹果落地,他悟出了万有引力定律。这个故事的真实性尚待考证(或许无从考证),但并不妨碍世界各地的人们去那里朝拜,且络绎不绝。

1348 年,文艺复兴中的意大利佛罗伦萨暴发了瘟疫,那时候还没有抗生素,因此佛罗伦萨"十室九空"。十名男女避祸于乡间别墅,每人每天讲一个故事,10 天里一共讲了 100 个故事。这便是薄伽丘的《十日谈》,世界上第一部短篇小说集。

这个超长假期中会诞生中国的牛顿和薄伽丘吗?未可知也。听说武汉方舱医院里的一位"读书哥"火了,看来很有希望。

好的习惯往往是被逼(吓)出来的

在 2020 年 2 月 7 日的太原南站,猴王拍了一张特别的照片。照片中候车的人们没有喧哗,没有插队,没有摩肩接踵,每个人都静悄悄地看着手机,彼此保持着安全距离。这一幕就像小孩子哭闹,大人们吓唬他说"狼来了",他立马就不哭了。好的习惯往往是被逼(吓)出来的。回到北京后,去菜鸟驿站取快递,取快递的人排成了长队,彼此自觉间隔一米多远,都戴着口罩,默默看着手机。保持这样的"自律性",再厉害的呼吸道传染病想在中国肆虐,都难。

淮海战役的胜利是老百姓们用小推车推出来的

1951 年,陈毅元帅对来访的苏联大使尤金说:淮海战役的胜利是老百姓们用小推车推出来的。淮海战役期间,江苏、山东、安徽和河南四省共出动民工超 500 万人,担架 20.6 万副,大小车辆 88 万辆,挑子 30.5 万副,牲畜 76.7 万头,船只 8539 艘,筹运粮食 9.6 亿斤,前方用粮 4.34 亿斤,真是令人震撼的支前场面! 看看今天全国驰援湖北、驰援武汉的场景,仿佛昨日重现。彼时南京城和上海滩上喝着红酒、听着《夜来香》的洋房中人是无论如何也理解不了这种场面的,大抵只能吟诵出李煜的词,"最是仓皇辞庙日,教坊犹奏别离歌,垂泪对宫娥";"雕栏玉砌应犹在,只是朱颜改。问君能有几多愁? 恰似一江春水向东流"。词写得够凄美,但没什么用。

疫情与舆情,相伴相生,各种情绪都会找到载体。每次灾难都会伴生"伤痕文学",就像病人在病痛中总会忍不住呻吟一样。不让人呻吟是不对的,但总是呻吟也没什么用。

疫情对全国人民的生活自理能力是一次大检验。不管你位多高权多重,该自己买菜买菜,该自己做饭做饭,该自己开车开车,该自己理发理发……不是因为"生活所迫",谁愿意攒得一身"才华"?

诗三首·不信春天唤不回

庚子年初,荆楚大疫,万方驰援。猴王提笔,赋诗三首。

其一

绿水青山枉自多,吾辈岂惧小虫何?

瘟神狰狞千百遍,誓把它当下酒菜。

其二

前方将士战犹酣,我辈亦非徒苟安。

请缨三万六千兵,定捣毒穴奏凯旋。

其三

料峭冬风难掩春,不信春天唤不回。

凭君陌头看一看,东风如今吹未吹?

"新世界"要来了

　　疫情拐点终于来临,湖北首现无疑似病例,全国治愈人数超一万。疫情拐点还伴随着很多拐点,比如"胖妞"(运-20 大型运输机)和直-8运输机第一次投入实战;比如无人机在疫情管控和防疫物资投递方面优势明显;比如 5G 网络的应用;比如北斗导航的应用;比如中医、中药重获青睐;比如疫后结婚率和生育率可能会上升,离婚率可能会下降;比如高考中报考医学专业的人会增多;比如工厂自动化和人工智能的应用会加速;比如很多企业开始反思,不再迷醉杠杆,家有余粮,心里才不慌;比如沈世昌被抓住,小红袄苟延残喘,"新世界"要来了……

　　有朋友说:这个春节宅在家里没疯掉,结果看电视剧《新世界》疯掉了。有人恨不能跳进电视里揍徐天,揍铁林,揍沈世昌,揍小红袄……这说明角色演绎得到位啊!我想《新世界》的收视率一定很高,因为"别无选择"。不少朋友建议我总结一下《新世界》,反正闲着也是闲着,那就总结一下吧。

不倒翁沈世昌

　　秦汉客串的沈世昌,是一位金海(孙红雷饰演)眼里的赵襄子般的"高人",饱读诗书,很有气场,住在几进几出的大四合院里,姨太太都到了第七房。他表面上是华北剿匪总司令部的高官,暗地里却是保密局的狠角色。一面诱捕和谈的共产党代表,哪怕对方是自己的世交,也绝不手软;一面又扮演着"鸽派"角色,为自己铺设退路。这是他在从北洋、民国到抗战时代的历次政治漩涡中练就出的一套自保术,用时下流行语来讲就是"人设"。但人设总有崩塌的时候,他遇到了更"高"的人,那就是田丹,略施小计就识破了他的伪善。沈世昌这类人在现实生活中也很常见,此类人基本上不问是非,只在乎立场。

但一般人是识破不了沈世昌的,即使像金海这样混迹黑白两道、见识不少的南城金爷,也有眼拙的时候。他夜送名画给沈世昌,被沈世昌的一席谈话所折服。这也难怪。我们单看沈世昌的书房:外屋是书架,整面墙上都是书,目测还都是珍藏本,一水儿的线装书且外面贴有标签的那种,这样便于取阅;书桌上摆着一盆水仙花,他时不时地会用抹布擦一擦,看得出是爱干净之人;里屋是茶座,可供两个人私密恳谈。读书、品茗、待客、赏花,这是名士才有的风度。当金海打开那幅名画时,沈世昌一眼就看出了画里的典故——《史记》里记载的豫让刺杀赵襄子的故事,金海不得不佩服,连声说"赵襄子局气、沈世昌局气"(北京话里局气意为仗义)。

此处有必要交代一下豫让的故事。豫让是晋国人,刚开始投奔范氏和中行氏,这两家都是晋国的豪门,但豫让不受他们重用,无奈便转投晋国的另一家豪门智伯,智伯待他为上宾。后来,赵襄子与韩、魏两家合伙灭掉了智伯,然后三分其地,史称"三家分晋"。豫让逃到山里,发誓要为智伯报仇,但是几次刺杀赵襄子都不成功。赵襄子问他:你当初也是范氏和中行氏的门人,智伯灭了这两族,你不为他们报仇反而投奔智伯;今天我灭了智伯,你却来为他报仇,究竟是为什么? 豫让说:"臣事范、中行氏,范、中行氏皆众人遇我,我故众人报之。至于智伯,国士遇我,我故国士报之。"意思是,范氏和中行氏都待我如普通人,我自然以普通人回报之;智伯待我为国士,我自然要以国士之礼报答他。赵襄子很感动，为了成全他，就脱下外衣，让豫让朝着衣服连刺三剑，算是为智伯报了仇。("于是襄子大义之，乃使使持衣与豫让。豫让拔剑三跃而击之，曰：吾可以下报智伯矣！遂伏剑自杀。")豫让的故事暗合了《新世界》里的很多人物关系，比如金海之于沈世昌，比如长根之于沈世昌。

饰演沈世昌的秦汉本名孙祥钟，其父乃国民党名将孙元良，位至中将。孙元良是黄埔军校一期学员，参加过著名的淞沪会战和南京保卫战，时任德械师八十八师师长，曾一手"导演"了八百壮士孤守四行仓库的一幕。孙元良活到百岁高龄，可谓真正的"民国不倒翁"。据其同僚回忆，其人仪表堂堂，但贪财好色。秦汉能把沈世昌刻画得如此到位，可见他对此类民国大佬人物的特点已了然于胸。说艺术来源于生活，一点不假。

柳如丝，除了爱，啥都不缺

柳如丝是该剧的"颜值担当"，京城名媛，交际达人，人称"柳爷"。可惜，这位视徐天等为蚂蚁的高高在上的"柳爷"却缺少爱的滋润。她虽是沈世昌的女儿，却是外房所生，父女之间互相利用，貌合神离。都说女儿是爸爸的小棉袄，但她在沈世昌那里，充其量算一副手套。亲情缺失的她原指望在爱情上有所弥补，可惜她对下属冯青波渐生情愫，对方却另有所爱且不解风情，真是"我本有心向明月，奈何明月照沟渠"。柳如丝的命运，一言以蔽之：啥也不缺，独缺爱。唐代韩翃曾写过一首《章台柳》给昔日情人柳氏："章台柳，章台柳，昔日青青今在否？纵使长条似旧垂，也应攀折他人手。"苦等多年的柳氏还赠一首《杨柳枝》："杨柳枝，芳菲节，所恨年年赠离别。一叶随风忽报秋，纵使君来岂堪折。"不得不说，编剧很会起名字，"柳如丝"之名，一闻就有风尘之感。"章台柳"自然便是"章台柳"的命运了。

金海，大哥永远有大哥的样子

金海这个角色与《一代枭雄》里风雷镇的何辅堂很相似，游走在黑白两道，周旋于各方势力之间。特别是在监狱里的那段日子，与"京师监狱风云"何其相似乃尔。他侠肝义胆，义薄云天，心中装着关二爷；他收获了爱情和友情，但也遭受了算计和背叛。他的所作所为基本上践行了他的那幅画里的主人公豫让。比命还重要的，是讲"道理"。

铁林，欲望超过能力

铁林终于当上处长了。虽然只有一天，但他终于坐进了那个梦寐以求的单间。后来，他还如愿以偿坐上了大哥金海的狱长宝座，得到了国军少将的军衔。这位处心积虑的"官迷"诚惶诚恐的神态、不自信的眼神，张鲁一演得入木三分。平时看不起他的那些同事们，脸上分明写着一行字：这"二货"撞上狗屎运了！

现实生活中，像铁林这样的人不少，爱面子，窝里横，志大才疏。本性虽不坏，但慢慢滑入深渊。这种人做陪衬还行，可以增加点笑料，千万不能得志，"得志便猖狂"，就像《水浒传》里卢俊义的管家李固，基本上是睡了东家的老婆还要霸占东家财产的路数。

"优秀员工"冯青波

对于老板来说，冯青波这样的员工很难得，能干，话少，要求不高还忠诚，一心只想着工作，属于低头干活不抬头看路的类型。可惜他跟错了老板。

柳如丝看上了他，他却不解风情，心里只装着田丹。他与田丹相处才四个月,却情意深重;他与柳如丝相处了四年,却很冷淡。为什么?女老板与男下属的办公室恋情,很难靠得住。

小红袄,活在自己的虚拟世界里

沈世昌再老谋深算,金海再见识不凡,冯青波再心狠手辣,铁林再没有底线,田丹再冰雪聪明,都不如人家小狱警"十七",人家才是主角!人小鬼大,一直隐藏到最后,这狡猾劲儿,实在不容小看。

随着《新世界》剧终,许多人吐槽,这短短几周内发生的事,愣是能攒出70集的连续剧,不拖沓都不行啊!不得不说编剧和导演有"先见之明",知道这个春节大家被迫宅在家里,闲着也是闲着,不拽成70集,大家做什么?

"新世界"要来了,你准备好了吗?

我们给日本的捐赠箱上应该题写什么诗句呢？

日本的新型冠状病毒引发的肺炎疫情也日渐严峻起来。日本的人口密度比中国高,尤其东京,人口密度乃全球之冠,防控形势不容乐观。

在我国疫情严峻之时,日本第一时间施以援手,不仅捐钱捐物,还在捐赠箱上特意写上几句脍炙人口的诗句,譬如"岂曰无衣,与子同裳","青山一道同云雨,明月何曾是两乡",令人感动。如果我们给日本捐赠防疫物资,应该在捐赠箱子上写点什么呢？有朋友建议:"千里送鹅毛,礼轻情意重""远亲不如近邻""滴水之恩当涌泉相报"怎么样？猴王以为,我们可选取的诗句实在是太多了。

猴王也推荐了几首诗,大家意下如何？

北风其凉,雨雪其雱。惠而好我,携手同行。

语出《诗经》的《国风·邶风·北风》,本意是适值风雪交加,你我携手逃亡,内含同甘共苦、风雨同舟之意。

投我以木桃,报之以琼瑶。匪报也,永以为好也!

意思是:赠给我一只木桃,我会用美玉来回报;不仅仅是为了回报,更要彼此永结友好! 这句话出自《诗经》的《国风·卫风·木瓜》。还有另外两句:"投我以木瓜,报之以琼琚。匪报也,永以为好也!""投我以木李,报之以琼玖。匪报也,永以为好也!"

花径不曾缘客扫,蓬门今始为君开。

肯与邻翁相对饮,隔篱呼取尽余杯。

这四句出自杜甫的《客至》一诗。当时他遭逢安史之乱,避乱入蜀,在成都浣花溪畔结草堂而居,时有姓崔的知县来做客,他写下了这首迎客诗。全诗如下:"舍南舍北皆春水,但见群鸥日日来。花径不曾缘客扫,蓬门今始为君开。盘飧市远无兼味,樽酒家贫只旧醅。肯与邻翁相对饮,隔篱呼取尽余杯。"好一幅与邻居友善相处的和谐画面啊!

明月好同三径夜,绿杨宜作两家春。

唐宪宗元和十年(815 年)春,白居易的朋友元宗简在长安升平坊购了一所新宅,很漂亮宜居。白居易想同他结邻而居,乃作一首七律诗相赠,即《欲与元八卜邻,先有是赠》,这是其中两句。全诗如下:"平生心迹最相亲,欲隐墙东不为身。明月好同三径夜,绿杨宜作两家春。每因暂出犹思伴,岂得安居不择邻。可独终身数相见,子孙长作隔墙人。"

子孙长作隔墙人。多么美好的愿望!

长庆元年(821 年),白居易终于在长安购买了一处房产,正是位于元宗简所居升平坊东北边的新昌坊。

岁寒,然后知松柏之后凋也。

四海之内皆兄弟也!

德不孤,必有邻。

这三句是孔子他老人家的话。患难见真情,胸怀天下,睦邻先要修德。这三句话用在此处也是极好的。

共舆而驰,同舟而济,舆倾舟覆,患实共之。

语出《后汉书·朱穆传》。舆乃车,济乃渡,倾曰倒,覆曰翻,患乃灾祸。这句的大意是:共坐在一辆车上奔驰,同乘一条船渡河,一旦车倒船翻,车上船上的人将共历患难。这是朱穆劝谏梁冀的几句话,阐释了同舟共济、患难与共的重要性。

不唯从古人诗句里寻章摘句，今人之作也有不少佳句，比如周恩来在日本的诗作《雨中岚山》。

潇潇雨，雾蒙浓，一线阳光穿云出，愈见姣妍。

全诗如下：

雨中岚山——日本京都

（作于 1919 年 4 月 5 日）

雨中二次游岚山，

两岸苍松，夹着几株樱。

到尽处突见一山高，

流出泉水绿如许，绕石照人。

潇潇雨，雾蒙浓，

一线阳光穿云出，愈见姣妍。

人间的万象真理，愈求愈模糊，

——模糊中偶然见着一点光明，

真愈觉姣妍。

越骂越有流量

张爱玲有一句名言:出名要趁早。

说这话的人是有底气的。张爱玲成名的确够早,很多文人都想复制她。但成名可不是能复制的,你可以复制她的才华,但很难复制她的背景,或者你可以复制她的背景,却很难复制她的才华。鱼与熊掌兼得,难!

张爱玲是李鸿章的曾外孙女,爷爷张佩纶亦是晚清名臣,生母黄逸梵(原名黄素琼)留学欧洲,与徐悲鸿等人相熟,后母是北洋政府国务总理孙宝琦的千金孙用蕃,这背景是能随便复制的吗?马克思在《关于费尔巴哈的提纲》一文里说得好,"人的本质并不是单个人所具有的抽象物,在其现实性上,是一切社会关系的总和"。曹雪芹之所以能写《红楼梦》,那是因为他首先是"红楼梦"中人;张爱玲14岁时就写了《摩登红楼梦》,那是因为她也是"摩登红楼梦"中人。

李白当年为了得到赏识,在长安客居,每天拿着自己的诗稿攀交权贵。要不是碰到贺知章,他估计就是一位写诗换酒钱的"京漂"。

白居易为了认识大诗人顾况,肯定没少到人家的府邸门前"踩点"。话说若没有顾况的赏识,长安的米价那么贵、房租那么贵,白居真不易啊!

苏洵二十七岁时始发愤,四十七岁时才携着苏轼和苏辙及他写的那些锦绣文章到汴梁找靠山。幸得欧阳修的赏识，苏洵才"朝为田舍郎，暮登天子堂"。

明朝有一位著名文人，名曰王世贞，历嘉靖、隆庆和万历三朝。他曾写了一本《艺苑卮言》，对历朝历代的文人及作品进行了一番品评。其中有一段话说得特别精彩：

> 大抵世之于文章，有挟贵而名者；有挟科第而名者；有挟他技如书画之类而名者；有中于一时之好而名者；有依附先达，假吹嘘之力而名者；有务为大言、树门户而名者；有广引朋辈，互相标榜而名者。要之，非可久可大之道也。迩来狙狯贾胡，以金帛而买名，浅夫狂竖，至用詈骂谤讪，欲以胁士大夫而取名。唉，可恨哉！

这段话总结出了历代文人出名的各种"捷径"。有拼爹出名的，有拼文凭出名的，有拼书画技能出名的，有拼写应景之作出名的，有拼给权贵当马仔、狐假虎威出名的，有拼大嘴敢言出名的，有拼同学、拼同事、拼同乡关系，靠互相吹捧出名的。凡此种种，王世贞都认为非长久之道。还有两种出名方式，王世贞特意强调，觉得是断难接受的，一种是靠金钱开道而出名，另一种是靠互相谩骂而出名。

王世贞万万没想到，他说的这些捷径在自媒体发达的今天已然成为"主流"，尤其最后一种，更是"发扬光大"。越骂越有流量啊！

一个抓眼球的书名有多么重要

《外科风云》里，帅哥靳东总在翻一本书，书名是《禅与摩托车维修艺术》，他看得津津有味。真的有这本书吗？到底讲的什么呢？不会是导演随便找的道具吧？

你还别说，还真有这本书，而且是本畅销书。英文书名是 *Zen and the Art of Motorcycle Maintenance*，作者是罗伯特·梅纳德·波西格（Robert M. Pirsig）。中文书名是直译，没有"添油加醋"。

从书名你能猜出内容吗？凭经验判断，大概和摩托车的修理技术有关，在修理过程中再参禅悟道一番。

实际内容是这样的：作者在 20 世纪 60 年代末的一个夏季，骑摩托车从明尼苏达州到加利福尼亚州，走遍穷乡僻壤，将所见所闻所思所感向他 11 岁的儿子倾吐。这是一个男人在游历中体悟生命意义、获得自我拯救的过程。本书在美国出版后，引起了强烈的反响，累计销量超过1000 万册。纽约时报评论它"深刻而重要，充满对我们生活中的两难处境的洞见"。

话说这摩托车维修艺术到底与禅有什么关系？

无独有偶。还有一本《乌克兰拖拉机简史》，似乎让你找到了《禅与摩托车维修艺术》失散多年的孪生兄弟。但它与拖拉机没有任何关系，也是一部小说，而且是一部妙趣横生的家庭情感小说。84 岁居住在英国的老父亲爱上了 36 岁的乌克兰金发女郎,而后者希望通过婚姻来到英国,家里原本势不两立的两个女儿结成了统一战线,开始一致对外……

都说风马牛不相及,看来在起书名这档子事上,风马牛还是相及的。

莫言当年的大作《丰乳肥臀》我只闻其名,从未读过。设想一下,在大庭广众下掏出这本书来,周围的人会是怎样的反应?但是,这一点儿也不影响莫言获得诺贝尔文学奖。

与诺贝尔文学奖老差那么一点点的日本作家村上春树也有一部作品:《大萝卜和难挑的鳄梨》。只看书名,感觉是大爷大妈逛完菜市场之后的感想,实际上,这是村上春树的一部散文集。看到这个书名,猴王有不同意见。如果让我给村上春树推荐一个书名的话,我推荐"咸吃萝卜淡操心"。

网络时代的阅读,网络阅读的时代,人们都偏爱"重口味",挑剔得很,把编辑和作者们一个个都逼成了"强迫症"。要区别"网红"和"非网红",往往就在于一个书名,不起得"惊世骇俗"一点,如何能吸引眼球?

《一指流沙,我们都握不住的那段年华》,看到这个书名,你会想到什么?大概是一幅极美的画面和淡淡的忧伤。这种类似言情小说的调调会打动一些"文艺青年",就好像那句"诗和远方"把很多上班族搞得神魂颠倒一样。其实,它是沈从文的作品集。《此去经年,谁许我一纸繁华》《风弹琵琶,凋零了半城烟沙》,这两个书名甚至能组成一副对联。其实,它们是胡适和鲁迅的作品集。

上面的书名还算风雅,说得过去,还有一些书名十足另类,比如《挖鼻史》。十分不适宜在大庭广众下拿出来读,尤其是吃饭的时候,更不适宜,倒是如厕时读颇为契合。这本书是美国人写的,作者本人号称"举世公认的挖鼻权威",还是鼻子考古学教授。

还有一本书叫《我想做一个能在你的葬礼上描述你一生的人》。看到这个书名时,我脑海里首先闪现的是恩格斯在马克思的葬礼上的讲话。其实这是一本收录了贾平凹、史铁生、沈从文等人散文的作品集。

还有更"逗你玩"的书名:《本书书名无法描述本书内容》。那为什么还要起这个名字呢?太"烧脑"了。

更"绝"的是这一本:《我不知道该说什么,关于死亡还是爱情》。猜猜这本书写的是什么呢?都市言情?悬疑小说?都不是。其实它是2015年诺贝尔文学奖得主阿列克谢耶维奇的《切尔诺贝利的回忆:核灾难口述史》。

记得之前看到中国的古典名著被翻译成外文时起的奇葩书名——比如《水浒传》,德国人摘译部分成书,书名叫《卖大饼的武大郎和不忠实妇人的故事》,传说还有译成《一百零五个男人和三个女人在山上的故事》的——觉得很有趣。现在这些都已经"出口转内销"了。

有一次朋友闲聚,酒意正酣,开始调侃起猴王的书来。他们一致认为猴王应该写上四部曲,名字都想好了。

第一本叫《历史岂有底稿》

第二本叫《历史岂有此理》

第三本叫《历史岂有底裤》

第四本叫《历史岂有优衣库》

怪不得猴王的书进不了畅销榜,原来是书名没起好啊!

后 记

夕阳复西下,江水复东来。

木兰花犹在,雏菊落又开。

陌巷箪瓢乐不改,写尽天下英雄传。

友人试问:可赋新篇?

《历史岂有底稿Ⅳ》"又双叒叕"来了!

细心的读者会发现猴土在这本书里对"安史之乱"着墨很多,为什么?

苏轼在《晁错论》一开篇就写了这样一段话:"天下之患,最不可为者,名为治平无事,而其实有不测之忧。"苏轼所言并不是危言耸听,他走后不过二十来年,北宋就变成了南宋。

天宝年间,唐玄宗与高力士之间有一番对话。"上从容谓高力士曰:'朕不出长安近十年,天下无事,朕欲高居无为,悉以政事委林甫,何如?'"话音未落,"安史之乱"就来了。怎能说天下无事了呢?

帝国倒塌的原因有很多种,但居其首者是内乱,其次才是外敌。即使不是安禄山造反,也会有割据的其他节度使造反。藩镇割据,宦官专权,外戚干政,党争早就埋下了动乱的种子,只不过安禄山这粒种子恰好先发芽而已。

在欧洲历史上,法国的拿破仑和德国的希特勒曾以倾国之力征伐过沙俄和苏联,结果都失败了,折戟沉沙于莫斯科郊外。然而1991年,几乎在一夜之间,强大的苏联在世人惊讶的目光中自行解体了。

2020 年,新型冠状病毒肺炎(COVID‐19)肆虐美国,号称有世界上最先进医疗条件的唯一的超级大国竟然捉襟见肘,进退失据。明尼苏达州黑人男子弗洛伊德之死更是掀起了席卷美国的 Black Lives Matter(黑人的命也是命)运动。党争之势更是如火如荼。

近代以来,西方学者总习惯以西方史观为中心指指点点,而不反省其自身历史中的种种硬伤、粉饰和牵强。事实上,我们中国的历史不仅具有独特性,亦表现出连续性和完整性。这个文明在数千年农耕文明时代薪火相传,生生不息,在近代数百年工业革命和信息化大潮之中奋起直追,后来居上。环顾全球,这个文明值得我们深感骄傲。

热力学有一个第二定律,也叫"熵增加原理",它蕴含这样一层含义:一个孤立的系统,除非有外来的能量输入,分子的热运动总是从集中到分散,从有序走向无序,最终归于沉寂。"熵"就是表征一个系统混乱程度的标尺。一个国家实现有效治理的过程其实就是对抗"熵增"的过程,只有不断地从外部输入能量,才能避免陷入混乱和无序。中国之所以能保持文明几千年不断绝,就是因为一直在与"熵增"做博弈。从商鞅变法到统一六国,从诸子百家到独尊儒术,从凿空西域到封狼居胥,从胡汉冲突到鲜卑汉化,从贞观之治到天宝悲歌,从两宋文治到元清武功,从鸦片战争到洋务运动,从甲午风云到抗美援朝,从拨乱反正到改革开放。变革和开放从来就没有停止过,要说中国几千年的文明史能给予当今世界什么启示,无疑就是这一点了。

在新书即将付梓之际,特别要感谢本书的责任编辑张一弛女士,感谢一直以来支持我的家人和朋友们,感谢来自天南地北的读者朋友们,正是因为有你们源源不断的能量输入,我的创作热情才没有丝毫衰减。花径不曾缘客扫,蓬门今始为君开。且将新火试新茶,诗酒趁年华。见字如晤,享受阅读。

2020 年 11 月 8 日于北京

图书在版编目(CIP)数据

历史岂有底稿. Ⅳ / 侯兴国著. —杭州:浙江大
学出版社,2021.1
　ISBN 978-7-308-20835-2

　Ⅰ.①历… Ⅱ.①侯… Ⅲ.①中国历史－文集 Ⅳ.
①K207-53

中国版本图书馆 CIP 数据核字(2020)第 239088 号

历史岂有底稿 Ⅳ

侯兴国　著

责任编辑	张一弛	
责任校对	谢　焕　张　睿	
封面设计	久　屿	
出版发行	浙江大学出版社	
	(杭州市天目山路 148 号　邮政编码 310007)	
	(网址:http://www.zjupress.com)	
排　　版	浙江时代出版服务有限公司	
印　　刷	浙江海虹彩色印务有限公司	
开　　本	700mm×960mm　1/16	
印　　张	17.5	
字　　数	226 千	
版 印 次	2021 年 1 月第 1 版　2021 年 1 月第 1 次印刷	
书　　号	ISBN 978-7-308-20835-2	
定　　价	45.00 元	